云南省省院省校教育合作人文社会科学研究项目
“云南禁毒防艾新形势、新挑战、新对策研究”
（编号：SYSX201404）成果

云南禁毒防艾

新形势、新挑战、新对策研究

韩跃红　等／著

YUNNAN JINDU FANGAI
XINXINGSHI XINTIAOZHAN XINDUICE YANJIU

西南财经大学出版社

图书在版编目(CIP)数据

云南禁毒防艾新形势、新挑战、新对策研究/韩跃红等著. —成都:西南财经大学出版社,2017.7
ISBN 978-7-5504-2980-2

Ⅰ.①云… Ⅱ.①韩… Ⅲ.①禁毒—研究—云南②获得性免疫缺陷综合征—防治—研究—云南 Ⅳ.①D669.8②R512.91

中国版本图书馆 CIP 数据核字(2017)第 114171 号

云南禁毒防艾新形势、新挑战、新对策研究
韩跃红 等/著

责任编辑:李筱
助理编辑:詹丹妮
责任校对:张春韵
封面设计:墨创文化
责任印制:封俊川

出版发行	西南财经大学出版社(四川省成都市光华村街 55 号)
网　　址	http://www.bookcj.com
电子邮件	bookcj@foxmail.com
邮政编码	610074
电　　话	028-87353785　87352368
照　　排	四川胜翔数码印务设计有限公司
印　　刷	郫县犀浦印刷厂
成品尺寸	170mm×240mm
印　　张	13.25
字　　数	230 千字
版　　次	2017 年 7 月第 1 版
印　　次	2017 年 7 月第 1 次印刷
书　　号	ISBN 978-7-5504-2980-2
定　　价	78.00 元

序 言

20 世纪 80 年代，云南先后戴上了毒品重灾区、艾滋病重灾区两顶帽子。自此以后，云南始终处于中国禁毒防艾的最前沿，肩负着堵源截流、守住祖国南大门、控制艾滋病疫情上升的重担。为此，在中央的支持下，云南从 2005 年至 2015 年连续开展了三轮禁毒防艾人民战争（第一轮：2005 年至 2007 年，第二轮：2008 年至 2010 年，第三轮：2011 年至 2015 年），禁毒防艾工作取得了阶段性成效。禁毒方面，“坚持预防为主、四禁并举，科学防治、分类指导，禁毒力量不断充实，毒品问题发展蔓延势头得到坚决遏制”；防治艾滋病方面，“防艾工作机制、保障能力、防治策略等不断完善，已从艾滋病全国重灾区转变为综合防治示范区”。①

但不容忽视的是，时至今日，云南作为全国毒品、艾滋病重灾区的处境仍未彻底改变。一是因为“金三角”地区依然是对我国危害最大的毒源地。历时 11 年的禁毒人民战争中，云南先后破获毒品犯罪案件 100 余万起，抓获毒品犯罪嫌疑人 115 万名，缴获各类毒品 751 吨。海洛因、冰毒缴获量分别占全国总数的 80%和 70%左右。云南省参与贩毒人员增多，滥用合成毒品人员快速增长②。统计数据显示，云南登记在册吸毒人员居全国第五，其中滥用合成毒品人员已经过半；在册滥用毒品青少年中，有 60%以上滥用合成毒品。二是因为云南艾滋病病毒感染者和艾滋病病人基数庞大，累计报告的现存活的艾滋病病毒感染者和病人占全国的近 15%，当年新增报告的艾滋病病毒感染者和病

---

① 谭晶纯，陈晓波. 云南召开第四轮禁毒防艾人民战争动员大会 [EB/OL]. [2016-05-18]. http://news.hexun.com.

② 徐元锋. 云南启动第四轮“禁毒防艾人民战争” [EB/OL]. (2016-05-17). http://yn.people.com.cn.

人占全国的十分之一。① 虽然治疗效果不断改善，但艾滋病抗病毒治疗、关怀、干预任务全国最重的情形短期内不会改变。此外，由于毒情、艾滋病疫情发生了一系列新的变化，云南的禁毒防艾工作正面临新的重大挑战，诸如合成毒品快速蔓延并加剧艾滋病性传播；经性途径感染艾滋病的比例大幅上升；青少年、男男同性恋、外籍人员、毒品使用者等重点人群的行为干预难度加大；随着艾滋病治疗效果持续向好，感染者和病人预期寿命不断延长，如何满足他们在治疗、生活和尊严方面的长期需求面临诸多问题。与此同时，上海、广东、江苏等地创新体制机制，在禁毒防艾某些领域走到了全国前列，更加接近国际社会的先进理念和先进做法。也就是说，三轮人民战争之后，云南的禁毒防艾工作虽然成绩卓著，但在某些方面已显相对滞后，正面临一系列新的挑战和任务。若对这些挑战应对乏力，云南可能丧失禁毒防艾工作的领先地位，并可能出现毒情和艾滋病疫情反弹，掣肘经济社会发展，进而影响全国同步实现全面建成小康社会的目标。

正是在这一历史背景下，2014 年，昆明理工大学“生命伦理学与云南的禁毒防艾实践”省级创新团队与上海社会科学院社会学研究所夏国美团队合作承担了云南省省院省校教育合作人文社会科学研究项目“云南禁毒防艾新形势、新挑战、新对策研究”。项目组前往上海和云南的昆明、普洱、德宏、红河、建水等地多次进行实地调查，从实践中把握云南禁毒防艾面临的新形势，从第一线反馈的诸多问题中提炼出影响全局的重大挑战，反复研讨云南可以借鉴的上海经验和国际经验，在此基础上提出云南应对这些挑战的对策建议。经过艰苦努力，项目组于 2016 年 7 月圆满完成研究任务，并以“优秀”等级鉴定结项。本书呈现的便是“云南禁毒防艾新形势、新挑战、新对策研究”的项目成果，包括一份综合研究报告、一份决策咨询报告、三份专题报告，以及作为阶段性成果发表的两篇论文。我们出版这一成果，一是期望为不同层级的管理部门和决策者出谋划策，通过学、政互动，推进云南乃至全国的禁毒防艾工作；二是期望形成宣传效应，动员广大干部群众尤其是青年学生，加入禁毒防艾人民战争，从我做起，从现在做起，通过行为改变及公民互助，更加有效地遏制毒品和艾滋病蔓延。

该项目执行过程中，合作双方负责人——昆明理工大学的韩跃红教授、上

---

① 徐元锋. 云南启动第四轮“禁毒防艾人民战争”［EB/OL］.（2016-05-17）. http://yn.people.com.cn.

海社会科学院社会学研究所的夏国美教授，负责拟订研究计划和研究报告提纲，参加调研，召集集体研讨和协调协作部门和单位，指导各个部分的研究和写作。第一部分“云南禁毒防艾面临的新形势”，由昆明理工大学的张璐平博士研究生、昆明理工大学的陈桂荣讲师撰写；第二部分“云南禁毒防艾面临的重大挑战”，由云南警官学院的杨黎华副教授，昆明学院的罗维萍副教授，昆明理工大学的朱海林教授、陈桂荣讲师、李祥福副教授、张璐平博士研究生以及郑晓琴副教授撰写；第三部分“禁毒防艾的国际经验及其对云南的启示”，由香港科技大学的缪佳博士研究生（夏国美团队成员）撰写；第四部分“新形势下云南应对禁毒防艾重大挑战的对策建议”，由杨黎华、罗维萍、缪佳、朱海林、陈桂荣、李祥福、张璐平、郑晓琴撰写；附录一“新形势下云南应对禁毒防艾重大挑战的对策建议（咨询报告）”，由陈桂荣、韩跃红、彭颖撰写，已经由云南省哲学社会科学办公室编发的《云南省哲学社会科学成果要报》2017 年第 13 期刊发，供有关领导和主管部门参阅。附录二“建构基于社会工作职业化的社区戒毒康复新模式（专题报告）”，由缪佳撰写。附录三“云南戒毒康复模式转型升级对策建议（专题报告）”，由罗维萍撰写。附录四“云南省防治艾滋病人民战争的生命伦理学审视（专题报告）”，由昆明理工大学 2014 级生命伦理学方向的硕士研究生万峥在导师韩跃红指导下撰写。附录五“2013—2015 年昆明市官渡区男男性行为人群艾滋病哨点监测结果分析（论文）”和附录六“建立学校艾滋病疫情通报制度的伦理问题研究（论文）”，由张璐平撰写。韩跃红对全书进行了反复修改并统稿，万峥对全书进行了校对和排版。上海社会科学院社会学研究所的陈若婕硕士研究生参与了在上海的调研。

在本项目研究过程中，我们得到云南省禁毒局，云南省防治艾滋病局，昆明、普洱、德宏、红河、建水等市县的相关部门以及上海市禁毒局，上海自强服务社，上海美丽人生健康服务社等部门或组织的大力支持。没有他们提供第一手资料、贡献来自第一线的实践智慧，我们的研究将是无源之水。项目结题以后，云南省社会科学界联合会和昆明理工大学“生命伦理与云南的禁毒防艾实践”省级创新团队于 2016 年 7 月 6 日联合主办了以“云南禁毒防艾新挑战和新对策”为主题的学术沙龙，来自 8 个单位的 13 名专家学者从不同学科、不同视角阐发了观点。我们在修订本书稿时参考了这些专家学者的意见，特别是吸纳了项目鉴定会上专家组提出的修改建议。在此，我们对上述部门、单位、社会组织以及专家学者表达诚挚感谢，也希望同仁们以及广大读者对本书提出宝贵意见。

当然，我们的研究成果只是阶段性的。2014 年 8 月，联合国艾滋病规划署绘制了“2030 年终结艾滋病”的愿景，而为了实现这一愿景，必须在 2020 年实现“3 个 90%”的阶段性防治目标，即 90%的感染者通过检测知道自己的感染状况、90%已经诊断的感染者接受抗病毒治疗、90%接受抗病毒治疗的感染者病毒得到抑制。[①] 要实现上述目标，云南乃至全国都任重道远，禁毒工作更是面临诸多挑战。为应对挑战，在禁毒防艾领域继续领跑全国，云南省委省政府于 2016 年 5 月打响了第四轮禁毒防艾人民战争，并在动员大会上指出，云南要努力在应对新情况上有新思路，在解决新问题上有新对策，在攻克难点问题上有新突破，为推进平安云南、法治云南、健康云南建设做出新贡献。[②] 可见，云南在未来的禁毒防艾持久战中，必须在“新”字上做文章。只有不断更新理念、创新政策、优化机制、积极作为，才能继续在全国发挥示范作用，创建健康云南。期望我们的研究成果能为这一目标的实现做出应有的贡献。

① 项铮. 防艾目标：2020 年实现三个 90% [N/OL]. 科技日报，[2014-09-04]. http://finance.ifeng.com/a/20140904/13061610_0.shtml.

② 韩焕玉. 云南召开第四轮禁毒防艾人民战争动员大会 [N]. 云南日报，2016-05-18.

目　录

一、云南禁毒防艾面临的新形势／ 1

（一）云南毒情及禁毒基本形势／ 1

1. 云南毒情依然严峻／ 2

2. 云南禁毒工作成绩突出，挑战巨大／ 3

（二）云南艾滋病疫情及防治艾滋病工作基本形势／ 6

1. 云南省艾滋病防治工作成效显著／ 7

2. 云南省艾滋病防治面临新形势、新挑战／ 10

二、云南禁毒防艾面临的重大挑战／ 16

（一）新型合成毒品快速蔓延并加速艾滋病传播／ 16

1. 新型合成毒品快速蔓延，危害巨大／ 16

2. 新型合成毒品成为性病艾滋病传播的重要促媒／ 17

（二）戒毒康复效果有待提升／ 18

1. 自愿戒毒难以为继／ 18

2. 社区戒毒康复流于形式／ 19

3. 强制隔离戒毒效果不理想／ 21

4. 社区戒毒康复场所利用率低／ 22

（三）艾滋病危险性行为干预面临诸多难题／ 23

1. 商业性性行为干预面临的主要难题／ 24

2. 男男同性性行为干预面临的主要难题／ 25

3. 多性伴行为干预面临的主要难题 / 27
4. 非保护性性行为干预面临的主要难题 / 28
（四）艾滋病及早治疗、全员治疗面临新挑战 / 30
1. 及早发现机制不完善 / 31
2. 感染者认识不到位，及早治疗意愿不足 / 32
3. 重点人群治疗难度大 / 33
4. 艾滋病抗病毒治疗服务能力有限 / 35
（五）边疆少数民族地区毒品艾滋病社会文化易感性依然突出 / 36
1. 少数民族边民与毒源地居民文化相通，交往频繁 / 36
2. 助长毒品、艾滋病问题的某些习俗仍将长期存在 / 37
3. 社会结构中的弱势地位增加了毒品艾滋病的易感性 / 39
（六）满足艾滋病患者长期生活及尊严需要的能力不足 / 40
1. 艾滋病患者获得长期生存后的需求变化 / 41
2. 满足艾滋病患者长期生活及尊严需要面临的新挑战 / 43
三、禁毒防艾的国际经验及其对云南的启示 / 48
（一）禁毒防艾的国际经验 / 50
1. "减少危害" 的策略卓有成效 / 50
2. 依托专业社会工作者的社区禁毒是长久之计 / 54
3. 及早发现和全员治疗是控制艾滋病疫情的关键之举 / 57
（二）禁毒防艾国际经验对云南乃至全国的启示 / 59
1. 禁毒工作的重心应当由惩罚吸毒者转向治疗、预防和教育 / 60
2. 推广社区戒毒康复，推动强制隔离戒毒模式转型升级 / 60
3. 积极推行艾滋病及早发现、全员治疗的策略 / 61
4. 推广综合行为认知能力教育，建立多层次毒品预防体系 / 61
5. 建立毒情监测系统，为决策提供科学依据 / 61
6. 重视少数民族地区的经济文化易感性，加大对少数民族地区的经济支持和健康干预 / 62

四、新形势下云南应对禁毒防艾重大挑战的对策建议 / 63
（一）遏制新型合成毒品快速蔓延的对策及重点 / 63
1. 遏制新型合成毒品快速蔓延的主要对策 / 63
2. 遏制新型合成毒品快速蔓延的重点是预防教育 / 64
（二）建构基于社会工作职业化的社区戒毒康复新模式 / 70
1. 借鉴国际经验，做实、做强、做大社区戒毒康复工作 / 70
2. 借鉴上海经验，探索基于社会工作职业化的社区戒毒康复新模式 / 71
3. 政府主导，推动社区戒毒康复工作跃上新台阶 / 72
4. 提高社会工作者的专业化水平 / 72
（三）解决艾滋病危险性行为干预难题的对策建议 / 73
1. 商业性性行为干预建议 / 73
2. 男男同性性行为干预建议 / 75
3. 多性伴行为干预建议 / 77
4. 非保护性性行为干预建议 / 78
（四）艾滋病及早治疗、全员治疗对策建议 / 80
1. 积极探索多样化的艾滋病检测方式，提高易感人群及早发现率 / 80
2. 科学宣传及早治疗效果，消除感染者疑虑 / 82
3. 推广艾滋病治疗“一站式服务”，提高治疗服务质量 / 82
4. 对重点人群的抗病毒治疗给予更多关注和支持 / 83
5. 完善待遇支持和风险防范机制，加强治疗队伍建设 / 85
（五）边疆少数民族地区毒品艾滋病社会文化易感性干预对策 / 86
1. 打赢脱贫攻坚战，推动少数民族地区同步跨入小康社会 / 86
2. 提升少数民族地区禁毒防艾宣传教育实效 / 87
3. 动员禁毒防艾前线的民族民间力量 / 89
4. 发挥民族宗教的积极功能 / 90

（六）满足艾滋病患者长期生活及尊严需要的对策建议／ 92

1. 调整宣传教育策略，营造宽松的社会环境／ 93

2. 消除就业歧视，积极开展就业援助／ 94

3. 消除医疗歧视，满足长期医疗需要／ 95

4. 消除自我歧视，激发自我救助／ 95

5. 发展壮大社会组织，扩展救助方式／ 97

6. 分工明确，提高救助精准度／ 97

参考文献／ 99

附录一　新形势下云南应对禁毒防艾重大挑战的对策建议
（咨询报告）／ 105

附录二　建构基于社会工作职业化的社区戒毒康复新模式
（专题报告）／ 112

附录三　云南省戒毒康复模式转型升级对策建议
（专题报告）／ 129

附录四　云南省防治艾滋病人民战争的生命伦理学审视
（专题报告）／ 147

附录五　2013—2015 年昆明市官渡区男男性行为人群艾滋病哨点监测结果分析（论文）／ 186

附录六　建立学校艾滋病疫情通报制度的伦理问题研究
（论文）／ 194

一、云南禁毒防艾面临的新形势

经过三轮禁毒防艾人民战争的努力，云南毒情、艾滋病疫情总体趋向平稳，但新型合成毒品蔓延迅速、新旧两种毒品滥用结构比例倒转、艾滋病经性途径传播上升迅猛、重点人群感染率攀升等新情况，提示毒情、艾滋病疫情更趋复杂。

（一）云南毒情及禁毒基本形势

当前，全球毒品问题仍处于加剧扩散期，一些国家和地区毒品问题持续泛滥，制造、贩卖、滥用毒品问题严重，毒品来源、吸毒人员、毒品种类不断增多，毒品问题已成为全球性的社会顽疾。在毒品问题全球化的大背景下，我国毒品形势依然严峻复杂，境外毒品渗透不断加剧，国内制毒问题日益突出，毒品滥用问题持续蔓延，毒品社会危害更加严重。受经济全球化和社会信息化加快发展的影响，国内毒品问题将在相当长的一段时间内持续发展蔓延，禁毒工作面临着巨大压力和严峻挑战。

云南位于中国的西南边陲，与越南、老挝、缅甸三个国家陆地接壤，相隔76千米与泰国相邻。全省有26个民族，其中有17个民族跨境而居，与上述四国边境的民族同宗、同族、同语言、同风俗。云南有4 060千米国境线，其中国家级口岸11个，地方省级口岸和能通行汽车的出入境通道110多个，山间小道、便道和人行道不计其数。在漫长的边境线上，没有长江大河的天然屏障，有的地段仅仅靠一道田埂或一条小溪与外界隔开。特殊的地理位置和地缘，使云南处于全国“金三角”毒品渗透的最前沿，同时也成为最大的毒品受害地和进行禁毒斗争的最前线。

1. 云南毒情依然严峻

（1）境外毒品渗透加剧，新型合成毒品管控难。

我国毒品主要来源于境外毒源地毒品流入和国内毒品制造，主要种类有海洛因等阿片类毒品，冰毒片剂、冰毒晶体、氯胺酮等合成毒品以及其他精神药品和麻醉药品。海洛因和冰毒片剂主要来源于“金三角”缅北地区，“金新月”海洛因、南美可卡因也有部分流入。近年，“金三角”地区罂粟种植面积总体处在400平方千米和467平方千米之间，年均可产600多吨鸦片或制成60多吨海洛因。由于缅甸政府把禁种罂粟的时间向后延迟了5年，“金三角”传统毒品海洛因的生产仍将继续。同时，该地区冰毒片剂年均产量远大于海洛因产量，“金新月”海洛因现实危害进一步加大。“金三角”毒品生产已呈海洛因与冰毒共存的态势，并逐步转向以冰毒生产为主。“10·5”糯康犯罪集团案件的成功侦办和湄公河武装联合巡航实施后，毒品南下贩运到东南亚等国受阻，但北上经云南向国内走私渗透趋势明显，武装贩毒以及怀孕、哺乳期妇女等特殊人群贩毒有增无减，堵截任务加重。

此外，国内制造冰毒晶体、氯胺酮、新精神活性物质活动日益突出。2015年，全国破获制造冰毒晶体案件484起，同比增加17.2%；破获制造氯胺酮案件118起，同比增加12.4%。国产毒品缴获量79吨，占全国毒品缴获总量的77.3%。新精神活性物质又称“致幻药”或实验室毒品，是不法分子为逃避打击而对列管毒品进行化学结构修饰所得到的毒品类似物，具有与管制毒品相似或更强的兴奋、致幻、麻醉等效果。据联合国毒品与犯罪问题办公室报告，全球已检测发现新精神活性物质九大类500余种，超过国际禁毒公约管制物质数量。新型合成毒品来源多元化、毒品种类多样化，进一步加大了云南省毒品问题治理的复杂性。

（2）新旧两种毒品滥用结构倒转，禁吸戒毒任务艰巨。

近年来，我国阿片类传统毒品滥用人数逐渐萎缩，但新型合成毒品滥用人数上升迅猛。截至2015年年底，全国现有登记在册吸毒人员234.5万名（不含戒断三年未发现复吸人数、死亡人数和离境人数），其中，滥用海洛因等阿片类毒品人员98万名，占41.8%；滥用合成毒品人员134万名，占57.1%；滥用其他毒品人员2.5万名，占1.1%。

云南传统毒品与新型合成毒品滥用呈现与全国相同的结构性倒转。截至2015年5月底，全省登记在册吸毒人员18.8万人，居全国第五，有7个州市吸毒人员过万人，有65个县市区吸毒人员超过500人。其中滥用合成毒品人员迅猛上升，2014 年新发现的 2.46 万名吸毒人员中，滥用合成毒品人员占 41.85%。① 18~35 岁的吸毒人员已成为吸食冰毒的主要群体，并且这种现象有向低龄化蔓延的趋势。全省传统毒品滥用新增人数虽有萎缩，但现存吸毒人员戒断巩固难；滥用冰毒等新型合成毒品人群持续增多，禁吸戒毒任务艰巨。

2. 云南禁毒工作成绩突出，挑战巨大

（1）云南禁毒工作主要成绩。

第一，禁毒组织领导工作不断加强。

云南省毗邻世界三大毒源地之一的“金三角”，是全国禁毒斗争的最前沿和主战场。2005—2015 年，全省连续组织开展了三轮禁毒人民战争。省政府每年均把禁毒工作列为 20 项重点督查工作之一，加强督促检查；省州县乡四级政府每年逐级签订禁毒工作责任状，分解落实禁毒责任；各级党委、政府认真制定禁毒人民战争实施方案，并着力抓好落实。省禁毒委员会适时召开会议，研究加强禁毒工作的措施，及时解决工作中的困难和问题；各级禁毒委成员单位认真履职、密切配合，建立与基层州（市）、县（市、区）禁毒工作挂钩制度，协同推进工作。全省党委政府统一领导、禁毒委组织协调、有关部门齐抓共管、广大群众积极参与的禁毒工作格局进一步巩固。

第二，打击涉毒违法犯罪力度持续加大。

按照国家禁毒委要求，云南省始终把堵源截流作为禁毒人民战争的首要任务，以公安禁毒、边防部门为主力军，铁路、机场、海关缉私等警种和派出所全警参与，以“抓毒枭、打团伙、摧网络、断通道”为重点，不断强化大要案件侦查，严密“陆水空邮物”立体毒品查缉防控网络；连续开展“堵源截流”“管控制毒物品违法犯罪”“湄公河四国联合扫毒”“肃毒害、创平安”“秋冬禁毒大会战”等专项行动，努力将毒品堵在境外、查在省内，最大限度减少毒品内流。同时，全力查缉欲走私出境的易制毒化学品和相关物品，以削弱境外制毒能力。2011—2013 年，公安部缉毒执法考评，云南连续三年名列全国第一。② 2015 年是第三轮禁毒人民战争的收官之年，全省共破获毒品违法

---

① 王研. 云南：海洛因缴获量全国占比高 登记在册吸毒人数居全国第五［EB/OL］.（2015-06-25）. http://news.xinhuanet.com/local/2015-06/25/c_1115722958.htm.

② 刘百军. 云南第三轮禁毒人民战争打响三年 年均缴毒逾 16 吨 执法考评连年第一［N］. 法制日报，2014-06-12.

犯罪案件 2.2 万余起，缴获各类毒品 23.32 吨，共收戒吸毒人员 6.7 万余人。①

第三，禁吸戒毒工作全面推进。

云南省认真实施国务院《戒毒条例》，组织开展吸毒人员排查、收戒、管控专项行动，将发现的吸毒人员依法分别纳入强制隔离戒毒、自愿戒毒、社区戒毒、社区康复等环节，加强救治服务和动态管控。对吸毒人员超千人的县（市、区）开展重点整治。目前，全省累计管控吸毒人员 18.8 万人。云南省整合资源，将强制隔离戒毒职能从公安机关移交司法机关，并建立了强戒工作衔接机制。按照"身体戒毒、心理脱毒、就业安置、回归社会"的要求，云南省推广开远雨露社区、昆明和谐家园"以戒毒为根本，以就业为核心，以回归社会为目标"的场所社区戒毒康复模式，得到国家禁毒委、公安部的充分肯定并在全国推广。

第四，边境国际禁毒合作持续开展。

云南省不断加强与缅甸、老挝、越南等边境地区政府和警方在禁毒情报交流、抓捕在逃毒犯、联合扫毒等方面的合作；通过联合执法，组织企业到境外开展替代发展项目等方式，推进境外除源；积极投入"中老缅泰"湄公河联合扫毒等行动，切实提升打击成效，挤压境外制贩毒活动空间。

第五，禁毒宣传教育广泛开展。

云南省以《中华人民共和国禁毒法》《戒毒条例》和防范冰毒危害为主要内容，以青少年和外来务工人员、无业闲散人员、流动人口和娱乐场所从业人员等高危人群为重点，发动宣传、教育、广播电视、文化、工商、民政、计生、工会、共青团、妇联、公安等部门，有针对性地开展禁毒宣传教育。云南省推进禁毒宣传教育进社区、进农村、进学校、进场所、进单位、进家庭的"六进"活动，开展禁毒宣传月、春运"流动课堂"、交通沿线识毒拒毒反毒、物流和寄递业禁毒宣传等活动；利用报刊、电视广播、网络微博、手机短信等宣传手段，不断扩大禁毒宣传教育覆盖面；人民群众识毒、防毒和拒毒意识不断增强，参与禁毒斗争的积极性进一步提高。

第六，禁毒工作保障有力。

省政府颁布了《云南省戒毒规定》；省委省政府办公厅印发了《关于深入开展戒毒康复人员就业安置工作的意见》；省公安厅、文化厅、工商局等部门制定了《加强娱乐服务场所禁毒管理工作的意见》；卫计部门出台了《强制隔

---

① 王研. 云南去年缴毒逾 23 吨收戒 6 万余人［EB/OL］.（2016-02-02）. http://www.nncc626.com/2016-02/02/c_128694189.htm.

离戒毒人员诊断评估暂行办法》，为禁毒执法提供了有力保障。通过积极争取，中央财政在原投入不变的基础上，“十二五”期间为云南省增加禁毒经费8.7亿元；省财政禁毒经费从每年的8 000万元增至1亿元。2011—2013年，共安排中央和省级禁毒经费13.287亿元，比第二轮禁毒人民战争增加18.6%，其中中央补助10.287亿元、省级禁毒经费3亿元。① 同时，为一线配发了大批禁毒装备，新建了一批查缉站点、情报站和戒毒康复场所，提高了禁毒工作效能。在队伍建设上，把政治建警放在首位，加强实战培训，不断推进禁毒信息化、执法规范化建设，有效提高禁毒执法人员的业务技能和执法水平。组织招录辅警，加强一线查缉力量。

（2）云南省禁毒工作面临的主要挑战。

第一，境外毒品渗透加剧。

近年来，缅甸政局动荡，缅北地区禁种、禁毒决心有所动摇，缅北、老北罂粟种植面积依然较大。境外“民地武”以毒养军、以军护毒，对毒品经济的依赖短期内难以改变。此外，境外新型毒品制贩加剧，以缅北佤邦为主的特区政府为筹集军费对抗缅政府收编，空前加大冰毒等新型毒品生产贩卖，特别是在经济发展滞后、群众生活贫困的情况下，特区政府官员、军队上层参与甚至组织制贩毒活动日益增多，一段时期内，境外毒品“多头入境、全线渗透”的态势将有增无减。

第二，堵源截流漏洞较多。

近年来，云南省经济社会发展迅速，新建公路里程迅速增加，但是各部门间协作不够，新建公路毒品查缉站点建设滞后，部分地段出现查缉盲区，给毒贩留有可乘之机。此外，针对新形势下贩卖运输毒品手段多样的实际情况，查缉方式创新不足，存在查缉技术落后、查缉资源分配不够灵活、安全保障措施缺乏等问题。

第三，宣传教育常态化和针对性不足。

禁毒宣传教育和发动群众参与禁毒斗争的深度、广度和力度还不够，尤其是防范新型合成毒品的宣传教育比较薄弱，效果不佳。禁毒宣传教育方式以集中宣传教育为主，常态化宣传教育不足；针对青少年、外来务工人员、社会闲散人员、公共娱乐场所从业人员等重点人群的宣传缺乏时效性与针对性。部分地方对“预防为本”的禁毒方针认识不到位，不同程度地存在着重打击轻防

---

① 佚名．关于全省禁毒工作情况的报告［EB/OL］．（2014-08-25）．http://www.srd.yn.gov.cn/ynrdcwh/1013029579347984384/20140825/260775.html.

范、重当前轻长远、重治标轻治本、重形式轻效果的问题，工作只是“短期行为”，难以做到常态化、社区化、规范化和法制化。

第四，戒毒康复工作面临新挑战。

云南曾经在禁吸戒毒方面走在全国前列，创造了“外循环转内循环”“全员收戒”等先进经验，成为全国戒毒工作的示范区。然而，随着毒情的不断发展变化，国际社会和国内部分省市积极创新戒毒理念和戒毒模式，开创了社区戒毒康复工作的新局面。相比之下，云南原有的工作优势正在减弱，戒毒康复工作正面临新的挑战。

强制隔离戒毒措施的最大优点是能有效隔绝戒毒人员与外部毒品环境的联系，但其缺点在于强制隔离戒毒措施解除后，戒毒人员回归社会较为困难，毒品戒断保持年限较短，复吸率较高。为此，2008 年颁布实施的《中华人民共和国禁毒法》新增了社区戒毒和社区康复的戒毒方式。但从云南省实际运行情况来看，由于社区发育程度普遍偏低，加之缺乏相应的机构、人员、工作机制、财政支持等保障条件，社区戒毒康复工作较为薄弱，管控责任落实困难。全省戒毒模式仍以强制隔离戒毒为主，在戒毒过程中不同程度地存在重收戒轻预防、重场所轻社区、重管教轻治疗、重脱毒轻康复、重台账建档轻主动帮扶等问题。自愿戒毒、社区戒毒、强制隔离戒毒、社区康复等戒毒措施之间无缝衔接机制不完善，戒毒康复效果亟待提升。

第五，边疆地区禁毒资源不足。

边疆民族地区经济落后，禁毒经费投入有限，禁吸戒毒、预防教育、打击零包贩毒等方面工作经费严重不足，警力有限。如临沧市的禁毒民警编制数为 448 人，截至 2014 年 12 月，全市实有禁毒民警人数 172 人，仅占编制总数的 39%；德宏全州有 221 名禁毒民警，仅占禁毒编制总数 783 名的 28%，距公安部、云南省禁毒警力占编制 50%的配置要求甚远，与德宏州禁毒主战场的形势任务不相适应①。

（二）云南艾滋病疫情及防治艾滋病工作基本形势

2015 年 7 月 14 日，联合国艾滋病规划署发布了核心报告《艾滋病如何改变一切》，报告指出：“联合国千年发展目标提出的在 2015 年之前遏制并扭转

① 郭宝. 云南禁毒工作中存在的问题及对策［J］. 云南警官学院学报，2015（3）：1-4.

艾滋病流行趋势的目标已经达到。从 2000 年到 2014 年，全球艾滋病新发感染下降了 35%，艾滋病相关死亡下降了 41%。从 2000 年设定千年发展目标以来，全球已避免了 3 000 多万艾滋病新发感染和接近 800 万艾滋病相关死亡，世界已经实现了停止或扭转艾滋病的流行。”① 联合国副秘书长、联合国艾滋病规划署执行主任米歇尔·西迪贝在接受新华社记者专访时表示：“过去 15 年，中国是全球遏制艾滋病流行趋势的成功典型，相信再过 10 年，中国将是亚洲地区率先战胜艾滋病的国家之一，甚至可能提前实现结束艾滋病流行的目标。”②统计显示，截至 2015 年 10 月，全国报告存活的艾滋病感染者和病人共计 57.5 万例，死亡 17.7 万人。目前我国估计存活的艾滋病感染者和病人约占总人口的 0.06%，全国艾滋病疫情整体保持低流行态势。③

云南作为全国艾滋病疫情最为严重的省份之一，在中央支持下，连续开展了三轮防治艾滋病人民战争（第一轮 2005—2007 年、第二轮 2008—2010 年、第三轮 2011—2015 年），并取得显著成效。全省艾滋病疫情快速上升的总体势头得到初步遏制，新报告感染者和病例数及病死率均呈下降趋势，云南首创的一些防治措施在全国得到广泛推广，德宏州疫情出现拐点，并由全国防治艾滋病重灾区转变为全国艾滋病综合防治示范区。

1. 云南艾滋病防治工作成效显著

（1）疫情趋于平稳，快速上升的总体势头得到初步遏制。

2011 年至 2015 年 10 月，全省共开展艾滋病病毒抗体检测 3 185.7 万人份，与 2008—2010 年相比增加 2 493.3 万人份。全省艾滋病监测检测范围逐年扩大，但每年新发现艾滋病感染者和病人一直维持在 1 万例左右，总体疫情保持平稳态势。2010—2015 年云南省艾滋病疫情变化示意图如表 1-1 所示。

---

① 王心见. 联合国表示全球扭转艾滋病蔓延的目标已经被实现［N/OL］. 科技日报，［2015-07-15］. http://www.zaobao.com/wencui/technology/story20150716-503639.

② 许林贵，王湘江. 联合国副秘书长：中国是全球遏制艾滋病成功典型［EB/OL］.（2015-07-15）. http://ncaids.chinacdc.cn/fzdt/rdgz/201507/t20150716_117395.htm.

③ 佚名. 2015 年中国艾滋病人数统计：57.5 万例 新增 9.7 万病例［N/OL］. 经济日报，［2015-12-01］. http://www.mnw.cn/news/shehui/1045193.html.

表 1-1　　2010—2015 年云南省艾滋病疫情变化示意图　　单位：例

截止时间	历年累计报告存活艾滋病病例数	当年新增艾滋病报告病例数
2010 年 10 月	71 000	8 670
2011 年 10 月	79 227	10 090
2012 年 10 月	87 713	10 447
2013 年 10 月	83 048	9 091
2014 年 10 月	79 915	9 601
2015 年 10 月	87 634	9 768

注：数据来源于云南省卫生厅 2010—2015 年艾滋病疫情通报。

（2）艾滋病治疗策略措施不断完善，抗病毒治疗成效显著。

2004 年以来，云南省在全国率先出台了《云南省艾滋病临床治疗管理办法》《云南省艾滋病防治条例》《医务人员主动提供艾滋病咨询检测服务工作规范（PITC）》《云南省社区艾滋病综合防治工作指南（试行）》《云南省监管场所艾滋病防治工作方案》等文件，并把艾滋病治疗工作从疾控系列划分出来，以艾滋病关爱中心为龙头，建立了覆盖省、州（市）、县、乡四级的艾滋病抗病毒治疗网络体系，艾滋病抗病毒治疗工作成效显著，病人生命质量不断提升。

2004 年，全省艾滋病抗病毒治疗机构只有两家，治疗人数不足 100 人；到 2015 年 10 月，抗病毒治疗机构增至 230 家，累计治疗 73 338 例，正在治疗 58 288 例，其中 2015 年 1～10 月新增艾滋病抗病毒治疗 9 503 例（成人 9 385 例、儿童 118 例），抗病毒治疗覆盖率提高到 86. 6%。①

2012 年 1 月，云南省在全国率先推行早期艾滋病抗病毒治疗试点，即在全省范围内对 CD4+T 淋巴细胞>350 个/mm^3的单阳家庭阳性配偶、男同性恋感染者、暗娼感染者、孕妇感染者和老年感染者五类人群开展早期艾滋病抗病毒治疗。② 截至 2015 年 10 月，累计对 15 203 名艾滋病感染者开展了早期抗病毒治疗，该举措不仅降低了艾滋病死亡的发生率，也降低了传染率，发挥了

---

① 彭锡. 云南力争在 2020 年底将艾滋病人数量控制在 16 万内 [N/OL]. 都市时报，[2015-12-01]. http://yn.news.163.com/15/1201/09/B9O78EOT03230LFM.html.

② 张文凌. 云南艾滋病抗病毒治疗成效显著 [N/OL]. 中国青年报，[2013-07-24]. http://money.163.com/13/0724/06/94HDSINB00253B0H.html.

"治疗即预防"的作用。[①] 艾滋病病人病死率从 2010 年的 8.30%下降至 2014 年的 4.35%；接受抗病毒治疗病人的病死率从 2010 年的 3.56%下降至 2014 年的 2.21%。[②] 病人生命质量不断提升。2010—2015 年云南省艾滋病死亡示意图如表 1-2 所示。

表 1-2　　2010—2015 年云南省艾滋病死亡示意图　　单位：例

截止时间	历年累计报告死亡病例数	当年（1~10 月）新增死亡病例数
2010 年 10 月	11 609	2 035
2011 年 10 月	14 340	2 196
2012 年 10 月	17 268	2 411
2013 年 10 月	20 093	2 194
2014 年 10 月	23 316	2 184
2015 年 10 月	26 510	2 283

注：数据来源于云南省卫生厅 2010—2015 年年度艾滋病疫情通报。

（3）积极倡导和践行，艾滋病防治体制机制不断完善。

云南省政府将艾滋病防治工作纳入每年政府 20 项重点工作之一，各级政府逐级签订责任目标书，实行"一把手负责、一票否决制、责任追究制"。云南省取得的艾滋病防治成效充分揭示了政府领导力和积极倡导所发挥的重要作用。

近年来，云南省在全国实现多个"率先"，艾滋病防治体制机制不断完善。云南率先出台了《云南省艾滋病防治办法》和《云南省艾滋病防治条例》；率先建成了全国第一家艾滋病关爱中心；率先下达省、州（市）、县（市、区）三级艾滋病防治行政和专业技术人员编制；率先开展实名制检测、婚姻登记人群筛查、孕产妇检测、安全套推广使用等工作；率先实施以政府购买服务的方式支持社会组织开展艾滋病防治工作；率先出台《云南省医务人员主动提供艾滋病检测咨询服务工作规范》，规范医务人员主动提供艾滋病检测咨询服务工作；率先在全省范围内对 CD4+T 淋巴细胞>350 个/mm^3 的单阳家庭阳性配偶、男同性恋感染者、暗娼感染者、孕妇感染者和老年感染者五类

---

① 彭锡. 云南力争在 2020 年底将艾滋病人数量控制在 16 万内 [N/OL]. 都市时报，[2015-12-01]. http://yn.news.163.com/15/1201/09/B9O78EOT03230LFM.html.

② 李婧. 云南艾滋病人和存活感染者居全国之首 这些地方疫情上升明显 [N/OL]. 云南信息报，[2015-11-30]. http://www.dreamofchinese.com/news/? 79982.html.

人群开展早期艾滋病抗病毒治疗；为有效遏制经性途径传播感染艾滋病，率先要求住宿、娱乐、洗浴等公共场所直接为顾客服务的人员每半年检测一次艾滋病病毒并提交结果；针对边境地区外籍流动人口、暗娼、吸毒者等高危人群，率先开展快速检测和阳性感染者指纹录入；率先编制《云南省流动人口艾滋病性病综合防治工作指南（试行)》《云南省老年人艾滋病综合防治工作指南(试行)》；率先出台《社区艾滋病综合防治工作指南》，形成了“以家庭为基础、以社区为依托、以专业技术机构为指导”的云南艾滋病综合防治模式。艾滋病防治工作形成政府主导、多部门合作、全社会共同参与的良好格局，有力地促进了防艾工作的开展。

2. 云南省艾滋病防治面临新形势、新挑战

尽管云南省前三轮防治艾滋病人民战争取得了令人瞩目的成绩，但不容忽视的是，艾滋病疫情正在发生新的变化，防治工作正面临新形势和新挑战。

（1）降低新发感染、防范疫情反弹的任务依然艰巨。

2015 年 6 月 25 日，联合国艾滋病规划署和柳叶刀委员会的最新报告敦促，“全球必须大幅加快艾滋病防治工作，否则将面临比 5 年前更多的 HIV 感染和相关死亡。”[①] 近年，云南省艾滋病疫情总体趋向平稳，但新发艾滋病感染率仍维持在每年 10 000 例左右，没有明显下降。性传播上升迅猛、重点人群感染率迅速攀升、新型合成毒品滥用与艾滋病性传播相互交织，疫情更趋复杂化，防控难度加大。降低新发感染，防范疫情反弹的任务依然十分艰巨。

第一，性途径感染艾滋病持续上升，防控难度加大。

近年来，云南省性途径感染艾滋病持续上升，2015 年 1~10 月新增报告病例中性途径传播已从 2005 年的 18.6%上升到 91.4%；60 岁以上老年人占比达 13.7%，较 2014 年同期增长 1.7 个百分点；15~24 岁青年学生 94 例，较 2014 年同期增加 28.8%。青少年、老年人受艾滋病威胁越来越大，艾滋病感染“两头翘”趋势凸显。具体情况如图 1-1 以及图 1-2 所示。

① 联合国艾滋病规划署. 全球必须大幅加快艾滋病防治工作，否则将面临比 5 年前更多的 HIV 感染和相关死亡［EB/OL］.（2015-06-25）. http://www.unaids.org.cn/cn/index/topic_kind.asp? page=2&class=2&classname=Statements%20and%20Updates.

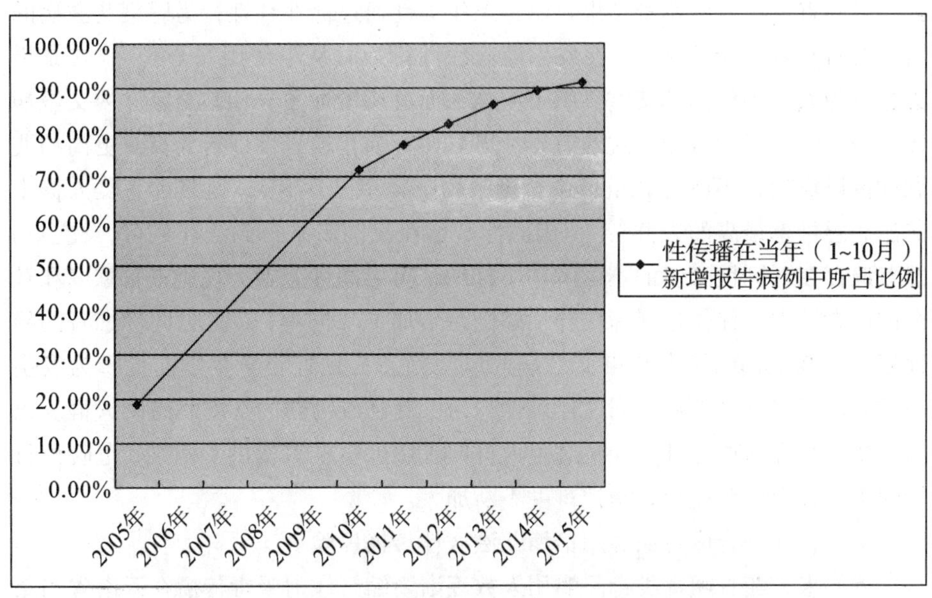

图 1-1　2005—2015 年云南省艾滋病性传播流行示意图

注：数据来源于云南省卫生厅各年度艾滋病疫情通报。

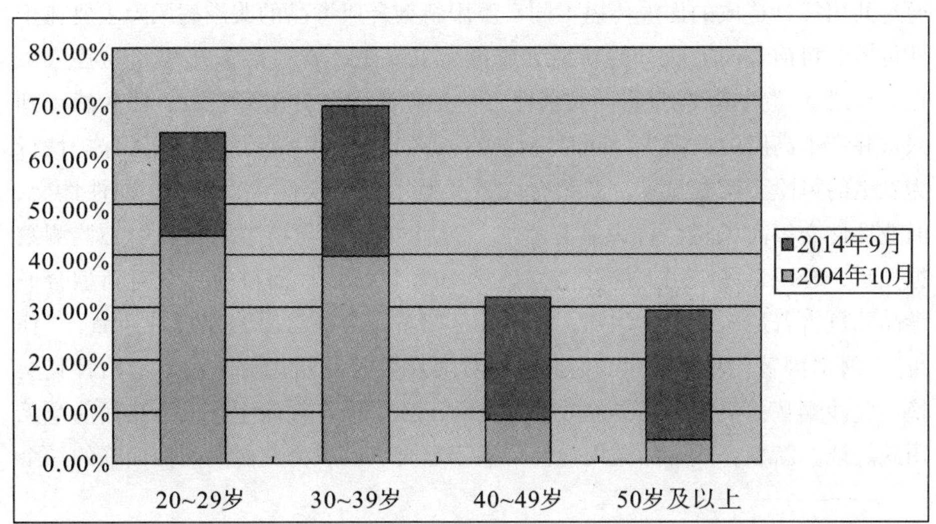

图 1-2　2004 年、2014 年云南省当年新增艾滋病病例年龄构成变化示意图

注：数据来源于云南省疾控预防控制中心。

目前，云南省艾滋病感染已从注射吸毒感染为主转变为性途径感染为主，但危险性行为仍有增无减。一是商业性性行为屡禁不止，老年男性受影响较大。云南省一项专题调查结果显示，老年男性通过商业性性行为感染艾滋病的情况约占90%，66.7%的人在发生商业性性行为时从不使用安全套。① 二是男男性行为人群不仅内部艾滋病感染率高，而且还增加了异性甚至家庭内艾滋病传播的风险。因性行为方式的差异，男男性行为相较异性性行为具有更高的艾滋病传播危险，2015 年该群体的全国平均感染率已达 8%，是目前各类人群中艾滋病感染率最高的人群②。但因同性婚姻在我国尚未得到法律认可，社会仍然普遍存在对同性恋者的不理解和不接纳，男男同性恋者为规避来自家庭和社会的巨大压力，往往选择缔结异性婚姻，增加了“同妻”（男男同性恋者的异性妻子）及他们的子女感染艾滋病的风险性。三是青年学生婚前性行为发生率较高，并伴有多性伴、同性伴等性行为，其已成为新的艾滋病易感人群。以上方式为艾滋病通过性途径从高危人群向一般人群扩散提供了桥梁，危险性行为向更多普通公众蔓延，防控难度不断加大。

第二，新型合成毒品滥用倍增艾滋病性传播风险。

近年来，随着阿片类毒品滥用人数逐渐萎缩，注射吸毒传播在云南省当年新增艾滋病感染者和病人中所占比重从 2004 年的 51.4%降至 2015 年的 7.3%，但新型合成毒品滥用正在加剧艾滋病传播的新风险。与阿片类毒品使用者主要通过共用针具造成的血液传播不同，滥用新型合成毒品的艾滋病风险主要在于性传播。目前市面上流行的新型合成毒品主要是冰毒、摇头丸和 K 粉等人工化学合成的“兴奋致幻剂”，其药性之一是刺激大脑分泌多巴胺，让人感受到兴奋并产生高度的性需求，同时降低吸食者的自我约束能力，增加无保护性行为发生的风险。调查显示，新型合成毒品滥用者交换性伴、群交、同性性交、商业性性交等高风险性行为显著增加。2014 年国家药物滥用监测中心监测数据显示，合成毒品滥用人群艾滋病感染率为 1.4%。③ 而目前公众对新型合成毒品的危害普遍缺乏科学认知，有的甚至把新型合成毒品当作提神药品、“伟哥”、海洛因替代品来使用。而此前针对阿片类毒品滥用者采用的清洁针具交换、美沙酮替代治疗等颇具成效的艾滋病干预举措，在新型合成毒品面前毫无用武之地。新型合成毒品滥用与性传播相互交织已成为艾滋病防控面临的一个

---

① 何岛．云南艾滋病人和感染者全国最多 艾滋病初期症状有哪些［EB/OL］．（2014-12-02）．http://health.youth.cn/jiankangzx/201412/t20141202_6146536.htm.

② 车丽．全国艾滋病疫情新特点：男同性行为传播比例上升［EB/OL］．（2015-12-01）．http://china.cnr.cn/ygxw/20151201/t20151201_520647999.shtml.

③ 张磊．我国吸毒者超过 1 400 万人［EB/OL］．（2015-06-25）．http://www.jkb.com.cn/news/industryNews/2015/0625/372841.html.

新难题。

第三，边境地区外籍感染者比例持续攀升，现行防治政策应对乏力。

我国于2010年修订了《中华人民共和国外国人入境出境管理法实施细则》和《中华人民共和国国境卫生检疫法实施细则》的相关条款，取消了对患有艾滋病的外国人的入境限制。这体现了对艾滋病感染者迁徙自由权的尊重，事实上我们也不可能通过限制感染者入境而御艾滋病于国门之外，但持续增加的外籍感染者确实给边境地区的艾滋病防控带来了极大的挑战。

最新统计数据显示，截至2015年10月，云南省外籍感染者人数已相当于全省累计现存活数（87 634例）的10.3%，约占全国外籍报告病例的70%。[①] 全省累计报告的外籍感染者主要集中在德宏州、保山市和临沧市。德宏州2015年新报告外籍感染者647例，已占到全州当年新增报告数的63.3%。外籍感染者流动性大，极易通过共用针具、商业性性行为、跨境婚姻等渠道造成艾滋病疫情的扩散。德宏等边境州市虽已针对部分外籍感染者开展了美沙酮维持治疗和免费抗病毒治疗试点工作，但因缺乏国家法律和政策的支持，这些州市对究竟应否给予免费治疗、如何有效管理外籍感染者等问题仍充满疑虑。

随着国家“一带一路”“东盟自由贸易区”等开放战略的不断推进，云南作为新一轮改革开放的新高地，边境外籍人数还将不断增加，边境地区外籍感染者对云南省艾滋病疫情的影响将不断凸显，亟待现行艾滋病防治政策的补充和完善。

（2）广泛动员和支持社会组织参与防艾工作的机制尚待完善。

联合国艾滋病规划署警示，目前男男性行为者、性工作者、吸毒者、流离失所者、监狱服刑人员和变性人六类人群，属于艾滋病感染高风险的重点人群，但他们却很少能享受到预防、检测、治疗等服务，对艾滋病的全球性进展构成了威胁。能否关注他们，是决定2020年“90-90-90”目标（即90%的艾滋病感染者自身知情，90%知情的感染者获得治疗及90%接受治疗的人体内病毒受到抑制）能否实现的重中之重。[②] 而从云南省的情况来看，诸多领域的艾滋病防治工作都走在了全国前列，但针对男男性行为者、暗娼嫖客、新型合成毒品滥用者等重点人群的艾滋病干预工作仍相对薄弱，亟待广泛动员和支持社会组织参与到上述重点人群的艾滋病防治工作中来，确保艾滋病预防、治疗、

---

① 孙莹莹．中国外籍 HIV 感染者超万名 边境地区感染率高［EB/OL］．（2014-12-23）．http://www.39yst.com/xinwen/20141223/208737.shtml.

② 王心见．联合国机构：人类或在2030年结束艾滋病流行［EB/OL］．（2014-08-14）．http://news.eastday.com/eastday/13news/auto/news/finance/u7ai2276526_K4.html.

关怀和支持服务的普遍可及。

自2011年起，云南省在全国率先开展了政府购买社会组织防治艾滋病服务，累计投入省级专项经费1 750万元；参与的社会组织由2011年的193个增加到2015年的262个。2015年支持社会组织申请到国家首度支持的社会组织防艾项目42个、资金294.466万元。[①] 2014年12月15日，财政部、民政部、工商总局联合印发了《政府购买服务管理办法（暂行）》，初步明确了政府购买服务的主体、方式、程序、监督和管理等内容，为云南省艾滋病防治领域政府购买服务提供了法律指导。但要广泛、持续动员社会组织的参与，云南省仍需着力解决以下难题。

①目前国家、省、州购买社会组织服务的主要方式是项目支持，但除省会城市昆明外，各州市社会组织力量相对弱小，一些社会组织甚至没有固定的办公场所和电脑等硬件设备，在项目申报方面既缺经验又缺能力，乡镇一级则基本无注册的社会组织。而且在项目支持方式下，能申请到项目才能生存，无项目支持则面临解散，社会组织的长期可持续发展存在困难。②申报项目基本是相关部门预先设定好，项目设计和评审环节缺乏社会组织的参与，项目与实际需求有一定脱节，有替代行政职能而日渐弱化社会组织优势及能力的趋势。③国家、省、州市的项目支持存在重复现象，资源的有机整合、高效利用有待提升。④项目经费用途设计不够合理、灵活，人员劳务报酬发放困难，社会组织工作人员积极性不高；项目经费使用及效果评价主要侧重于活动证据（如干预人群签字、活动记录等）而非目标人群的实际收益情况，评价的科学性及可操作性不足，项目实施监督和效果评价机制有待进一步完善。⑤上海“自强服务社”等社会组织，主要由专业社工人员组成，服务能力较强且服务较为规范，而云南省的社会组织专业社工严重匮乏，专业服务能力亟待提升。

（3）满足艾滋病患者治疗、生存及尊严等需求仍充满挑战。

云南省艾滋病流行时间长、患者基数大，随着艾滋病抗病毒治疗效果的不断显现，感染者和病人预期寿命延长，如何满足他们在治疗、生活和尊严方面的长期需求，使之与普通公众和谐共处，成为新的目标任务。

抗病毒治疗需求满足方面。截至2015年10月，云南省累计现存活艾滋病感染者和病人87 634例，约占全国现存活人数57.7万例的15.2%，居全国之首。按照世界卫生组织“治疗所有人”的倡导以及联合国艾滋病规划署至

---

① 彭锡. 云南力争在2020年底将艾滋病人数量控制在16万内［N/OL］. 都市时报，［2015-12-01］. http://yn.news.163.com/15/1201/09/B9O78EOT03230LFM.html.

2020 年实现“90-90-90”的目标，未来五年内，云南省抗病毒治疗覆盖面还将不断扩大，抗病毒治疗正面临新的挑战：①将近八万人全部纳入抗病毒治疗体系，需要更多的抗病毒药物和财政经费支持，药物及资金是否能持续满足？②抗病毒治疗人数持续攀升，但由于工作任务重、难度大、风险高、待遇补偿机制不到位等原因，定点治疗机构医务人员工作意愿及积极性不足，医务人员短缺现象严重，未来持续增加的治疗人数将进一步挑战现有的抗病毒治疗队伍能力；③定点治疗机构的抗病毒治疗医生大多为专科医生，有的甚至是临时聘用人员，其在综合救治、心理疏导、政策解释、依从性教育等方面缺乏必要能力，救治质量有待提升。

其他疾病治疗需求满足方面。伴随艾滋病抗病毒治疗在临床上的广泛实施和应用，艾滋病已从一种致死性疾病转变为一种慢性疾病，艾滋病患者存活的时间也越来越长。但与普通人群相比，因为艾滋病病毒对人体 CD4+T 淋巴细胞的破坏，艾滋病患者机体免疫力的下降致使其更易患上肿瘤、结核、机会性感染等疾病，身体健康状况较普通人群更差。因此，除抗病毒治疗需求外，艾滋病患者其他疾病治疗需求也将持续增加，这将给云南省卫生服务体系带来巨大挑战。

生存和尊严需求满足方面。艾滋病患者存活的时间越长，教育、就业、社会保障、住房等生存方面的需求越多。由于艾滋病患者群体中的吸毒人群、暗娼嫖客、男男性行为者等一直备受公众的道德谴责和排斥，社会歧视普遍存在，艾滋病患者难以获得同普通民众一样的生存、发展机会，更难以融入普通人的生活圈子。他们想要有尊严地活着，仍然困难重重。

以上艾滋病疫情新形势及云南省艾滋病防治面临的新挑战提示我们，要确保云南省实现 2030 年终止艾滋病流行的目标，亟待对省艾滋病防治领域面临的以上重点难点问题展开深入研究，探寻适合省情的应对之策，破解艾滋病防治新难题。

二、云南禁毒防艾面临的重大挑战

（一）新型合成毒品快速蔓延并加速艾滋病传播

1. 新型合成毒品快速蔓延，危害巨大

20世纪90年代，冰毒、摇头丸等毒品进入我国，二十多年来，由于其特殊的药理作用，新型合成毒品在我国快速蔓延，滥用人数逐年递增。近几年的《中国禁毒报告》数据显示：2012年全国累计登记在册的吸毒人员209.8万人，其中滥用海洛因等阿片类毒品人员127.2万人，滥用合成毒品人员79.8万人；2015年登记在册的吸毒人员增加到了234.5万人（不含戒断三年未发现复吸人数、死亡人数和离境人数），其中滥用海洛因等阿片类毒品人员98万人，滥用合成毒品人员134万人。由以上数据可得，全国登记在册吸毒人员逐年增加，尤其新型合成毒品滥用人员增加迅猛，3年间增加近一倍。云南省2012年登记在册的吸毒人员13.5万人，其中吸食阿片类毒品人员约12.2万人，吸食新型合成毒品人数约1.3万人；2013年登记在册的吸毒人员约16.2万人，其中吸食阿片类毒品人员约14.2万人，吸食新型毒品人员2.0万人；2014年登记在册的吸毒人员18.6万人，其中吸食阿片类毒品人员15.6万人，吸食新型毒品的人员3.0万人；2015年登记在册的吸毒人员20.1万人，其中吸食阿片类毒品人员15.6万人，吸食新型合成毒品人员4.5万人。由以上数据可知，云南近两年来吸食阿片类传统毒品人数没有太大变化，而吸食新型合成毒品人数急速增加，3年间增加了2.25倍，滥用人数增加幅度高于全国总情况。新型合成毒品生理依赖不如传统毒品海洛因明显，滥用人群具有很强的隐蔽性，识别难度大，所以登记在册的滥用人数只是冰山一角，实际滥用人数到底有多少，根本无法估算。

新型合成毒品是以化学合成为主的一类精神药品，直接作用于人的中枢神

经系统，有兴奋、致幻和抑制作用等。滥用新型合成毒品后对人体中枢神经系统具有极强的刺激作用，且毒性强烈。苯丙胺类兴奋剂是目前我国危害最大的一类新型合成毒品，因为身体依赖不明显，不会出现明显的戒断症状，滥用人数非常多。但是苯丙胺类兴奋剂的精神依赖性极强，吸食后会产生强烈的中枢神经兴奋作用，会对大脑神经细胞产生直接的、不可逆的损害，使大脑组织死亡，导致急慢性精神障碍；同时，这类毒品还会对心血管产生兴奋作用，导致急性心肌缺血和心律失常，严重损害心脏，严重的可造成惊厥、脑出血和猝死。受毒品中枢兴奋、致幻和抑制作用的影响，新型合成毒品滥用者易出现兴奋、狂躁、抑郁、幻觉（尤其是被害妄想）等精神病症状，从而导致行为失控，造成暴力犯罪和艾滋病、性病传播等一系列社会问题，严重威胁社会公共安全。

2. 新型合成毒品成为性病艾滋病传播的重要促媒

随着近年来我国滥用新型合成毒品人数的逐年增加，新型合成毒品严重流行的地区成为艾滋病疫情的高发区。中国疾病预防控制中心 2015 年 12 月 1 日发布的数据显示，2015 年 1 至 10 月新报告的 9.7 万例艾滋病感染者中，性传播占 93.8%。与传统毒品主要通过静脉注射传播艾滋病不同，性传播成为新型合成毒品滥用者艾滋病传播的主要方式，正在酿造艾滋病传播的更大风险。

根据美国疾病控制和预防中心的观察，使用甲基苯丙胺的人有不安全性行为的比率比不使用者高 4 倍，导致新型合成毒品使用者面临极大的感染艾滋病和性传播疾病的风险。① 相关研究表明，使用苯丙胺类兴奋剂后与陌生人发生性关系感染艾滋病风险的人是普通陌生人之间发生性关系感染风险的 110.14 倍。② 2014 年，中国国家药物滥用监测中心监测数据也显示，新型合成毒品滥用人群艾滋病感染率为 1.4%，③ 远高于全国 0.6%的平均感染率。新型合成毒品滥用者艾滋病感染风险高的原因主要有以下几方面：一是新型合成毒品滥用人群普遍低龄化，主要集中在 35 岁及以下年龄段，性需求较为旺盛，吸食新型合成毒品后，性欲明显增强，性行为发生频率更高；二是新型合成毒品使用

① 杨秀石. 新型毒品与风险性行为并行［N/OL］. 中国社会科学报，（2009-07-02）. http://mall.cnki.net/magazine/article/ZSKB200902038.htm.

② 曾柏瑞. GLUT1 在 MA 与 HIV-Tat 蛋白协同致血脑屏障通透性改变中的作用及机制［D］. 昆明：昆明医科大学，2014.

③ 张磊. 我国吸毒者超过 1 400 万人［EB/OL］.（2015-06-25）. http://www.jkb.com.cn/news/industryNews/2015/0625/372841.html.

者基本都认同感官刺激、追求纵欲享乐的亚文化，更易发生临时性行为和群体性性行为等高风险性行为；三是艾滋病风险防范意识差，吸食新型毒品后自我控制力减弱，安全套使用率低，无保护性行为发生率较高。

（二）戒毒康复效果有待提升

自《中华人民共和国禁毒法》（以下简称《禁毒法》）颁布施行以来，云南省认真组织开展吸毒人员排查、收戒、管控专项行动，将发现的吸毒人员依法分别纳入强制隔离戒毒、自愿戒毒、社区戒毒、社区康复等环节，加强救治服务和动态管控，不断提高戒毒工作水平，为维护社会和谐稳定、建设平安云南做出了很大贡献。但在戒毒康复实践中仍存在新型合成毒品滥用人员失管，自愿戒毒难以为继，社区戒毒流于形式，强制隔离戒毒效果不理想，戒毒康复场所利用率低，社区康复工作机制不成熟，难以承担繁重的戒毒康复任务等问题。

1. 自愿戒毒难以为继

（1）自愿戒毒医疗机构经费保障困难。

自愿戒毒医疗机构投入大，按照原卫生部《医疗机构戒毒治疗科的基本标准（试行）》和《戒毒医院基本标准（试行）》（卫医政发〔2009〕109号）的规定，戒毒医疗机构在床位、科室设置、医疗用房、设备设施等方面都比其他科室要求高。但自愿戒毒医疗机构缺乏国家的政策性投入，医务人员收入少、待遇较低、晋升困难、社会地位低，人员流失严重，许多机构经费入不敷出，长期亏本运营，最后不得不关停。而且绝大多数地区未将戒毒治疗项目纳入医保（因毒瘾住院期间，其他疾病也不能通过医保报销），大多数戒毒人员无法承受高昂的戒毒费用。在自愿戒毒所里，戒毒人员一天的检查费、治疗费、药费和床位费等费用大概是500元，如果整个戒毒过程都要患者自掏腰包，至少需要好几千元。戒毒医疗机构既要完善基础设施建设，又要保障戒毒学员的生活费用和医疗费用，面临巨大的生存压力。

（2）自愿戒毒可能沦为吸毒人员逃避公安机关打击的避风港。

自愿戒毒是吸毒人员为了戒除毒瘾，自行到具有戒毒治疗资质的医疗机构接受戒毒治疗的戒毒措施。自愿戒毒较社区戒毒和强制隔离戒毒更“自由、安全、合算”，加之缺乏自愿戒毒、强制隔离戒毒与社区戒毒的转化机制，自愿戒毒可能成为吸毒人员逃避公安机关打击的避风港。当禁毒斗争风声较紧时，吸毒人员往往会采取自愿戒毒的方式躲避风头，甚至可以通过反复自愿戒毒规避治安处罚、社区戒毒和强制隔离戒毒。

（3）自愿戒毒复吸率极高。

戒毒医疗机构治疗模式单一，主要提供短期脱毒治疗，缺乏后续的康复治疗和社会帮教。病人完成脱毒出院后还需要继续治疗，而按照规定，禁止病人将药物带回家，病人出院后因为无法继续服药，最后只能选择复吸。而且很多戒毒者因为对成瘾医学知识不理解，往往对戒毒效果抱有较高的期望值，对此很多戒毒机构过分迎合戒毒的需求。在戒毒治疗中，由于自愿戒毒机构没有强制手段，无法控制毒源，边戒边吸的情况并不少见，甚至还出现过个别自愿戒毒所为了经济利益向戒毒者出售毒品的恶性案件。

2. 社区戒毒康复流于形式

《禁毒法》颁布实施后，新增的社区戒毒社区康复备受重视。各州（市）县（市、区）结合以前戒毒工作的经验，按照“身体戒毒、心理脱毒、就业安置、回归社会”的要求，推广开远雨露社区、昆明和谐家园以戒毒为根本、以就业为核心、以回归社会为目标的社区戒毒社区康复模式。截至 2014 年 4 月，建设戒毒康复场所 11 个并全部投入使用，可安置 6 193 人，入住 3 344 人。全省 129 个县（市、区）建立城市街道办事处、乡镇人民政府社区戒毒社区康复工作办公室 1 179 个、村（居）委会工作小组 5 161 个，工作人员 7. 1 万人，正在执行社区戒毒 1. 92 万人、社区康复 1. 69 万人。[①] 然而，云南省的社区戒毒社区康复工作还处于试点和探索阶段，戒毒康复场所建设速度和规模远远不能满足戒毒需求、社区戒毒经费保障不足、管理制度不完善、专业社会工作者介入较少、社会参与程度偏低等问题日益凸显。社区戒毒康复工作仍十分薄弱。

（1）社区发育程度偏低，可资利用的戒毒资源匮乏。

云南多数地州属山区，村落分散，村寨闭塞，社区发育程度不高，居委会和村委会在面临诸多日常事务时，很难有精力应付专业性和困难性都极高的社区戒毒工作。不少村寨基层组织工作散乱，吸毒村民在村寨散漫自由，社区戒毒人员基本上处于放任自流状态，超期未报到、严重违反协议和脱管失控问题

---

① 严尚智. 关于全省禁毒工作情况的报告——2014 年 5 月 27 日在云南省第十二届人民代表大会常务委员会第九次会议上［EB/OL］.（2014－08－25）. http://www.srd.yn.gov.cn/ynrdcwh/1013029579347984384/20140825/260775.html.

突出。社区居民对戒毒工作的认识和参与程度不高，甚至对吸毒群体产生歧视和排斥，加之社会结构的变迁使社区的家庭、邻里资源日益萎缩，社区难以提供支持社区戒毒的社会环境。

（2）管理机构不健全，社区戒毒康复职能落实不到位。

各乡镇人民政府虽然挂牌成立了社区戒毒工作办公室，但大多数社区没有专门的场所、办公设备、戒毒活动设施和专职工作人员，社区戒毒和社区康复工作仍由社会综合治理办公室承担，一处场所多种功能，一个机构多个职责，一队人马多块牌子的问题突出。社区戒毒康复工作人员主要由街道综治部门的禁毒专干、社区居（村）委会的综治员、公安派出所的禁毒专职民警、社区民警和公益岗位人员组成，他们一身担多职，不能扎实地开展社区戒毒康复工作，甚至无暇顾及社区戒毒康复工作。课题组在昆明永昌社区调查时了解到，截至 2014 年 3 月，昆明市共有公益性岗位社区戒毒康复专职工作人员 469 人，其中男性 149 人，占 32%；女性 320 人，占 68%。公益性岗位招聘的社区戒毒康复专职人员多为城镇下岗失业人员中的“4050”① 人员，文化程度普遍不高，法律、心理、管理等综合素质偏低，大多缺乏专业服务的意识、能力和经验，工作理念落后，工作随意性大，工作方式简单，工作方法单一，针对吸毒人员的医疗辅导、心理干预、家族干预、社会干预等服务严重缺失。而且，公益性岗位工作人员“三年合同期满就裁员”，工作人员队伍不稳定，工作积极性不高，极大地影响了社区戒毒康复工作的成效。

（3）社会组织发育不充分，社区戒毒康复专业化服务匮乏。

由于民间社会服务组织的发展有限，专门从事戒毒康复的专业化社会组织尚未发育成熟，社区缺少民间戒毒社会服务组织和志愿团体，政府主导、部门各司其职、组织协作，全社会共同参与的社区戒毒体系尚未形成，由社区戒毒专职工作人员、社区民警、社区医务人员、社区戒毒人员的家庭以及禁毒志愿者组成的戒毒小组作用甚微。由于社区民警、社区工作人员、戒毒人员家属以及禁毒志愿者之间的协作关系流于形式，并未形成积极有效的治疗服务功能，

---

① 即女 40 周岁以上，男 50 周岁以上，计算年龄的截止时间为 2007 年年底。劳动保障部《关于开展下岗失业人员再就业统计的通知》（劳社厅发〔2003〕4 号文件）规定：公益性岗位主要是指由政府出资扶持或社会筹集资金开发的，符合公共利益的管理和服务类岗位，用来优先安置大龄就业对象就业的社区公益性岗位。昆明市招聘公益性岗位的条件为：城镇下岗失业人员中 40 周岁以上的女性和 50 周岁以上的男性（计算年龄的截止时间为 2007 年年底）；享受城市居民最低生活保障且失业一年以上、就业确有困难人员；夫妻双方均为下岗失业人员；家中两代人为城镇下岗失业人员；抚养子女的单亲下岗失业人员和夫妻一方无业，另一方为城镇下岗失业人员；应届大学毕业生；有就业愿望而未就业的残疾人。

加之吸毒人员与之沟通渠道单一，民间专业化的社区戒毒服务组织发育不良，基层行政组织无力承担专业性较强的社区戒毒康复工作等原因，云南省的社区戒毒康复工作普遍缺乏有机整合力量，基本处于被动应付、收效甚微的状态。

（4）经费保障不到位。

受到经济条件的制约，多数地区的社区戒毒工作缺乏稳定的专项经费，挤占了社区、派出所的正常办公经费。即使在经济条件好的社区，戒毒工作经费也难以有持续的保障，社区戒毒康复工作中的戒毒治疗、心理支持、法律咨询、联谊活动、技能学习、就业援助等都因受经费限制而难以开展。

（5）戒毒人员就业帮教机制缺失。

社区戒毒工作人员无法帮助吸毒人员解决生活、住房、就业等诸多困难，帮教工作难以取得实效。戒除毒瘾的吸毒人员因缺乏专业技能、健康受损、社会歧视等原因，再就业难度很大。他们回归社会后大多没有稳定职业，生存和治疗无法保证，极容易被社会边缘化，再次堕入自暴自弃、以毒品逃避社会和麻醉人生的悲惨循环。

3. 强制隔离戒毒效果不理想

强制隔离戒毒是云南省主要的戒毒措施。近几年的实践表明，强制隔离戒毒对遏制毒品非法交易，萎缩毒品消费市场，控制和减少与吸毒有关的传染性疾病的发病率，降低侵财性犯罪，维护社会和谐稳定有一定的作用。但强制隔离戒毒的运行仍然受观念、体制、技术和场地等因素的制约，总体效果不尽人意。戒毒人员戒断巩固率低、复吸率居高不下，消费群体还在不断膨胀的现状表明，强制隔离戒毒并不是一种理想的戒毒模式。

（1）戒断巩固率低，复吸率高，戒毒效果不明显。

受国际毒潮影响以及社会变迁的冲击，云南省吸毒人员还在逐年增加，强制隔离戒毒人员也在逐年上升，吸毒人员复吸率居高不下，“多进宫”者多，造成国家戒毒资源的浪费。毒瘾戒断是一个世界难题，云南省尽管持续投入巨大的人力、财力于禁毒工作，依然没有突破这一瓶颈，强制隔离戒毒人员出所后再次复吸的现象十分普遍，很大一部分人员在吸毒—戒毒—复吸毒—再戒毒路上重复往返，难以回归正常生活，没有达到“降低复吸率、提高戒断率、提高操守保持率”的戒毒目标。可以说，短期的全员收戒所带来的社会治安只是暂时的和不稳定的，反反复复的吸毒、戒毒增加了戒毒成本，强制隔离戒毒成本与收益不成比例。

（2）戒毒人员就业和回归社会难。

长期限制人身自由容易破坏戒毒人员的家庭和社会关系。一方面，强制戒毒期间，戒毒人员与家人长期分离，已有的恋爱关系、夫妻关系难以维持，亲子关系受到严峻考验；另一方面，个人与社会长期隔离后造成就业能力和社会交往能力弱化，加之污名化的烙印，强制隔离戒毒的出所人员再就业十分困难。如果戒毒人员面临家庭和社会的双重压力，那么铤而走险、违法犯罪、寻找往日毒友填补精神空虚就会成为他们难以摆脱的命运。所以，如果戒毒人员被长期限制人身自由，经过强制戒毒之后无法融入家庭与社会，从而缺乏基本的生存条件，那么他们再次陷入复吸、为筹措毒资而实施盗窃或抢劫等侵财性犯罪，甚至发生一些报复社会的暴力性犯罪的可能性就会大增。

（3）戒毒人员的人身安全和医疗救治得不到保障。

强制隔离戒毒所的管理对象都是吸毒成瘾人员，身份上具有病人、受害者和违法者的多重特性，生理上具有体质弱、疾病多的特点，心理上有敏感、多疑等心理特征。在强制隔离戒毒的管理过程中，自伤、自残、自杀、逃跑、互相欺压、医疗事故及其他责任事故频发，戒毒人员中的传染性疾病也具有交叉感染的危险。

4. 社区戒毒康复场所利用率低

社区戒毒康复理论提出之后，深受毒品危害的云南省顺势而为，积极在全省范围内推行戒毒康复人员社区管理。自 2011 年起，按照云南省委省政府的安排部署，昆明、保山、楚雄等地兴建了 11 个戒毒康复场所，其中规模较大的有红河开远的雨露社区、昆明的和谐家园、保山隆阳新雨社区、德宏幸福家园、楚雄阳光家园等，树立了各具特色的戒毒管理模式。目前全省戒毒康复总容量 6 500 人，入住 3 576 人，截至 2014 年 6 月，累积入住 13 000 多人次。但由于体制机制、人员、资金保障等因素，实际效果不是十分让人满意。

（1）进入戒毒康复社区的戒毒人员口径单一。

吸毒人员通过司法强制戒毒所转入、县市公安机关责令戒毒康复、自愿戒毒康复、自愿戒毒康复治疗、期满自愿留在社区康复“五个渠道”进入戒毒康复社区康复。但实际运行中主要为强戒所转介人员，自愿戒毒、自愿康复及期满自愿留所人员较少。在转介过程中，常常选择性地将老弱病残、吞食异物人员以及重病患者等移交戒毒康复场所。如昆明市和谐家园康复社区设计可容纳 513 户社区居民居住，四年多来，真正坚持留在这里工作生活的只有 60 多人；德宏幸福家园戒毒康复社区目前也只有 482 名戒毒康复人员，居民主要来源于云南省第六强制隔离戒毒所执行强制隔离戒毒一年后已脱毒解除强戒的吸毒人员，经评估认定，转入幸福家园戒毒康复社区进行社区康复，执行两年强制隔离戒毒剩余期限。大部分转入人员为老弱病残人员，最近转入的100名戒毒人员中，50岁以上的有58人。

（2）戒毒康复场所运行不理想。

戒毒康复企业生存压力大，部分吸毒人员就业安置工作效果不明显。由于缺少实体企业支持，入住社区康复（戒毒）的居民的收入受到影响。康复人员觉得在戒毒康复社区自由受限，受不了社区康复（戒毒）的监督和约束，情愿待在农村过清苦但自由散漫的生活，也不愿意进入戒毒康复场所过他们认为的受拘束、不自由的生活，加上交通、信息、地理区位等诸多落后因素影响，戒毒康复管理工作面临着许多新的难题。

（3）分类收治难以落实，疾病传播及安全事故风险大。

戒毒康复人员大部分身患各种疾病（有的因长期吸毒，身有残疾或有严重传染病，有的为了逃避打击而吞食异物）。由于警力和硬件限制，不少戒毒康复场所还无法将艾滋病携带者及其他传染病患者单独隔离，也无法将未成年戒毒者与成年戒毒者分开治疗，致使戒毒人员随时面临传染疾病的风险，在生理上和心理上处于一种恐慌状态，对戒毒康复场所产生恐惧感、厌恶感。

（三）艾滋病危险性行为干预面临诸多难题

艾滋病危险性行为是指有感染和传播艾滋病危险的性行为。从艾滋病传播的角度看，危险性行为包含所有可能导致艾滋病感染和传播的性行为。归纳起来，艾滋病危险性行为主要包括商业性性行为、男男同性性行为、多性伴行为和非保护性性行为四大类。正是由于各类艾滋病危险性行为的广泛存在，导致艾滋病经性传播的比例持续上升。目前，云南超过九成的新发艾滋病感染者都是性传播造成的。2015年1至10月报告的9 768例艾滋病感染者中，性传播占91.4%，比2014年同期增加1.9个百分点（2014年同期为89.5%）①。

从总体上看，云南的艾滋病危险性行为干预取得了一定进展，各级政府高度重视，建立了相关组织领导机构和艾滋病危险性行为干预专门机构，制定实

① 胡远航. 云南新报告艾滋病感染者逾九成系性传播［EB/OL］.（2015-11-30）. http://www.chinanews.com/jk/2015/11-30/7648870.shtml.

施了一套完整的法律政策和措施体系，针对各类艾滋病危险性行为，探索、实施了一系列行为干预活动。但艾滋病危险性行为仍然广泛存在、艾滋病性传播比例仍在持续上升的情况表明，云南艾滋病危险性行为干预仍然面临诸多难题。

1. 商业性性行为干预面临的主要难题

商业性性行为是一种“传统”的艾滋病高危性行为。2011 年，云南暗娼 HIV 抗体阳性检出率超过 1%①，其艾滋病感染率远高于全国一般人群 0.06% 的平均水平。目前尚未发现近两年云南暗娼人群艾滋病感染率的数据，但根据以往的暗娼艾滋病感染率的估计数和本课题组对 357 名艾滋病感染者的调查结果（357 名艾滋病感染者中，247 名为经性途径感染，其中自报通过异性商业性性行为感染 HIV 的为 40 人，占比 16.2%）来推测，这个比例不会太小。可见，商业性性行为作为一种“传统”的艾滋病高危性行为仍未得到根本遏制。究其原因，主要是商业性性行为干预难度较大。

（1）商业性性行为本身的艾滋病危险性。商业性性行为具有多性伴和非保护性特征。各种调查表明，商业性性行为的双方在性交易中均未能确保百分之百使用安全套，加上其多性伴的特征，大大增加了感染和传播艾滋病的风险性。同时，商业性性行为往往与吸毒行为特别是新型合成毒品滥用行为交互作用；与流动人口、老年群体、男男性行为者等易感人群紧密联系，使其成为多风险因素共同交织的艾滋病高危性行为。

（2）对商业性性行为的认识分歧。目前我国对商业性性行为的法律态度是明确的：商业性性行为是一种违法行为，但这并不意味着我国社会对商业性性行为形成了统一的认识。相反，目前社会对商业性性行为还存在违法、合法、道德的行为、不道德的行为等多种不同的意见。在我们的实地调查中，针对一般公众的问卷调查结果显示，认为“存在就是合理的，方便了有需求的人，减少了强奸犯罪率”的为 27.2%；认为是“个人自愿行为，为实现人的性自由提供了条件，是社会进步的体现”的为 22.5%；认为“增加了性病、艾滋病传播的风险”的为 54.4%；认为“会引发一系列拐卖妇女和组织、强迫卖淫等社会问题”的占 49.7%；认为“是对人性尊严的践踏，只有弱势的人才会被迫去出卖自己的身体”的占 29.9%；认为“是对社会道德底线的践

① 卫生部，联合国艾滋病规划署，世界卫生组织. 2011 年中国艾滋病疫情估计［J］. 中国艾滋病性病，2012（1）：1-5.

踏，影响家庭和谐、社会风尚”的占45.4%。

（3）对商业性性工作者定性的争议。关于性工作者的定性主要有三种不同的看法：一是把性工作者视为违法者。这是对性工作者的一种传统认识，也是新中国成立以来我国政府一直坚持的政策。二是把性工作者视为不道德者。这也是对性工作者的一种比较普遍的看法，即性工作者是好逸恶劳、采取不正当手段获取不义之财之人；性工作者从事的性行为违反婚恋伦理和性道德，与人类两性文明的进步背道而驰。三是把性工作者视为需要救助者，即认为由于性工作面临很高的感染性病艾滋病的风险而应得到政府和社会各界的宽容和救助，因而是需要救助者。此外，还有人认为性工作者是社会转型期制度性问题的受害者。

（4）对商业性性行为干预策略的选择面临两难。传统的干预策略认为出于维护公共健康、维持社会道德规范和保护妇女家庭权益的需要，应该由政府执法部门严厉打击卖淫嫖娼行为，直至取缔。但这一策略的实际效果并不理想，而且面临伦理正当性、公正性、有效性等各方面的质疑。另一种意见正是从严打政策面临的问题出发，主张卖淫是一种正当的工作，应该为其提供合法化保护，出于预防性病艾滋病的需要，还应该考虑建立“红灯区”等专门营业场所，对商业性性行为进行规范化的统一管理，但这一策略也面临诸多现实困境。如“红灯区”设置及管理困难、“性工作者”登记注册及健康检查无法有效防范艾滋病传播、合法化难以维护“性工作者”的身心健康等。

2. 男男同性性行为干预面临的主要难题

近年来，云南省男男同性性行为艾滋病传播比例呈快速上升趋势，成为艾滋病性传播的“急先锋”。男男性行为人群的艾滋病感染率2005年仅为4%，2010年上升到10%。在不断增加的学生感染艾滋病的群体中，男男同性性行为传播艾滋病的比例上升尤为突出：自2004年以来的10年间，云南学生中感染艾滋病的人数不断增加，2004年仅10例，2014年增加到81例（2015年1~10月增加到94例）。其中，男性占79.4%，传播途径也以男男同性性传播为主（占48.0%）①。对此，政府和社会予以了越来越多的关注和重视，形成了同性恋人群的内部干预与卫生疾控等部门的外部干预相结合的男男同性性行为综合干预模式。但是，由于传统道德环境等各方面因素的影响，多数同性恋者

① 楚田. 云南染艾学生渐增48%为同性传播［N/OL］. 春城晚报，［2015-08-19］. http://www.chinanews.com/sh/2015/08-19/7476939.shtml.

仍然处于“地下状态”，同性性行为干预工作开展仍较为困难。

（1）同性性行为本身的艾滋病危险性。男同性恋者主要包括四类人群，即对同性产生倾向的男性，即男同性恋者；对同性和异性均产生性倾向的男性，即男性双性恋者；与同性发生性接触的男性，即部分异性恋者；被认为无法确认或认为应当为女性的男性，即男性变性欲者。不管哪种情况，男男同性性行为的一个最基本的性交方式是肛交。与异性性行为相比，由于直肠弹性比阴道小，而且直肠黏膜薄、易于破损，男男同性性行为的艾滋病危险性比异性性行为更高。同时，男男同性恋人群基数大，男男同性性行为干预起步晚，大多数同性恋者处于“地下状态”，难以实现干预的普遍可及。

（2）同性恋者面临歧视与污名。随着经济与社会发展特别是观念的变化，人们对同性恋的认识日益理性，对同性恋者也给予了更多的理解与宽容，但从总体上看，社会对同性恋者排斥的基本态度仍未从根本上改变，社会对同性恋者的歧视仍然普遍存在。在实地调查中，我们针对一般公众和艾滋病感染者两个群体设计了“假如您得知您身边的亲友是同性恋者，您会有何态度和行为”的问题，结果显示，一般公众“不能接受并与其断交”的占 15.0%，“不能接受，但仍然愿意与之保持表面交往”的占 49.4%，“不以为然，和往常一样”的占 25.3%，“接受，并加深交往”的占 3%。艾滋病感染者的态度与一般公众大体一致：表示“不能接受并与其断交”的占 15.8%，“不能接受，但仍然愿意与之保持表面交往”的占 49.4%，“不以为然，和往常一样”的占 24.6%，“接受，并加深交往”的占 4.8%。这反映了人们对待同性恋者基本一致的态度：大多数人不能接受自己的亲友是同性恋者。事实上，在很多同性恋者看来，最大的困境是“虽没人指责你违法，但包括亲朋好友在内的多数人都视你为异端、不洁、道德败坏甚至社会败类”。

（3）同性恋者婚姻选择的尴尬境遇。目前，我国同性恋者之间的婚姻尚未以立法的形式得到认可，同性恋者的现实婚姻选择主要是传统婚姻、“互助婚姻”和抵触婚姻三种情况，其中任何一种选择都面临诸多尴尬和困境。同性恋者选择传统婚姻不仅违背了夫妻之间互相信任和忠诚、相互扶助等婚恋道德要求，而且会造成妻子婚后生活的巨大痛苦。“互助婚姻”或“形式婚姻”缺乏婚姻的道德基础，与此种婚姻形式相伴而生的婚外性行为、多性伴行为大大增加了艾滋病风险，且易于产生经济纠纷等新的问题。单身或独居生活则是对传统婚恋道德的一种逃避或反抗，但无论是对同性恋者的父母、亲人，还是对同性恋者自身而言，都意味着要遭受社会传统世俗的眼光、猜疑、歧视与排斥；同时，偶然的、不固定的性关系或多性伴行为，大大增加了同性恋者感染性病艾滋病的风险。

（4）同性恋者的自我歧视与社会责任缺失。由于各种主客观原因，多数同性恋者未能建立单一固定的性伴，仍然存在多性伴行为，不能正确使用安全套，客观上增加了艾滋病传播的风险。具体地说，同性恋者的社会责任缺失主要表现在：一些选择传统异性婚姻的同性恋者，明知自己婚外有不安全的同性性行为，而在敷衍妻子的性生活中不使用安全套，将自己的异性配偶置于艾滋病感染高风险之中；由于缺乏健康心态和安全感而进行的危险性行为；为寻求刺激而发生不负责任的性关系，甚至不分场所地滥交。此外，一些同性恋者还存在对酒精、毒品的滥用等行为，特别是以摇头丸、冰毒为代表的新型合成毒品多为兴奋性毒品，易于诱发性交易、集体淫乱等高危性行为。

3. 多性伴行为干预面临的主要难题

多性伴行为是艾滋病性传播的重要"推手"。所谓多性伴行为，指的是与超过一个以上的性伴发生过性行为的情况。多性伴行为可以根据性行为与婚姻的关系分为婚前性行为、婚外性行为和离婚后再婚导致的多性伴行为三大类；而婚前性行为、婚外性行为又分别包括种类繁多、五花八门的具体性行为。同时，多性伴行为既可能发生在异性之间，也可能发生在同性之间，进一步增加了多性伴行为的复杂性。由于多性伴情形十分复杂，不可能形成统一的干预措施，干预实践仍然面临诸多难题。

（1）多性伴行为动机的复杂性。造成多性伴行为的动机可以分为正当与不正当两大类。出于正当动机而造成的多性伴主要是指出于追求爱情和婚姻的动机。不正当的动机或恶的动机又包括多种情况，主要包括：一是追求快乐与刺激，如一夜情、换偶、聚众淫乱、性虐恋游戏等。二是为获得某种物质利益或权利、机会，包括以利换性或以性换利。三是寻找安慰、心理平衡或报复配偶。四是出于男尊女卑或女尊男卑、彰显自身的成功与地位等心理，如"包二奶"、重婚等行为。五是出于恶意的欺骗或玩弄。此外，还有一种出于过失的"无意"或偶然的情况，如遇到烦心事或醉酒之后，"无意"间发生的性行为。

（2）对多性伴行为定性的分歧。目前，社会对一些多性伴行为的定性是明确的。比如，对正常恋爱和婚姻失败造成的多性伴行为，法律和道德都持肯定态度；对重婚和聚众淫乱行为，法律明确规定为犯罪行为；婚外情、通奸则是不道德的行为。但是同时，社会对商业性性行为、一夜情、换偶、性虐恋等行为的定性仍然存在较大分歧。如对商业性性行为还存在违法、合法、道德的行为和不道德的行为等不同意见；对一夜情和换偶行为也存在两种相反的意见：一种意见认为它们是不道德的行为，另一种意见则认为二者是人的一种权利，与道德无关；不仅如此，换偶行为还有利于婚姻家庭的稳定。此外，对性虐恋行为的认识也存在明显的分歧。一般认为，性虐恋是一种心理疾病，要通过治疗予以矫正；但也有人认为性虐恋并不是心理疾病，而是一种亚文化现象。

（3）多性伴行为干预手段的争议。一是对聚众淫乱行为处以刑罚的争议：赞同者认为聚众淫乱行为完全具备犯罪构成的四个要件，因而必须对该行为以聚众淫乱罪施以刑事处罚；反对者则认为，聚众淫乱是自愿的、发生在相对封闭的场所、由少数人的特殊性癖好产生的行为，不应对这种行为实施法律处罚；相反，聚众淫乱罪已经过时，应该取消。二是通奸该否入罪的争议：一种意见认为，通奸不应该入罪；相反的意见则认为，通奸是一种明显违反《中华人民共和国婚姻法》的行为，对受害者造成巨大的身心伤害，很多情况下还容易诱发奸情杀人、伤害等恶性事件，具有严重的社会危害性，因此主张把通奸规定为犯罪。三是对一夜情与换偶的道德谴责的争议。主流意见认为，一夜情和换偶行为不仅是不道德的行为，而且容易导致怀孕、盗抢、艾滋病等疾病传播，破坏婚姻家庭的稳定与社会和谐，应该从教育和社会管理等方面对这两种现象予以约束；反对者则认为，一夜情和换偶行为纯粹是为了快乐，并非道德沦丧，而是人的一种自由权利。

4. 非保护性性行为干预面临的主要难题

所谓非保护性性行为，是指未能每次都使用安全套的性行为。可以说，在目前尚无能够治愈艾滋病的药物、也无有效疫苗的情况下，安全套是预防艾滋病经性途径传播最强有力的阻断工具。为此，云南省制定了防治艾滋病的“一办法六工程”，将推广使用安全套作为防治艾滋病的一大工程来贯彻实施；并通过《云南省推广使用安全套防治艾滋病工程实施方案》（2004 年）、《云南省推广使用安全套管理暂行办法》（2007 年），对云南省推广使用安全套的具体目标、措施、组织管理、实施步骤、督导评估等做了非常详尽的规定。但从总体上看，由于各种主客观因素的影响，云南安全套推广使用的总体效果并不理想，非保护性性行为干预仍然困难重重。

（1）保护性干预与惩罚性干预的价值冲突。目前，保护性干预与惩罚性干预并存，是当前艾滋病危险性行为干预的一个特点。应该说，保护性干预与惩罚性干预的基本价值目标是一致的，但二者在干预主体、性质和措施等方面存在明显差异甚至对立。归纳起来，保护性干预与惩罚性干预的价值冲突主要表现在三个方面。一是干预对象的定性：惩罚性干预的认识前提，是把性工作者、同性恋者等干预对象视为违法者或道德不良者；而保护性干预的认识前提，是把干预对象视为需要救助的生命个体或普通公民。二是价值考量的伦理原则：惩罚性干预主要是出于传统集体主义和功利论的价值考量，而保护性干预则主要是出于社会主义人道主义和道义论的价值考量；前者认为为了社会的整体利益，为了多数人的健康，可以而且应该限制或牺牲少数人的权利，后者正好相反。三是权利义务的导向：惩罚性干预侧重于强调艾滋病性传播高危人群的义务，实际行动中则表现为限制或牺牲他们的权利；而保护性干预侧重于强调对他们权利的尊重和保护。

（2）推广使用安全套与性道德特别是与性行为的目的背反。关于性行为的目的一直存有很大的争议，归纳起来，主要有“生殖”“使双方结合的爱”“生殖和使双方结合的爱”“快乐”四类观点①。可以说，无论是把性行为的目的视为“生殖”“使双方结合的爱”“生殖和使双方结合的爱”还是“快乐”，推广使用安全套都是与之相排斥的：推广使用安全套不仅直接与“生殖”的目的相背离，而且与“求爱”“快乐”相排斥。我们的调查表明，很多人之所以不愿使用安全套，并非不了解安全套在预防性病艾滋病中的作用，而是使用安全套是对恋人之间、夫妻之间信任、忠诚的一种“怀疑”和“反动”。女方为了表示对对方的信任，不要求对方使用安全套；男方为了表明自己对对方的忠诚，因而不使用安全套（以往一直未使用安全套的夫妻或恋人，如果突然使用安全套，就有可能被视为“有事”）。

（3）安全套广告的争议。安全套广告在我国长期都是被禁止的。2014 年 7 月 14 日，国家工商行政管理总局宣布废止“避孕套广告禁令”。但至今安全套广告并未像一般商品广告那样迅速发展，安全套商业广告甚至公益广告都还非常少见。究其原因，主要是受传统道德观念的影响，安全套广告存在很大争议：反对安全套广告的伦理依据是，安全套属于性用品，用广告来宣传安全套“有悖于我国的社会习俗和道德观念”；而支持安全套广告的伦理依据是安全套广告不仅有利于阻止性病艾滋病传播，有利于维护公共健康，而且有利于避孕和保障安全套生产企业、消费者利益。目前，虽然安全套广告已经解禁了，但有关安全套的伦理争议仍在继续，政府部门之间、学者之间以及社会公众之间都还存在明显分歧，这也是推广使用安全套面临的一大难题。

---

① 王伟，高玉兰. 性伦理学［M］. 北京：人民出版社，1999：47.

（4）中国特有的伦理文化对推广使用安全套的阻力。一方面是中国传统性伦理特别是生育和传宗接代观念对推广使用安全套的观念阻碍；另一方面是现代婚恋道德与性健康要求的冲突。我们调查发现，在商业性性交易中，“小姐”往往会要求对方使用安全套，很多“男客”也会主动使用安全套；但在与丈夫或妻子的性生活中却不使用安全套。出现这种现象的直接原因主要有两个方面：一是“不必”。这是就女朋友或妻子的角度而言的。女朋友或妻子对自己的男朋友或丈夫是信任的，男朋友或丈夫是什么样的人自己心里是有数的，因而认为没有必要因为预防艾滋病的缘故而要求对方使用安全套。二是“不敢”。这是就男朋友或丈夫的角度而言的。特别是对有过性交易、有过其他性伴的人而言，为了保密，他们在女朋友或妻子面前，往往“不敢”使用安全套，因为这样做似乎等于“不打自招”；而即便是没有性交易和其他性伴的人，在以往都没有使用安全套的情况下，也“不敢”主动使用安全套，因为担心女朋友或妻子怀疑自己“有事儿”。

（四）艾滋病及早治疗、全员治疗面临新挑战

从 1981 年第一例艾滋病感染者被发现到 2015 年，世界抗击艾滋病已历经 34 年。因鸡尾酒疗法的问世和抗病毒治疗药物价格的大幅下降，全球约 40%的艾滋病感染者和病人获得了抗病毒治疗，感染者的预期寿命从 36 岁提升至 55 岁①，艾滋病已从世纪绝症逐渐转变为一种可控可治的慢性病。② 尽管人类目前还不能完全征服艾滋病，但越来越多的证据已显示，当免疫系统仍然基本完好在更高的 CD4 细胞计数时及早启动抗病毒治疗，不仅可以帮助艾滋病感染者回归正常生活，还可以实现不再传播病毒的预防目的。基于及早启动抗病毒治疗对降低新发病例、死亡率和提高预期寿命的卓著贡献③，联合国艾滋病规划署呼吁要确保全部 3 690 万感染艾滋病病毒的人员都能获得治疗④，并设定到 2020

---

① 许林贵，王湘江．联合国副秘书长：中国是全球遏制艾滋病成功典型［EB/OL］．(2015-07-15)．http://www.hbgscdc.com/n4731c29.aspx.

② 佚名．联合国机构：人类或在 2030 年结束艾滋病流行［N/OL］．文汇报，［2014-08-13］．http://www.qhnews.com/newscenter /system/2014/08/15/011483302.shtml.

③ 许林贵，王湘江．全球艾滋病流行已得到遏制 病毒携带者预期寿命提至 55 岁［EB/OL］．(2015-07-15)．http://news.xinhuanet.com/world/2015-07/15/c_128021562.htm.

④ 王心见．联合国表示全球扭转艾滋病蔓延的目标已经被实现［N/OL］．科技日报，［2015-07-15］．http://www.cpus.gov.cn/index/datas/docs/201507/t20150716_1424527.shtml.

年要实现“90-90-90”的目标。而到2030年，各项具体目标的完成比例将提高至95%。①

为了确保到2030年实现停止艾滋病流行的新目标，2015年9月30日，世界卫生组织宣布，所有艾滋病感染者都需在确诊之后尽快开始抗病毒治疗，并取消了《使用抗逆转录病毒药物治疗和预防艾滋病毒感染合并指南（2013）》中对艾滋病感染者抗逆转录病毒疗法的资格限制，明确所有年龄段人群都具有获得该项治疗的资格。② 由此，“治疗所有人”的理念成为国际社会的普遍共识及最新倡导。

贯彻“治疗所有人”的国际新倡导，将其作为实现终结艾滋病流行目标的重要措施来加以推进，确保到2020年实现联合国艾滋病规划署“90-90-90”的目标，意味着云南省要将目前未接受抗病毒治疗的近30 000人（含先前已入组治疗后脱失的病人）及每年新增的近10 000人都覆盖到抗病毒治疗体系内，这对现行体制机制和防治能力而言，确实是项不小的挑战。

1. 及早发现机制不完善

及早发现是尽早启动治疗的关键所在。从2015年云南省的最新情况来看，在1~10月新报告的9 768例病例中，艾滋病病人为2 893例。这即是说，有29.6%的新增病例发现时已进入艾滋病发病期。发现不及时不仅阻碍及早治疗的推行，危及病人生命健康，还增加了艾滋病传播的隐患。那么，病人发现不及时的原因究竟何在呢？

目前云南省艾滋病检测方式主要包括医务人员主动提供HIV检测咨询（PITC）、艾滋病自愿咨询检测（VCT）、重点人群筛查（如强制隔离戒毒所的戒毒人员、婚姻登记人群等）三种。2011—2015年10月，全省共开展艾滋病病毒抗体检测3 185.7万人份，其中医疗机构开展艾滋病病毒检测2 189.9万人次，报告艾滋病感染者和病人35 139例（占67.1%），③ 医疗机构开展的PITC检测已成为发现感染者和病人的重要窗口。但PITC检测和重点人群筛查的共同特点是病人都属于被动接受检测，难以触及暗娼嫖客、男男性行为者、

---

① 张森，顾敦禹．联合国艾滋病规划署：未来5年是结束艾滋流行关键［EB/OL］.（2014-11-30）. http://world.people.com.cn/n/2014/1130/c1002-26120516.html.

② 佚名．世界卫生组织：《治疗所有艾滋病病毒感染者》［EB/OL］.（2015-09-30）. http://www.who.int/mediacentre/news/releases/2015/hiv-treat-all-recommendation/zh/.

③ 彭锡．云南力争在2020年底将艾滋病人数量控制在16万内［N/OL］. 都市时报，［2015-12-01］. http://yn.news.163.com/15/1201/09/B9O78EOT03230LFM.html.

青年学生、老年人群等易感人群；而出于担心身份暴露、遭受社会歧视等方面的顾虑，自愿咨询检测也没有成为这些易感人群首选的方式，由此导致易感人群发现不及时。

2. 感染者认识不到位，及早治疗意愿不足

长期以来，医学界一直在探讨何时开始抗病毒治疗才能使艾滋病患者获益最大。除了医学的标准外，治疗药物的可及性、治疗费用的支出等也是国家抗病毒治疗标准确立时的重要参考因素。我国免费抗病毒治疗标准在过去 10 年间调整了三次，建议启动抗病毒治疗的时机渐次提早。2005 年版的《国家免费艾滋病抗病毒治疗药物手册》将成人/青少年抗病毒治疗标准确立为：CD4 +T 淋巴细胞<200 个/mm^3。2008 年版的《国家免费艾滋病抗病毒治疗药物手册》（第 2 版）将该标准做了适当修订：成人/青少年抗病毒治疗标准除保留原 CD4 +T 淋巴细胞<200 个/mm^3外，对 200~350 个/mm^3的患者在符合一定条件时也建议开始治疗。2012 年，《国家免费艾滋病抗病毒治疗手册》（第 3 版）将成人、青少年抗病毒治疗标准由第 2 版的 CD4 +T 淋巴细胞计数<200 个/mm^3提高到 350 个/mm^3即开始治疗，并对 CD4 +T 淋巴细胞在 350~500 个/mm^3的患者在符合一定的条件时也建议开始治疗，对于孕妇和单阳家庭中 HIV 阳性一方等情况，则不论 WHO 临床分期和 CD4 +T 淋巴细胞水平，都建议开始治疗。

云南省作为及早治疗的试点地区，从 2012 年起在全省范围内针对 CD4 +T >350 个/mm^3的单阳家庭阳性配偶、男同性恋感染者、暗娼感染者、孕妇感染者和老年感染者等五类人群，开展早期艾滋病抗病毒治疗。① 及早治疗的人群范围较《国家免费艾滋病抗病毒治疗手册》（第 3 版）中的要广。据云南省关爱中心相关负责人介绍，及早治疗在推行过程中，遇到的首要难题就是感染者及早治疗的意愿不强烈，而且 CD4 +T 淋巴细胞计数水平越高的感染者，越不容易接受抗病毒治疗。不愿意接受及早治疗的主要原因是认为“无症状，不需服药”及“担心药物副反应”。2014 年，全省 CD4 +T>350 个/mm^3的感染者中仅有 35%的病人接受了早期抗病毒治疗。此外，尽管目前还没有精确统计的数据，但粗略比较后仍发现，在 CD4 +T 淋巴细胞计数水平较高时就开始接受抗病毒治疗的感染者，脱失率较 CD4 +T 淋巴细胞计数水平较低时才开始接受抗病毒治疗的感染者要高。由此可知，对及早治疗的利弊认识不充分、治疗意

---

① 陈娜. 除德钦外 病人今年将免费接受艾滋抗病毒治疗［EB/OL］.（2013-03-28）. http://society.yunnan.cn/html/2013-03/28/content_2670937.htm.

愿不强烈是阻碍及早治疗全面推行的最主要原因。

3. 重点人群治疗难度大

目前，吸毒者、老年人、儿童、外籍感染者等重点人群的治疗，已成为及早治疗和全员治疗工作推进中“最难啃的硬骨头”。

（1）强制隔离戒毒人员治疗保持难度大。

截至 2015 年年底，云南省近 3 万名吸毒人员（主要是阿片类毒品滥用者）在强制隔离戒毒所内接受隔离戒毒。我们调研了解到，部分强制隔离戒毒所相继成立了专管大队，即将感染艾滋病的戒毒学员与未感染的戒毒学员分开管理。专管大队的设立更有利于避免交叉感染及为感染者提供规范的抗病毒治疗。总体来看，强制隔离戒毒所内的抗病毒治疗工作较几年前取得了较大进展，但仍面临以下难题：一是重复筛查对医疗资源的浪费。因为疾控的信息系统未与司法信息系统实现共享，为了便于开展分类管理，每个戒毒学员入所时都要进行艾滋病病毒抗体检测，有的学员经历了多次检测，浪费有限的医疗资源。二是强戒所内医生工作量及工作难度较大。强戒所缺少专职的抗病毒治疗医生，因此，承担抗病毒治疗工作的医生还需承担其他疾病治疗任务，压力大。三是转介机制不够顺畅。目前，转入机制运行较好，每个接受抗病毒治疗的感染者在疾控中心都有一个治疗号，通过治疗号能查询到感染者此前的治疗机构，并取得相关治疗信息，在所内继续开展抗病毒治疗。但转出机制却面临较大难题。当学员期满离所时，强戒所会给学员户籍所在地的治疗机构发一份转介函，但吸毒人员流动性较大，大多不回原户籍地，抗病毒治疗脱失率较高。

（2）儿童和老年人治疗难度大，依从性较差。

与成年人相比，儿童的抗病毒治疗面临更大的挑战。其一，儿童感染艾滋病的途径主要为母婴传播，体内存在比较高的病毒水平，其艾滋病发展进程通常较成年人要快。临床研究还发现，在儿童抗病毒治疗中，不仅出现了对正在使用的药物的耐药，对未使用的抗病毒药物也表现出高度和中度耐药，这些都更容易导致抗病毒治疗的失败。① 其二，与成年人不同，儿童基本都不知晓自己感染艾滋病的情况，因此很难理解为何自己每天都需要服药，这需要监护人密切配合医生的治疗，但部分监护人对治疗的认识和督促不到位，尤其是留守

---

① 钟敏，杨绍敏，等. 云南省抗病毒治疗病毒学失败的艾滋病患儿的基因型耐药性分析[J]. 中华医学杂志，2014（12）：887.

儿童，隔代监护更容易导致儿童服药中断，治疗依从性较差。

老年人抗病毒治疗面临的主要挑战则来自治疗药物的不良反应及家庭的支持关怀力度不够。由于身体机能的下降，老年艾滋病感染者出现非艾滋病相关疾病的风险较高，抗病毒治疗期间也更容易出现不良反应。[①] 药物不良反应较严重的老人，也更容易退出抗病毒治疗。此外，老年感染者以男性为主，感染的途径主要为婚外性传播。部分老年感染者因羞愧、害怕家人知道病情后抛弃自己等顾虑，不愿告诉家人实情，因缺乏家人的支持、关怀，治疗依从性和治疗效果不理想。

（3）外籍感染者治疗缺乏政策依据及专项资金支持。

国家从2003年开始实施“四免一关怀”政策，对我国艾滋病感染者和病人提供免费筛查、抗病毒治疗、母婴阻断等服务。但享受“四免一关怀”政策的前提是具有中国国籍，而针对跨境婚姻、外来务工人群中的外籍感染者，国家目前尚未出台相应的管理办法。但外籍感染者的持续增长，已给云南省边境地区的艾滋病防控带来了巨大挑战。德宏州疾控中心2015年对480名缅籍感染者的专题调查显示，这些感染者50%为合法入境，50%为非法入境，但88%都未办理暂住证；当天回缅甸的为16%，居住3个月以上的为50%；480人中，吸毒的占130人，其中29%存在共用针具现象，8%在中国卖淫，其中20%不使用安全套。为了防范外籍感染者持续增加带来的艾滋病传播风险，德宏州自2008年开始尝试开展外籍感染者抗病毒治疗和管理工作。截至2015年10月，累计治疗外籍感染者799人，在治575人，其中264人属于涉缅婚姻，218人属于常住人口（半年以上），10人为羁押场所人员，83人属于流动人口。[②] 尽管德宏州的外籍感染者干预工作取得了一定成绩，但由于缺乏国家及省级层面的政策支持，工作开展困难重重。

首先，国家和省级层面均未明确是否给予外籍感染者免费的抗病毒治疗，目前开展的抗病毒治疗存在法律风险，例如治疗过程中出现死亡，可能涉及国际纠纷。其次，外籍感染者抗病毒治疗药品由国家免费提供，但是检测、随访、管理等费用则由项目经费支持，项目停止后，经费支持困难。中央专项经费中没有列明可以用于外籍感染者的干预和治疗，如果使用了专项经费，审计会出问题。再次，中缅双方联防联控机制，主要靠疾控中心项目及社会组织推动，缺乏国家及省级政府层面的介入，双边合作机制建设推进缓慢，感染者转

① 沈银忠，卢洪洲．艾滋病抗病毒治疗的新进展［J］．上海医药，2014（21）：13.

② 数据来源：德宏州艾滋病防治局。

介等工作开展难度大。

4. 艾滋病抗病毒治疗服务能力有限

云南省累计报告存活艾滋病感染者和病人数全国最多。近三年，年均10 000例的新增抗病毒治疗人数已给现行抗病毒治疗体系带来了不少压力，而“治疗所有人”策略的全面落实带来的挑战无疑更大。

（1）待遇机制不健全，抗病毒治疗医务人员工作意愿不强烈。

云南省目前从事艾滋病抗病毒治疗工作的人员主要包括：传染病医院抗病毒治疗医务人员，综合医院、社区医院、乡镇卫生院抗病毒治疗医务人员，羁押场所抗病毒治疗干警，临时聘用的防艾专干，乡村医生几类。目前，待遇较为不合理的是后四种人员：①除云南省关爱中心和德宏州抗病毒治疗点被列为全额拨款单位外，多数州市综合医院、社区医院、乡镇卫生院抗病毒治疗医务人员不属于财政全额拨款，因无创收来源，其待遇普遍较其他科室低，且工作任务重、心理压力大，导致治疗意愿及治疗积极性普遍偏低，队伍扩充困难；②羁押场所内从事抗病毒治疗的干警，尽管工作业务属于传染病防治，但因身份属于警察而非医生，因此一直未能领到传染病防疫津贴；③在德宏、文山等艾滋病感染者和病人基数大的州市，抗病毒治疗机构因事业编制医务人员力量不足，通常聘请临时防艾专干参与抗病毒治疗，但因待遇较低（多为1 500~2 500元），人员流动速度快，能力持续提升困难；④随着抗病毒治疗人数的不断增加，县级抗病毒治疗机构难以承载，德宏等州市开始探索抗病毒治疗“关口前移、重心下沉”，实施病人属地化管理。抗病毒治疗重心下沉后，村医成为乡村一级抗病毒治疗的重要支柱。但村医目前的身份是“个体户”，收入主要来源于给村民看病，因村医承担了抗病毒治疗等大量公共卫生保健工作，看病时间减少，收入受影响。目前德宏州已出现部分村医因任务重、要求高、风险大、收入低的原因，纷纷选择辞职。抗病毒治疗重心下沉工作推进困难。

（2）医务力量不足，治疗效果受影响。

基于上面提到的待遇问题和云南省及早治疗工作的不断推进，目前多数抗病毒治疗点都面临接受治疗人数大幅上升而医疗队伍却没有相应扩充的供需矛盾。抗病毒治疗点的医生往往一人管理多位甚至上百位病人，任务繁重，管理力不从心，病人脱失率呈现上升趋势。而从德宏等地州的经验来看，脱失病人的找回及再入组治疗，困难远大于初次入组治疗。

（五）边疆少数民族地区毒品艾滋病社会文化易感性依然突出

云南因接壤缅甸和金三角而成为毒品进入中国的主要通道，并成为毒品消费的重灾区。生活在边境地区的少数民族首当其冲地受到毒品侵害，与毒品问题相伴而来的是艾滋病快速蔓延以及由此带来的贫困和社会治安问题。尽管联合国和相关各国采取了一系列措施，但金三角至今仍然是对中国危害最大的毒源地。在中央政府全力支持下，云南省连续十年开展了三轮声势浩大的防治艾滋病人民战争，取得了令世界瞩目的成绩，成为全国防治艾滋病示范区，国际防治艾滋病项目资金也曾经大量注入云南。然而，随着对外开放程度加深，外籍务工人员和“外国媳妇”大量涌入云南，边疆少数民族地区面临新的毒品艾滋病挑战。已有的研究表明，造成云南省毒品艾滋病问题的除了毗邻金三角这一地理因素外，还与边疆少数民族在经济、文化、社会、政治方面的弱势因素有关系。这些因素就构成了少数民族对毒品艾滋病的社会文化易感性。云南在继续开展禁毒防艾人民战争的同时，必须正视这些易感因素，通过发展经济、移风易俗、治理村社等社会工程，逐步增强少数民族对毒品艾滋病的自身免疫力。这无疑是一个任重而道远的固本强基工程。

1. 少数民族边民与毒源地居民文化相通，交往频繁

一方面，云南与邻近的缅甸、老挝和越南有着漫长的边境线，约 4 060 千米，山水相连，几乎无天然屏障，打击毒品过境输送非常困难。另一方面，云南与邻近国家之间也几无人文隔阂。生活在边境的傣族、景颇族、拉祜族、佤族、哈尼族等都是跨界民族。跨国界两边的少数民族在语言文化、宗教信仰、生活习惯上相同或相近，因此沟通上非常便利。边民之间通婚，走亲访友情况较为普遍，生产生活中往来非常频繁且较为宽松自由，这增加了拦截毒品的难度，为毒品的流通创造了有利条件。特殊的地理区位使云南成为境外毒品向国内渗透的主要通道，形成毒品生产在境外，市场、危害主要在国内的禁毒形势。新型合成毒品泛滥后，云南边境少数民族地区又面临易制毒化学品走私出境，制成合成毒品后又从金三角输入国内的形势，而少数民族无可避免地成为新型合成毒品的受害者。

在特殊的政治格局、社会治理水平、人文环境等多重因素影响下，金三角

毒源地位将长期维持。具体来说，缅甸等东南亚国家政局长期不稳定，禁毒的政策缺乏稳定性和持续性；缅北地区的各少数民族武装组织长期依赖种植、生产毒品；金三角地区各民族以刀耕火种的生产方式种植玉米、水稻等粮食作物效益低，形成鸦片种植以维持其生计的传统；甘蔗、橡胶、咖啡等替代种植因投入大、技术要求高、收益周期长等原因而没有取得预期的效果。近年来，金三角地区的罂粟种植量持续增长。根据中国国家禁毒委员会办公室与缅甸、老挝中央禁毒委员会分别合作开展的卫星遥感监测数据显示，2014—2015 年生长季，金三角地区共发现罂粟种植面积 474.67 平方千米，与上一季同比增长 8.7%，可产 700 吨以上鸦片或制成 70 吨以上海洛因。同时，该地区存有相当规模的冰毒生产加工。2014 年，中国执法部门共查缴海洛因 9.3 吨、冰毒片剂 11.4 吨，根据中国国家毒品实验室检验数据分析，其中 9 成以上来自金三角地区。① 而且，金三角地区毒品流入中国的途经情况也变得越来越复杂，由过去主要在中缅边境扩大到中越边境和中老边境地区。

2. 助长毒品、艾滋病问题的某些习俗仍将长期存在

改革开放后云南省少数民族地区有了长足发展，但其社会习俗变化往往滞后于社会物质生活条件的变化。某些传统习俗在特定条件下成为毒品泛滥和艾滋病蔓延的助推因素。

（1）种植、使用和吸食鸦片的历史积习。

近代帝国主义列强向中国输入鸦片后，云南众多少数民族开始种植和使用鸦片。彝族、哈尼族、拉祜族、景颇族等民族因为缺医少药，用鸦片对付腹泻、头痛、咳嗽、疟疾等常见病，甚至把鸦片作为包治百病的“灵丹妙药”。新中国成立后，鸦片种植及使用被禁绝，但在改革开放后，偏远地区又有了偷种、偷吸现象和将鸦片作为饮食添加、药物使用的情况。目前，少数民族地区公共卫生资源仍存在较大缺口，民众对现代医疗条件的需求仍然不能得到有效满足，传统的疾病观念依然支配着人们的意识，传统或民间医治手段仍有较大市场。在这种条件下，部分民族群众以鸦片作为镇痛、止泻等病痛的常备药物，甚至将其当作与烟酒一样的物品来招待客人。这些历史积习助推着彝族、景颇族等民族地区的毒品滥用，也间接成为艾滋病持续危害的文化土壤。

① 中国国家禁毒委员会办公室. 2014 年中国毒品形势报告［R］. 北京：中国国家禁毒委员会办公室，2015-06-24.

（2）较强的群体依从性和分享习俗。

由于社会发展滞后，彝族、哈尼族、拉祜族、景颇族等云南少数民族沿袭了原始公社的家支、家族等社会组织形式。这种组织形式有利于形成稳定的群体力量，为山地生活提供耕作互助和安全协作。因此，直到今天，云南省少数民族“有难同担，有福共享”“见者有份”的意识仍很浓厚，形成多种群体依从和成果分享的习俗。这些习俗在维持群体内聚力的同时，也为毒品、艾滋病蔓延提供了看不见的文化土壤。注射吸毒时共用针剂就明显受到“有难同担，有福共享”意识的支配。

在边疆少数民族地区，同伴群体在儿童社会化过程中占据着突出地位，发挥着不可或缺的作用。孩子们在同伴交往中习得各种社会交往规则、人生经验，包括饮酒、吸烟、尝试性行为等成人化行为，毒品往往也容易成为大家分享的“好”东西。所以，少数民族地区的贩毒、艾滋病问题也往往表现出明显的群体性特征，诸如家族式贩毒、贩毒村、吸毒村等。例如，澜沧县勐朗镇勐滨村上利车老寨（哈尼族）有 63 户 212 人。截至 2013 年，上利车老寨村民小组共有 56 户涉毒，占总户数的 88.9%；有吸毒人员 97 人，占总人口的 45.8%，因吸毒死亡 28 人。

（3）比较自由的两性交往和婚姻习俗。

云南的傣、彝、哈尼、佤、拉祜等少数民族，对青少年的异性交往约束较少，往往是年龄小的青少年跟随年龄稍长的青少年自发学习异性交往经验。这些民族都有类似“窜寨子”“窜姑娘”等群体异性交往活动。在这些活动中并不禁止发生性行为，因而这些民族的青少年初次性行为较早，多性伴比较多见。这种异性交往习俗在今天加大了艾滋病传播的风险。改革开放后，民族地区青少年大量外出务工谋生，他们的择偶方式与择偶范围都有了新的变化。但是根据课题组调查，少数民族在择偶成婚的过程中极少考虑现行国家婚姻法的相关规范。往往是“先上车后买票”，即一个男子找到一个情投意合的异性后，便领回家，只要父母认可，办彩礼和酒席后即结为夫妻。这些小夫妻往往不到法定结婚年龄，过几年到了法定结婚年龄再去办结婚证。有些即使符合法定结婚登记条件，也是到孩子上学等有必要时才去登记结婚。而这种实质上的未婚同居的方式都没有进行婚前健康检查。

云南少数民族普遍严格限制婚外两性关系，但也有些民族或族群对婚后两性关系没有严格限制。例如部分彝族、哈尼族有“不落夫家”的习俗，男女双方举行婚礼后就分居，新娘返回娘家，等到第一个孩子出生后才回到夫家居住，分居期间双方都可以和其他异性自由交往。再例如摩梭人的“走婚”习俗，确定“走婚关系”后，两性关系约束比较宽松，双方都可以和其他异性再结成“走婚关系”。少数民族的这些两性交往与婚姻习俗容易成为艾滋病蔓延的易感因素。

3. 社会结构中的弱势地位增加了毒品艾滋病的易感性

（1）贫穷。

云南少数民族地区由于地理、历史等原因，经济社会发展比较缓慢。他们在生计能力较弱、社会资本较少的条件下试图改变贫穷状态，更容易铤而走险，陷入卖淫、贩毒等违法犯罪活动。例如，绿春县牛孔乡模东村（哈尼族）与越南相邻，离老挝也很近。村民从邻国背运一次鸦片回来，能得到200元的报酬，许多人加入到“背毒”行列中，全村百余人吸鸦片，成为背毒村、贩毒村、吸毒村。陇川县朋生村（景颇族）自然条件优越，合作社时期享有“远学大寨，近学朋生”的盛誉。20世纪80年代一次自然灾害，村里壮年男子纷纷到邻近的缅甸讨生活。这些人在缅甸沾染上毒品，进而感染艾滋病，该村相继成为吸毒村和艾滋病集中发生区。总之，少数民族经济上贫困，脱贫门路少；文化上不懂汉语、缺乏知识、法律意识淡薄，这些“先天不足”使其往往经不住利诱，而贩毒被查获后他们指认幕后指使者又很困难。毒品犯罪分子正是看中了这一点，常常以“招工”等幌子、甚至直接诱骗他们参与涉毒犯罪活动。贩毒往往又使其陷入吸毒成瘾的深渊，吸毒反过来使其走上以贩养吸的不归路。

（2）社会分工结构的不利地位。

当代中国，少数民族同样卷入市场经济的大潮。为摆脱贫困，他们同内地农民一样，纷纷离乡背井，外出到城镇寻找发展机会。然而，由于语言、教育水平、职业技能等限制，来自边远地区的少数民族农民工往往只能从事高强度、低收入的工作。他们大多生活艰辛、思乡情重、精神孤独、倍感无助，处在社会分工结构的最底层。因此，相对而言，少数民族农民工更需要生活救助和精神慰藉，也更容易成为不法分子的目标，容易被引诱而陷入吸毒、贩毒、色情服务的泥潭，成为毒品和艾滋病的受害者。再者，夫妻分居，对两性关系的约束意识较弱，使底层结构的人群更容易成为商业性性服务的对象，承受着更高的艾滋病传染风险。

（3）民族文化旅游的风险。

云南少数民族地区由于长期封闭和欠发达，保留了独特的自然和文化景观，成为发展旅游业的优势资源。随着我国旅游热席卷全球，云南也迎来了游客如潮的历史时期。然而，正如人们在旅游沿线看到的，旅游业发展到哪里，哪里就出现发廊、洗脚店、桑拿按摩店等特殊服务提供地。为迎合游客的猎奇心理，这些特殊服务业的老板更乐意招聘少数民族少女，于是，越来越多的少数民族女性卷入这些行业，增加了少数民族人口感染艾滋病的风险，也增加了艾滋病防控的难度。

（4）求富价值观念的异化。

部分少数民族由于长期贫困，致富心切，在市场经济功利观念的冲击下，为摆脱贫困，梦想致富捷径，甚至不惜通过违法手段获取不义之财。我们在某边境县调查时了解到：某村里，有些女性到国外从事色情业，把挣到的钱寄回家盖房子。这些家里房子盖得漂漂亮亮，令其他村民羡慕不已，而没有女子在国外的人家房子就破破烂烂。由于能给家里挣钱，家里的父亲、丈夫对她们的行为也不太在意。有一位接受我们访谈的女子，在到泰国从事色情业时感染了艾滋病。她说："丈夫说出国能挣到钱，就要自己去，而当时村里不少女子都出国挣钱去了，所以见怪不怪，加上家里一贫如洗，就去了。"可见，"笑贫不笑娼"的观念在边疆少数民族地区非常普遍。红河南岸的彝族、哈尼族妇女到个旧、蒙自、开远等内地从事色情业的也比较多，她们因为自身条件所限往往成为低档暗娼，自我防护意识和防护能力较弱，成为艾滋病风险偏高人群。

总之，由于发展不平衡造就的社会弱势现象在云南少数民族身上表现得比较突出。云南少数民族在经济、文化、社会等方面的相对弱势构成了他们对毒品、艾滋病的社会文化易感性。云南省持续十年的禁毒防艾人民战争取得辉煌成就，但最终打赢这场战争还有赖于社会的全面发展，特别是有赖于少数民族地区加快发展。禁毒防艾工作越是走向深入，越是凸显社会文化因素的重要性。云南省未来五年，既是实现跨越式发展的关键时期，也是禁毒防艾取得决战胜利的关键时期。深刻认识少数民族对于毒品、艾滋病的社会文化易感性，有助于增强对民族地区精准扶贫、全面发展的责任意识和紧迫意识，也有助于禁毒防艾队伍树立打持久战的心理准备。

（六）满足艾滋病患者长期生活及尊严需要的能力不足

虽然艾滋病至今仍无法治愈，但经过多年的研究，融多种方法于一体的综合治疗对延缓疾病的进程和改善患者的身体状况发挥了积极的作用，包括对症治疗、抗病毒治疗、机会性感染的预防和治疗、中医药治疗、免疫学治疗及支持疗法等。其中最有效的方法是高效抗逆转录病毒治疗，其治疗策略包括：在积极进行机会性感染和恶性肿瘤预防和治疗的基础上，选择适宜时机开始抗病毒治疗，降低体内病毒水平，延缓疾病的进程。随着更廉价、有效的艾滋病治疗药物的问世，越来越多的人群开始接受治疗。联合国一项报告称，艾滋病感染和艾滋病相关的死亡人数已经出现了明显下降。自 2004 年我国全面实施“四免一关怀”政策以来，至 2014 年的 10 年间，符合治疗标准的病人接受抗病毒治疗的比例从 2005 年的 25%上升到 2013 年的 87%，同期病死率从 17. 9%下降到 6. 6%，下降了近 63%。[①] 最近美国坦普尔大学研究人员利用一种被誉为“基因组编辑的魔术刀”的基因组编辑技术，首次成功地把艾滋病病毒从培养的人类细胞中彻底清除，朝着永久治愈艾滋病的方向迈出了重要一步。

随着艾滋病治疗技术的不断进步，艾滋病感染者和病人的预期寿命不断延长，甚至有望彻底治愈艾滋病。总之，艾滋病已经从一种致死率极高的“世纪瘟疫”转变为一种可控的慢性传染病，艾滋病感染者和病人将与一般人群长期共处，如何满足他们在治疗、生活和尊严方面的长期需求，成为新的目标任务。

1. 艾滋病患者获得长期生存后的需求变化

（1）物质需要。

第一，就业和救助需要。

获得长期生存的艾滋病感染者和病人，同其他人一样，不仅需要就业来自谋生路和维持治疗；更为重要的也是更容易被人们忽略的是，他们同其他人一样，需要在工作中建立正常的社会关系，并从劳动和社会交往中获得做人的尊严和集体归宿感，从而增强战胜疾病、融入社会的信心和决心。因此在新形势下，对于尚有几十年预期寿命的艾滋病感染者和病人来说，就业是他们最为迫切的需要。

我们在调查中发现，云南省艾滋病感染者和病人以文盲、小学文化、初中文化居多。他们文化水平低，大多没有一技之长，就业竞争力不强。有些患者原来就没有稳定工作，患病后更是雪上加霜；有些患者原来有工作，因为患病的原因失去了工作，从而失去了经济来源；有些患者为了治病，把自己原有的

① 刘雪玉，杨燕萍. 艾滋病同期死亡率降六成 [N/OL]. 京华时报，[2014 - 08 - 16]. http://epaper.jinghua.cn/html/2014-08/16/content_114719.htm.

积蓄花光，甚至还要借钱看病；有些没钱看病，就在家里拖着、熬着。在红河州调研时，一名男性感染者由于一直发烧，医生建议住院治疗，但由于其没有钱，一直在家躺着睡觉，自己买药吃。在艾滋病感染者和病人中，因病致贫、因病返贫的现象比比皆是。他们仅依靠低保度日，无法满足生活及治疗需要。虽然国家提供免费的抗病毒药物，但当出现机会性感染，需要住院治疗时，他们往往连住院门槛费都交不上。他们迫切希望能够有一份力所能及的工作，有经济收入来源，这样不仅可以减轻家庭负担，也满足自己在尊严方面的基本需要。

第二，持续医疗需要。

伴随艾滋病抗病毒治疗在临床上的广泛实施和应用，艾滋病已从一种致死性疾病转变为一种可控的慢性疾病，艾滋病患者存活的时间也越来越长。但与普通人群相比，因为艾滋病病毒对人体 CD4 +T 淋巴细胞的破坏，艾滋病患者机体免疫力下降，极易患上肿瘤、结核、机会性感染等疾病，一些感染还会扩散到不同的器官中去，在最后阶段出现的许多机会性感染都可能是致命的。艾滋病患者的身体健康状况较普通人群更差。因此，除抗病毒治疗需求外，艾滋病患者其他疾病的治疗需求也将持续增加。预防和治疗机会性感染不仅可以帮助感染者存活更长的时间，而且还有助于减少结核病及其他有传染性的机会性感染传播给其他人的概率。因此，随着艾滋病感染者和病人寿命的延长，他们需要更多的医疗资源支持，以维持自身治疗和公共卫生预防的需要。

（2）精神需要。

第一，消除歧视的需要。

针对艾滋病感染者和病人的社会歧视几乎是具有传染性和传递性的。他们经常被污名化，被认为是由于同性恋、卖淫、嫖娼以及混乱的性关系、吸毒等才感染艾滋病，因此艾滋病感染者和病人被某些人视为社会渣滓。这样的认识误区即便经过不下千万次的澄清，也没有从根本上改变艾滋感染者和病人遭遇的社会歧视性环境。

艾滋病相关歧视严重影响了相关人群的自愿咨询与检测、用药的依从性、物质及精神生活质量，以及获取卫生服务的意愿和能力，许多感染者转入地下，隐瞒病情，拒绝接受检测，或者有意延缓 HIV 抗体检测的时间，贻误了最佳的治疗时机。一部分患者产生了自暴自弃、自杀，甚至报复社会和他人的念头。这对艾滋病感染者和病人自身健康是一种伤害，同时对整个社会的疫情控制也很不利。

第二，尊严生活的需要。

由于艾滋病患者群体中的吸毒人群、暗娼嫖客、男男性行为者等一直备受公众的道德谴责和排斥，社会歧视普遍存在，艾滋病患者难以获得同普通民众一样的生存、发展机会，更难以融入普通人的生活圈子。他们想要有尊严地活着，仍然困难重重。艾滋病感染者和病人虽然是一个特殊的群体，但他们也有自尊，也有像正常人一样追求工作和幸福生活的权利。人格尊严是尊严保障的重要内容，艾滋病感染者和病人也应享有人格尊严。摘下道德评判的“有色眼镜”，用科学的素养和平等的态度对待这一群体，这是一个社会文明成熟的标志。

2. 满足艾滋病患者长期生活及尊严需要面临的新挑战

（1）就业歧视依然严重，就业援助缺乏良策。

目前国家公务员录用体检包括 HIV 检测，艾滋病抗体阳性者即为体检不合格，拒绝录用。不但政府机构，事业单位、央企、大型国企等均参考公务员录用标准，直接导致很多感染者被拒之门外。就业歧视下，很多大学生感染者不敢读研，毕业后只能选择做销售工作、开店，或者到私企工作。录用标准限制了感染者的就业面，也拉低了感染者人群事业的起点。即使法律赋予了艾滋病感染者和病人就业的权利，但当他们的隐私被公开后，企业还是会以各种其他理由辞退他们。

课题组在昆明永兴社区康复中心调研时，工作人员反映大部分社区戒毒/康复人员（同时也是艾滋病感染者）只能从事快递、电动车（摩托车）拉客等工作。一名男性社区康复人员告诉我们，找工作时都要用到身份证，因为有全国联网的公安部门动态管控系统，用人单位会知道他过去吸毒的情况，所以自己很难找到工作。现在去当保安，都没有公司愿意接收，只能靠一个月 500 多元的低保费生活。目前他在社区康复的三年期已满，没有复吸，但因 2013 年被动员服用过美沙酮，派出所告之不能给他解除动态管控，他对此意见很大，报怨当初动员服用美沙酮的时候没有人告知自己会影响解除动态管控，而现在不解除，就找不到工作。一名女性社区康复人员和她的丈夫都是艾滋病感染者，她找不到工作，轻松一些的像办公室文员类的工作，又由于文化水平低、不会电脑操作而做不了；重的体力活因身体状况差也承受不了。她曾在一个小学生补习班帮忙做饭，一个月可以有 2 000 多元的收入，但干了不到一个月，就累病了，住院花了三四千元，她抱怨：“挣那点钱还不够看病的，还不如不干!”目前夫妻俩和女儿三人靠低保和其老母亲每个月 1 000 多元的退休金生活，成了啃老族。

就业是民生之本，是每一个劳动者赖以生存、实现人生价值的手段。减小就业歧视，加强就业扶持，不仅可以从根本上解决艾滋病感染者和病人的生活保障问题，提高他们的生活水平，也有利于他们从劳动和工作交往中获得尊严，从而为实现社会的长治久安奠定坚实的基础。云南省在对艾滋病感染者和病人的就业援助方面，做得相对较少。艾滋病感染者和病人要么靠低保生活，要么靠父母的接济；即使自谋生路，也因缺乏技能，只能做一些最简单、收入低的工作，生活上十分窘迫。在红河州调研时，一名艾滋病感染者告诉我们，他觉得政府在他们的就业问题上做得太少，希望政府能为他们提供就业平台。课题组在上海调研时发现，上海在社区戒毒康复工作中，高度重视就业帮扶，安排戒毒人员（艾滋病感染者）到医院等机构从事卫生清理、尸体运送等工作，或在社区卖菜、当保安等。相比之下，即使在昆明，社区也基本没有为戒毒人员（艾滋病感染者）提供相应的就业帮助。

（2）救助力度有限，救助不够精准。

艾滋病救助力度仍十分有限。在红河州调研时，艾滋病病人 A 告诉我们，他们夫妻俩低保每月一共有 600 多元，差不多每年都要因病住一次院。因为他们的美沙酮加量，一天要跑两次，交通费用增加；家里有孩子读书，学费虽免了，但教辅书、服装费等是少不了的，还是要交钱。艾滋病感染者 B 反映，他每个月低保 300 多元，房子租金每个月 360 元，加上水电费，一个月总共要支出 400 多元。艾滋病感染者 C 反映，以前社区过年过节会发 50 元钱和米油，但是因为援助项目停止了，最近四、五年就没有发过了。临时救助金以前也发过，但也在两年前停了。目前，丙肝已在全国三十多个城市被纳入医保，但在云南，丙肝没有纳入医保。而艾滋病感染者和病人大多患有丙肝，且治疗药物较为昂贵。提起丙肝治疗，他们多数反映根本治不起。所以，对于经济困难的艾滋病感染者和病人而言，低保和“四免一关怀”救助政策仍是杯水车薪，根本无法满足基本生活需要，更不用说重大疾病治疗。

此外，目前救助主要侧重于物质层面的救助，如提供免费抗病毒药物、免费检测、免费母婴阻断、免费义务教育等，但在艾滋病感染者和病人心理问题的疏导、社会关系的恢复以及社会功能的增强等方面开展的工作还较为薄弱。事实上，每个艾滋病感染者和病人的感染途径、患病情况、年龄结构、知识结构、经济条件、家庭支持、心理健康情况不同，在生活、就医、就业等方面遇到的困难也各不相同。目前云南省在艾滋病救助方面做的工作，一是将艾滋病感染者和病人纳入低保，二是执行国家“四免一关怀”救助政策，其他方面的救助工作做得相对较少，救助对象、救助措施的精准度还有待进一步提升。

（3）医疗歧视依然存在，综合医院就诊困难。

目前，艾滋病感染者和病人在综合医院就诊遭遇就医歧视的现象仍较为普遍，由医务人员带来的歧视对艾滋病感染者和病人的检测、治疗积极性造成消极影响。课题组对云南部分医务人员（艾滋病抗病毒治疗机构和非定点医疗机构医务人员）的调查显示，有 24.8%的人在心理上对艾滋病感染者和病人有排斥心理，79.6%的人表示非常担心因职业暴露而感染艾滋病。医务人员歧视或拒诊艾滋病感染者和病人的主要原因是缺乏风险保护机制和担心暴露感染艾滋病。就医歧视现象以拒绝诊疗和差别对待的发生情况最常见，多发生在非定点医院（综合、基层和私人医院），多存在于有职业暴露风险的诊疗环节（手术、介入操作等）。①

红河州一名女性感染者因妇科病到综合医院就诊，当她告知医生自己是艾滋病感染者时，医生表示，可以为她进行手术，但所有的手术器械必须个人购买，仅手术器械的费用就高达 8 500～10 000 元，其他费用另计。在云南省关爱中心调研时，一位男性艾滋病感染者告诉我们，他感觉在综合医院看病非常受歧视，连他开门接触过的门把手，医生都要擦干净。他现在感冒、发热类小病都到定点医院看病，因为感觉定点医院的医生没那么歧视艾滋病感染者。

（4）自我歧视较重，普遍缺乏尊严感。

艾滋病感染者和病人的自我歧视主要表现在自我偏见、担心公开、自我接受及社会关系等四个方面。他们普遍对家庭有愧疚感、负罪感，认为自己得了艾滋病使家人也跟着蒙羞和受到排斥；担心自己的感染者身份被暴露而遭遇社会歧视和排斥；在感染初期，有害怕、绝望等心理，产生过自杀的念头；在社会关系方面，他们普遍存在自我孤立、自我封闭的现象，不愿与亲戚朋友来往，不参加社会活动。②

2009 年联合国艾滋病规划署、卫生部等机构联合在北京发布的《中国艾滋病感染者歧视状况调查报告》中指出，自我歧视在感染者中比较常见，约有三分之二（62.1%）的受访者因为感染艾滋病病毒而感到羞耻，43.2%的受访者感到有罪。接近四分之三（74.5%）的受访者责备自己或自尊心降低（75.4%）。超过一半的女性和40%的男性受访者自感染以来曾想过自杀。自我

---

① 彭淋. 广东省艾滋病病毒感染者/患者就医歧视现状研究［D］. 广州：暨南大学，2014：1-51.

② 白莉. 艾滋病患者的自我歧视及消解策略［J］. 昆明理工大学学报（社会科学版），2011（6）：7-8.

歧视还造成受访者在自身行为上做出改变。例如，在15~50岁之间的感染者中，由于感染艾滋病病毒，一半以上（60.8%）决定不要孩子，15岁以上的感染者中，34.7%决定停止工作，超过55%的受访者选择不参加社会活动（55.4%）或疏远亲人和朋友（58.1%）。①

在昆明永昌社区调研时，一名45岁女性艾滋病病人患有肺结核，股骨头坏死，走路困难，自己的兄弟也嫌弃她，吃饭时与自己分开碗筷，她感觉活着没有意义，想死但是没有勇气。另一位女性艾滋病感染者自知道感染情况后，主动切断自己与亲友的联系，称"不愿意让他们看到我现在的状况"。在云南省关爱中心调研时，一位同性恋艾滋病感染者告诉我们，他宁可告诉父母自己是同性恋，也不能告诉父母自己患有艾滋病。

艾滋病感染者和病人害怕隐私暴露，害怕受到周围人的排斥。企业不招聘艾滋病员工、学校不接纳艾滋病学生、综合医院拒收艾滋病患者、公共浴室艾滋病患者禁浴、飞机禁止艾滋病患者乘坐，艾滋病患者在社会中处处碰壁，合法权益不能得到有效保障，严重缺少尊严感。

（5）继发性歧视不容忽视，受影响人群需要关怀。

艾滋病感染者和病人的家庭成员同样也受到社会歧视，家庭成员在照顾患者的同时，还承受着社会的偏见和歧视，面临着心理、社会、经济等方面的巨大压力。家庭成员受到的社会歧视主要有遭受他人的排斥、朋友的拒绝以及他人的诽谤和骚扰。艾滋病感染者和病人家庭内的儿童则更易受到入学歧视。在调研时，一位艾滋病感染者告诉我们，她的女儿在上小学，因为办了低保，每次学校要填写的表格里，有低保原因一栏，自己就不敢填父母患有艾滋病，怕被别人知道，歧视小孩。

全国艾滋病诊疗专家、公共卫生临床中心党委书记卢洪洲教授表示，"艾滋病人被歧视，但照顾艾滋病人的医护人员被歧视也已经是公开的秘密""年轻医生的终身大事更是常常因为自己的工作而一再耽搁"。② 昆明市艾滋病中心医生郭浩（化名）谈到，他在和别人初次见面时，都刻意不去提自己的职业，哪怕被问起来，也就只回答在医院工作。他交往过一个女朋友，两人在一起有一年之久。刚开始女朋友不知道他在什么科室工作，后来女朋友知道他的

---

① 中央党校社会发展研究所. 中国艾滋病感染者歧视状况调查报告［R］. 北京：联合国艾滋病规划署及其合作伙伴，2009-11-27.

② 肖波，崔翼琴，等. 艾滋病歧视现象调查：医护人员职业不被认同［EB/OL］.（2013-11-29）. http://jiankang.cntv.cn/2013/11/29/ARTI1385718767960206.shtml.

工作性质后，渐渐和他疏远，最后再也没有联系。①

艾滋病治疗医生严重匮乏，一位医生的体会是，“开学术会议时，常常有同行或师兄弟们见到我们，言语间充满疑惑与怜悯，很多新入职的医生正是受不了这样的歧视态度，最终选择离开。”② 医护人员作为艾滋病救治体系中的主角，队伍建设却因艾滋病继发性歧视捉襟见肘，这将会危及整个艾滋病防治体系。

---

① 佚名．抗击艾滋病第一线 医务人员被误解也坚定对待工作［EB/OL］．(2014-11-28)．http://xw.kunming.cn/a/2014-11/28/content_3766958.htm.

② 尹薇，严晓慧．艾滋病医护人员越来越缺了［EB/OL］．(2013-12-05)．http://paper.people.com.cn/jksb/html/2013-12/05/content_1358258.htm.

三、禁毒防艾的国际经验及其对云南的启示

毒品和艾滋病是人类社会面临的最严重的公共健康危机之一。联合国毒品和犯罪办公室及世界卫生组织估计：全球每 20 个 15~64 岁的成年人中就有一人使用毒品，其中 10%的人是吸毒成瘾者。[①] 全球现存的艾滋病感染者约为 3 700 万人，自人类发现艾滋病病毒以来，已有 3 900 万人死于艾滋病相关疾病。毒品和艾滋病带来了沉重的经济和社会负担：以美国为例，2015 年因毒品导致的经济损失高达 1 900 亿美元[②]；而在地球另一端的非洲大陆，据估计，艾滋病使整个非洲的经济增长每年下降 2~4 个百分点[③]，一些受影响严重的国家，如博茨瓦纳等，人群高感染率已经威胁到种族延续和国家安全。

毒品和艾滋病复杂交织、相互影响，单一控制毒品或者艾滋病都很难成功。在宏观层面，一些欠发达国家，由于经济发展水平较低、制度不健全、行政及司法能力不足等，既给毒品生产和贩卖活动提供了空间，也存在着大量公共卫生隐患。在微观层面，无论是静脉吸毒者共用注射器还是合成毒品使用导致的性乱，均隐藏着巨大的感染风险。近期的医学研究还发现：使用毒品会抵消艾滋病抗病毒治疗的效果，加速病程；而感染艾滋病会加重毒品对神经系统的损伤。基于艾滋病和毒品之间的复杂联系，禁毒和防艾必须结合起来，两者相辅相成，缺一不可。

国际社会控制毒品和艾滋病的努力从未停止过，然而几十年过去，形势依

---

① United Nations Office on Drugs and Crime. Word Drug Report 2015 [EB/OL]. (2015-06-26). http://reliefweb.int/report/world/unodc-world-drug-report-2015.

② World Health Organization. Global Health Observatory (GHO) Data [EB/OL]. (2015-11-11). http://www.who.int/hiv/data/en/.

③ SIMON DIXON, SCOTT MCDONALD. The Impact of HIV and AIDS on Africa's Economic Development [J]. Bmj Clinical Research, 2002, 324 (7331): 232-234.

旧不容乐观。在禁毒方面，全球禁毒政策委员会宣布：过去半个多世纪的禁毒战争（War on Drug）是失败的，该策略给个人和国际社会都带来了灾难性后果。① 针对毒品生产者、贩卖者和使用者的刑事定罪和压制措施并未能有效地减少毒品的供应和消费，相反，它导致拘禁人数增加、侵犯人权和暴力犯罪增多，在某些国家甚至引发了武装冲突和政局动荡。② 2014 年，全球海洛因的种植量达到了 80 年以来的最高峰，而面对合成毒品的快速升级换代，目前仍缺少有效应对措施。在艾滋病防治方面，多国政府都遇到了瓶颈，突出表现为新增感染人数远远超过开始接受治疗的人数、治疗服务的可及性难以提高、预防方面取得的成绩也不稳固。为此联合国呼吁，“国际社会已经到了重新评估和改革毒品政策的关键时刻”③，同时，“全球艾滋病防治工作急需新的突破”。④

为应对毒品和艾滋病带来的严峻挑战，许多国家和地区开展了多样化的改革尝试，一些政府已经成功控制了吸毒和艾滋病感染率上升的势头，并有效减少了它们导致的社会危害。本章将回顾全球禁毒防艾政策的变迁，介绍和梳理多个国家和地区的政策和实践。我们发现：虽然禁毒防艾的具体措施与各个国家的政治经济和社会文化因素相关，很难有适用于所有社会的统一方案，但是一些理念和措施在不同发展水平和文化背景的社会中都能够有效控制毒品和艾滋病的蔓延，对于全球禁毒防艾工作有重要借鉴意义。这些经验包括：采取“减少危害”的公共卫生路径；以社区为基础开展禁毒防艾工作，发挥专业社会工作者的作用；“及早发现、及早治疗”的艾滋病检测和治疗方针。下面我们将逐一介绍这些理念和措施的具体内容，并讨论它们对我国禁毒防艾工作的启示。

---

① Global Commission on Drug Policy. War on Drugs：Report of Global Commission on Drug Policy [EB/OL]．(2011-06-01)．http://www.cfr.org/drug-trafficking-and-control/un-global-commission-drug-policy- report-war-drugs/p28083.

② J GARZON VERGARA. Fixing a Broken System：Modernizing Drug Law Enforcement in Latin America [EB/OL]．(2014-12-30)．http://www.academia.edu/13798875/Fixing_a_broken_system._Modernizing_Drug_Law_Enforcement_in_Latin_America.

③ M JELSMA. UNGASS 2016：Prospects for Treaty Reform and UN System-Wide Coherence on Drug Policy [EB/OL]．(2015-05-01)．http://www.brookings.edu/~/media/ Research/Files/Papers/2015/04/global-drug-policy/Jelsma--United-Nations-final.pdf? la=en.

④ UNAIDS. Getting to Zero：2011-2015 Strategy [EB/OL]．(2010-12-30)．http://www.unaids.org/sites/default/files/en/media/unaids/contentassets/documents/unaidspublication/2010/JC2034_UNAIDS_Strategy_en.pdf.

（一）禁毒防艾的国际经验

1.“减少危害”的策略卓有成效

总体来说，国际社会的禁毒防艾策略经历了由“严厉控制”范式[①]到“减少危害”的公共卫生范式的转变过程。毒品和艾滋病问题出现之初，各国政府普遍采取了对毒品生产者、贩卖者和使用者，对艾滋病感染者和易感人群（性交易者、同性恋群体等）进行严格控制的政策。

在禁毒方面，美国于20世纪50年代开始提出并积极推广严厉打击毒品种植和贩运的政策。1971年6月18日，尼克松总统在白宫新闻发布会上正式使用了“禁毒战争（War on Drugs）”这一提法，他指出：“毒品滥用是头号全民公敌（Public Enemy Number One）”，联邦政府要投入更多的资源来抑制毒品的生产、贩卖和消费。该政策基于非常直观的经济学假设：打击会减少供应，使价格提升，从而减少吸毒。然而，这一政策前提有明显缺陷：首先，它没有考虑毒品生产流通的全球性。一个地方的高压政策只是迫使毒品生产链条转移到犯罪成本更低的国家，并没有消除毒品生产。在一些主要的毒品生产国和转运国，如拉美和亚洲的一些国家，这种高压政策还带来了政治不稳定和军事冲突。其次，该政策没有预见到毒品转型和艾滋病蔓延带来的挑战。任何政策的推行都有执行成本和机会成本。合成毒品的兴起和快速变化使“零容忍”的执行成本越来越高，甚至无法实现。此外，艾滋病传播的特点决定了要控制疾病就必须取得吸毒者的合作，而打击只会使他们更加隐蔽，使公共卫生系统束手无策。国民健康面临的威胁成为禁毒战争难以负担的机会成本。

经过半个世纪对毒品的围追堵截，关于世界毒品问题的联合国大会特别会议指出：以惩戒毒品使用者和抑制毒品生产为重点的禁毒战争是失败的，它并没有减少毒品的生产和使用，却引发了侵犯人权、暴力犯罪上升等问题。[②] 禁毒战争消耗了大量社会资源，据毒品政策联盟（Drug Policy Alliance）估计，

---

① “严厉控制”范式的主要内容包括严厉惩罚毒品贩运和使用，将吸毒者刑罪化、污名化和隔离吸毒者、艾滋病感染者及易感人群等。“零容忍”政策（Zero Tolerance）、“铁拳”政策（Iron Fist）、“罪犯化控制”政策（Criminal-Control）都属于“严厉控制”范式。

② J GARZON VERGARA. Fixing a Broken System：Modernizing Drug Law Enforcement in Latin America［EB/OL］.（2014-12-30）. http://www.academia.edu/13798875/Fixing_a_broken_system._Modernizing_Drug_Law_Enforcement_in_Latin_America.

仅美国一国用于禁毒战争的经费就高达每年 510 亿美元。①

在艾滋病防治方面，许多国家在早期都试图用传统流行病学手段控制艾滋病传播。根据基本流行病学模型，病毒传播规模是由病毒易感性、传染期长短、感染者和易受感染人群接触的平均频率三个因素决定的，因此隔离感染者是控制传染病的重要手段。然而，艾滋病感染不仅有窗口期，其潜伏期也可以长达十余年，病毒传播还与人类的基本行为——性行为有关，这些特征使得传统的隔离手段难以发挥作用。更严重的是，由于艾滋病病毒传播与不道德行为（如吸毒、同性性行为和商业性交易）密切相关，许多国家在早期都采取了不同程度的歧视感染者的措施，包括就业歧视，拒绝提供教育、医疗、保险和住房等社会福利，泄露患者个人信息等，这些措施使得感染者不敢接受检测和治疗，直接导致了艾滋病病毒在 20 世纪八九十年代迅速蔓延。据统计，1986 年全球报告的艾滋病感染者为 3.8 万人，1996 年这一数字已经上升到 2 300 万②，十年间上升了 600 多倍。

严厉控制政策在多个国家的失败促使越来越多的政府开始反思和改革禁毒防艾策略，他们逐渐意识到：侵犯个人基本权利的做法最终也会危害到公共健康。在公共卫生领域，尤其是传染病防治方面，一直存在"维护少数人权利"和"保护公众利益"的争论。为了控制疾病蔓延，国家常常采取一些限制个人权利的手段，例如强制检测和治疗、隔离感染者等，这些维护公共利益的措施会对个人的基本权利造成侵犯。国际人权公约承认：出于"道德、公共秩序和普遍福利的正当需要"，可以限制个人基本权利（《世界人权宣言》第二十九条），但是对于在多大程度上可以限制基本人权，学术界争论激烈。经过长期讨论，一些原则逐渐得到来自哲学、生命伦理学、法学和公共卫生领域的学者的同意，这些原则包括，第一，某些基本权利（如生存权、免受酷刑和折磨的权利）不能被限制。第二，对其他基本权利的限制必须满足几个条件：与立法的目的相符；通过法律来确定；对权利的限制不能超过满足"正当需求"的最低限度；在实施限制时要使用侵害最小的方法。③

"减少危害"就是一种寻求个人权利和公共利益平衡的方法。它基于实用

---

① Drug Policy Alliance. Drug War Statistics [EB/OL]. (2015-11-17). http://www.drugpolicy.org/drug-war-statistics&type=AUTO&action=%E7%BF%BB%E8%AF%91&keyfrom=360ce.

② Avert HIV and AIDS. History of HIV and AIDS Overview [EB/OL]. (2015-11-17). http://www.avert.org/professionals/history-hiv-aids/overview.

③ J M MANN, L GOSTIN, et al. Health and Human Rights [J]. Health and Human Rights, 1994, 1 (1): 6-23.

主义基础，认为理想的“无毒社会”不可能存在，总是有人会从事吸毒等追求刺激的危险活动，社会应该采取多样化的措施来降低这些行为的后果。因此，“减少危害”关注吸毒和艾滋病风险行为带来的负面影响，而不是行为本身的道德正当性。在操作层面，它将吸毒和艾滋病的风险行为视为一个连续谱，不同风险的行为位于连续谱上的不同位置，就像热度不同的物体之于温度计上的不同刻度。当某些行为过于危险，就采取相应手段使之恢复到相对安全的范围；对风险级别不同的行为，采取的“降温”手段也各不相同，从健康教育、推广使用安全套到开展清洁针具交换和美沙酮替代治疗等。这种实用主义的价值取向和灵活的工作方法降低了易感人群和吸毒者、艾滋病感染者接受检测、治疗和服务的门槛，减少了侵害个人基本权利的风险，也有利于取得目标人群的配合，维护公共健康。

荷兰是实行“减少危害”策略的先行者，自20世纪60年代就开始将禁毒的重点转向降低危害和提供低门槛服务。早在1972年，荷兰麻醉品工作委员会就旗帜鲜明地提出：毒品政策必须以降低毒品的社会危害为目标。基于这一立法前提，荷兰于1976年修订了《荷兰禁毒法》（Dutch Opium Act），建立了毒品分级管理体系。它将毒品分为“风险不可接受的毒品”（包括海洛因、可卡因、安非他命、麦角酸二乙基酰胺）和“低风险毒品”（包括大麻和印度大麻制剂）两类，并允许合法使用大麻。荷兰在清洁针具交换和美沙酮维持治疗方面都走在欧洲国家前列，它还允许医生为海洛因成瘾者开具海洛因处方，并为他们提供安全注射场地。①

有研究显示：对毒品实施分级管控之后，荷兰的软毒品使用率有所上升，但是上升的速度远低于欧洲平均水平。在荷兰仅有14%的大麻使用者表示他们可以比较容易地获得其他毒品，而在实施“零容忍”政策的瑞典，这一比例高达52%。荷兰的海洛因依赖者自2003年以来减少了21%，注射海洛因的人数是全欧洲最低的，青少年吸毒成瘾的比例也低于绝大部分欧洲国家。荷兰因吸毒死亡的比率非常低，为10.2人/百万人，大大低于欧洲均值（17.1人/百万人），艾滋病、乙肝和丙肝的发病率也很低。此外，越来越多的摇头丸使用者也积极寻求治疗。种种数据都说明，荷兰的“减少危害”政策取得了显著

---

① GA MARLATT. Harm Reduction：Come as You Are［J］. Addictive Behaviors，1996，21（6）：779-788.

效果。①

继荷兰之后，一些欧洲国家也采取了“减少危害”策略，先行者包括瑞士、葡萄牙等，它们虽然没有合法化大麻的使用，但是渐进推行了一系列改革措施，包括吸毒非罪化、提供替代治疗、开展清洁针具交换、对大麻和海洛因实施分类管控。进入 21 世纪，越来越多的国家和地区向公共卫生范式转型。通过协议，所有欧盟国家都承诺实施“减少危害”措施。美国也将禁毒重点从全面严格控制转向打击毒品贩卖，科罗拉多、华盛顿两个州还借鉴了荷兰的做法，允许非医学目的使用大麻。② 拉美国家紧随美国之后，他们的改革一度被视为“国际禁毒政策改革的引擎”。③ 例如：在毒品有组织犯罪猖獗的巴西，因为监狱系统不堪重负，政府于 2014 年起开始实施“降低危害”的社会项目，为吸毒者提供生活和工作机会，有效地降低了项目实施地区的吸毒率和犯罪率。④

而在亚洲国家，如越南、泰国、缅甸、阿富汗等，现在对吸毒者还采取严厉打击，不过在这些国家内部，改革（吸毒者去罪化）的呼声也逐年增加。⑤ 俄罗斯是亚洲地区“零容忍”政策坚定的执行者，对吸毒者和贩毒者都实施严厉的道德谴责和法律制裁，然而这一政策并不十分有效，毒品消费和贩运不减反增，毒品带来的社会和健康问题也日益严重。数据显示：2014 年年底，俄罗斯 15~64 岁的成年人中静脉吸毒者的比例高达 2.29%，全球因静脉吸毒感染艾滋病病毒的患者中有三分之一是俄罗斯人。⑥ 2012—2013 年，俄罗斯与吸毒相关的死亡人数增加了 2.7 倍，监狱中 70%的在押人员都是毒品使用者，

---

① CAROLINE CHATWIN. Mixed Messages from Europe on Drug Policy Reform: The Cases of Sweden and the Netherlands [EB/OL]. (2016-04-05). http://www.brookings.edu/~/media/Research/Files/Papers/2016/04/global-drug-policy/ChatwinSwedenNetherlands-final.pdf? la=en.

② MARK A R KLEIMAN. Legal Commercial Cannabis Sales in Colorado and Washington: What Can We Learn [EB/OL]. (2015-04-17). http://www.brookings.edu/~/media/Research/Files/Papers/2015/04/global-drug-policy/Kleiman-Wash-and-Co-final.pdf? la=en.

③ J GARZON VERGARA. Fixing a Broken System: Modernizing Drug Law Enforcement in Latin America [EB/OL]. (2014-12-30). http://www.academia.edu/13798875/Fixing_a_broken_system._Modernizing_Drug_Law_Enforcement_in_Latin_America.

④ P MIRAGLIA. Drugs and Drug Trafficking in Brazil: Trends and Policies. Foreign Policy at BROOKINGS [EB/OL]. (2015-06-25). http://www.brookings.edu/~/media/Research/Files/Papers/2015/04/global-drug-policy/Miraglia--Brazil-final.pdf? la=en.

⑤ VANDA FELBAB-BROWN, HAROLD TRINKUNAS. UNGASS 2016 in Comparative Perspective: Improving the Prospects for Success [Z]. Foreign Policy at BROOKINGS, 2015.

⑥ United Nations Office on Drugs and Crime. Word Drug Report 2015 [EB/OL]. (2015-06-26). http://reliefweb.int/report/world/unodc-world-drug-report-2015.

监狱系统面临着极大的防控传染病的压力。①

总之，从世界各国的经验来看，越来越多的国家和地区采用了“减少危害”策略，并取得了积极的效果，而坚持严厉打击政策的国家，在禁毒和艾滋病控制方面的压力都越来越大。基于来自世界各国的证据，世界卫生组织、联合国毒品和犯罪办公室以及联合国艾滋病规划署强烈建议各国政府采取“减少危害”策略，他们提出了“减少危害”的综合性方案（Comprehensive Package），该方案包括 9 方面内容：开展清洁针具交换；实施鸦片替代治疗和其他毒瘾戒断治疗；开展艾滋病咨询和检测；推广抗病毒治疗；预防和治疗性病；推广使用安全套；在静脉吸毒者及其性伴侣中开展有针对性的教育和沟通交流；开展病毒性肝炎的免疫、诊断和治疗；预防、诊断和治疗肺结核。②

2. 依托专业社会工作者的社区禁毒是长久之计

以社区为基础开展健康促进是公共卫生领域的重要工作方法。研究发现：人们的健康主要是由社会因素决定的，医疗和其他卫生服务只能解释一小部分的健康差异；③ 要开展有效的健康行为干预，必须改变影响健康风险的社会因素，因此，个体日常生活的空间——社区，是健康促进的重要单位。在禁毒防艾领域，自上而下的严厉控制范式失效之后，很多国家都将毒品和艾滋病的控制纳入以社区为基础的公共服务系统之中，这样做有几方面的优势：首先，以预防、教育和治疗为主的“减少危害”策略要求政府、社区、学校、家庭和个人之间的长期配合，社区是整合资源、建立合作的主要平台。其次，在一些社会中，易感人群由于身份敏感，普通医疗卫生服务人员难以接触到他们，需要借助社区内的社会组织和专业社会工作者的力量。再次，以社区为基础开展工作，可以充分兼顾本社区的特点和优势，工作方案更加灵活多样。一些发达国家和地区，例如美国、加拿大、欧盟国家和我国香港特别行政区，都积极动员社区力量，将毒品和艾滋病的预防和治疗与社区治理和发展紧密结合，社区组织和专业社会工作者在预防教育及吸毒者治疗康复方面都发挥了重要作用。

例如，在毒品预防方面，美国联邦政府自 1997 年开始推行无毒社区支持

---

① MARK GALEOTTI. Narcotics and Nationalism: Russian Drug Policies and Futures, Foreign Policy at BROOKINGS [EB/OL]. (2015-04-27). http://www.brookings.edu/~/media/Research/Files/Papers/2015/04/global-drug-policy/Galeotti-Russia-final.pdf? la=en.

② Avert HIV and AIDS. Harm Reduction for HIV Prevention [EB/OL]. (2015-11-17). http://www.avert.org/professionals/hiv-programming/prevention/harm-reduction.

③ BRUCE G LINK, JO PHELAN. Social Conditions As Fundamental Causes of Disease [J]. Journal of Health and Social Behavior, 1995: 80-94.

计划（The Drug-Free Communities Support Program，DFC），旨在动员社区资源，解决社区内面临的毒品问题。联邦政府直接提供资金，支持社区内的非营利组织、政府机构、社区自治机构、学校等结成毒品预防联盟，一起探讨本社区内的毒品风险及解决方案，并采取共同行动。目前该计划已经支持了 2 000 余个社区组织和 9 000 余名志愿者，覆盖了全美 36%的青少年。初步评估结果显示，该计划显著减少了青少年的吸毒行为。①

再例如，在治疗和康复方面，香港政府建立了以社区为依托、专业化、结构化的治疗服务，其中既有政府的药物滥用者辅导中心，也有政府资助或民间自营的自愿住院计划及康复服务机构，还有卫生署管辖下的私人经营的药物滥用门诊等，吸毒者可以根据自身情况，选择最适合自己的治疗方法。我国香港以社区为主的禁毒模式的特点是：政府提供资金和搭建平台，充分发挥社区组织、社会工作人员、医务工作者的作用。香港政府禁毒活动总开支中，近一半用于戒毒治疗和康复，这一比例比欧洲发达国家还要高。其中，培训禁毒社会工作者又是政府禁毒基金优先拨款的范畴。香港的禁毒模式取得了良好效果，调查显示：香港青少年中接触过毒品的比率为 4.3%，大大低于美国（超过 20%）和欧洲（男生 23%，女生 17%）的水平。

例 1：美国联邦政府“安全学校和健康学生项目”（The Federal Safe Schools/Healthy Students Initiative）。1999 年，针对不断上升的青少年毒品使用率和校园暴力，美国政府意识到，仅仅开展禁毒教育并不能有效减少青年人的吸毒行为，成功的禁毒教育必须整合学校和社区资源，创造抑制吸毒行为的社区环境。在教育部、司法部及健康和社会服务部的合作下，联邦政府推出了“安全学校和健康学生项目”，该项目以社区为单位，主要开展以下活动：第一，制定学校层面的毒品预防方案。老师、学生、家长以及来自政府部门的专家都参与方案制定，共同讨论如何建设一个无烟、无酒、无毒的校园环境，以及如何开展监督（包括学生之间的相互监督）和管理以确保达到这些目标。第二，学校和社区建立合作，学校、家长和社区之间充分交流情况，识别青少年的高风险行为。比如，社区精神卫生工作人员为学校和学生提供咨询服务，地方青年服务组织和社会工作者在街头青少年中开展教育工作，学校和社区共同为问题学生的家长提供帮助等。第三，开展有科学依据的干预活动。学校定期收集学生的信息以了解他们的需求，识别风险行为，评估社区和学校层面可以利用

① Office of National Drug Control Policy. Drug-Free Communities Support Program [EB/OL].(2016-01-23). https://www.whitehouse.gov/ondcp/Drug-Free-Communities-Support-Program.

的资源，确立干预方案。第四，在学生中开展积极的毒品预防教育，鼓励学生成为教育的主体，让他们参与方案设计、数据收集和分析，建立同伴监督和互助关系，开展情绪管理、行为能力建设等互动式小组活动。第五，充分利用媒体资源，提高社区成员的禁毒意识，借助商业营销方案推广社会规范，更正人们对毒品的错误认识。第六，建立从早期预防干预到戒毒治疗的分级预防干预体系。在开展预防教育的基础上，家长或者老师如果发现有吸毒倾向的学生，先由校内心理咨询人员或者社会工作者对其进行风险评估和咨询，对于风险程度高的学生，由学校转介给社区内相应机构。对接受戒毒治疗的学生，由老师、社工和家长密切配合，帮助他们完成治疗，重返校园。

到目前为止，“安全学校和健康学生项目”已经覆盖了全美386个社区的1 300万青少年，联邦政府为此投入了20亿美元。该项目取得了良好效果：超过90%的学校职工表示校园暴力有所降低，他们能够更好地辨别学生的风险行为；超过80%的人报告学生的毒品使用率有所下降，社区环境更加安全。①

例2：中国香港青年协会“闪亮计划”。由香港禁毒基金会资助，该计划以社区为基础，运用社区网络，建立医疗界、警方、教育工作者、社工、社区人士及各政府部门的合作，为社区内青少年开展毒品预防和专业戒毒提供指导服务。“闪亮计划”以跨专业合作的模式推行，由社工和临床心理学家共同研发《青少年吸毒损害综合评估工具》，在科学的基础上，设计和推行有效的个性化戒毒辅导服务。该项目以“认知行为疗法”为辅导框架，配合“理性情绪行为治疗法”和专业临床心理服务，通过个案和小组辅导、医疗服务、就业及技能培训等，强化吸毒人员对毒品的危机意识和戒毒动机，协助他们处理非理性想法，并进行生活规划和预防复吸。“闪亮计划”的服务对象包括高危吸毒、间歇性吸毒、濒临上瘾和惯常性吸毒青少年，此外，它还为中小学教师、家长、社区组织人事和社工等与青少年吸毒问题相关的其他人士，提供培训和支持。

在预防教育方面，“闪亮计划”在社区内和中小学里开展侦测识别活动，对识别出来的有吸毒风险的青少年，由社工和临床心理学家提供辅导。同时，医生、警察、临床心理学家和社工会定期共同举办训练工作坊，提供识别吸毒青少年和初步介入技巧等培训，通过建立社区支援网络，鼓励中小学教师、区议员和社区人士协助识别高危、隐藏的吸毒人员，转介他们接受辅导服务。在

---

① National Resource Center for Mental Health Promotion & Youth Violence Prevention. Safe Schools & Communities Resources and Research [EB/OL]. (2015-11-19). http://www.healthysafechildren.org/grantee/safe-schools-healthy-students.

戒毒指导方面，“闪亮计划”有专业戒毒社工为吸毒青少年开展评估，制定个人/小组辅导计划，帮助他们发展健康兴趣、提升升学就业能力，取代吸毒行为。在戒毒治疗方面，社工会针对服务对象的健康损害问题，将其转介到合作的医院进行损害评估和治疗。医院内合作的医生会帮助吸毒青少年理解吸毒的健康损害，提升其戒毒动机。同时，临床心理学家还会为有较严重精神健康或脑功能损害的青少年提供评估及认识行为治疗辅导，并由社工协助跟进有关个案。

各个国家和地区实践证明，在治疗和康复方面，以社区为主的禁毒防艾模式可以更高效地接触到吸毒者、艾滋病感染者和易感人群，提供更加多样化的支持，更有效地提供随访服务。在预防和教育方面，调动社区资源可以更早地识别易受影响的群体，以个人的社会网络和生活空间为基础建立有效的社会控制网络。

3. 及早发现和全员治疗是控制艾滋病疫情的关键之举

目前，为艾滋病感染者和病人提供治疗和支持、在易受感染人群中开展预防和教育、为受艾滋病影响的家庭提供经济和社会支持等人道主义措施已被各国广泛采用，它们在控制艾滋病传播方面积极有效。然而，联合国艾滋病规划署指出：现有工作方法虽然取得了一定成绩，其局限也日渐显现。2009 年年底，在全球 1 500 万感染者中，仅有三分之一能够得到所需治疗；新增病例的数量大大超过了开始接受治疗的病人数目；投入防治艾滋病工作中的资源也在减少。种种迹象说明：国际社会已经取得的成绩并不稳固，全球控制艾滋病的策略需要革新与突破。①

2011 年，联合国艾滋病规划署提出了“实现‘零’战略目标”，即“零”新发感染、“零”艾滋病相关死亡和“零”歧视。对应三个目标，它提出了三个改革方向：一是革新艾滋病预防策略，呼吁各国要将关注点由艾滋病的流行率转向发生率，将工作重点放在减少新发病例上。二是推动新一代的治疗、预防和支持，以社区为基础，提供更优质、更公平的治疗服务，艾滋病预防也要与其他健康服务和社区服务结合。三是尊重人权和促进性别平等，强调保护艾滋病感染者、病人以及易感人群的基本生存和健康权利。

总体而言，新的防艾策略的重点在于减少新发病例，并提高治疗的可及性

---

① UNAIDS. 2011—2015 Strategy：Getting to Zero [EB/OL].（2010-12-21）. http://www.unaids.org/sites/default/files/media_asset/JC2034_UNAIDS_Strategy_en_1.pdf.

和质量。为了实现这一目标，美国和欧洲国家提出了“及早发现，及早治疗”的工作方法。“治疗就是预防（Treatment as Prevention，TasP）”这一理念最早由西方科学家在20世纪90年代提出，他们指出：感染者体内艾滋病病毒载量越高就容易将病毒传播给其他人，而有效的高效抗逆转录病毒治疗（Highly Active Antiretroviral Therapy，HAART）可以降低血液和其他体液中的病毒载量，因此，HAART本身就是预防。①

多个国家和地区的研究都发现：及早开展HAART是提高艾滋病感染者生命质量、减少人群艾滋病感染的有效手段。国际艾滋病协会主席Montaner教授和他的团队于2010年在《柳叶刀》上发表了他们在加拿大英属哥伦比亚省开展的一项长期研究的结果，他们发现：在1996—2009年间，随着该省大力推广HAART，接受治疗的人数上升了5.47倍，与之相应的是新增艾滋病感染人数下降了52%。多元分析的结果显示，接受HAART治疗的人数每增加100人，新增感染人数就以0.97的乘积数减少（95%的置信区间在0.95~0.96之间）②。另一项在美国的研究也发现：对艾滋病感染者尽早开展HAART可以预防他们将病毒传播给性伴侣，成功率高达96%。③ 在台湾的研究也证实了HAART在预防艾滋病方面的效果④。台湾从1997年开始为所有艾滋病感染者提供免费HAART，到2003年年底，台湾的艾滋病发病率下降了53%（95%的置信区间为31%~65%）。⑤

基于这些科学发现，美国研究者和临床医生提出了“寻找—检测—治疗—保持四位一体工作方法（Seek，Test，Treat，and Retain approach，STTR）”。他们指出：HAART的有效性早已被证实，但是美国的艾滋病新增病例仍然以每年50 000例的速度在增加，其中一个重要原因就是很多人并不知道自己是

---

① National Institute On Drug Abuse. Drug Abuse and HIV [EB/OL].（2012-12）. https://www.drugabuse.gov/related-topics/hivaids.

② JULIO S G MONTANER，VIVIANE D LIMA. Association of Highly Active Antiretroviral Therapy Coverage, Population Viral Load, and Yearly New HIV Diagnoses in British Columbia，Canada：A Population-Based Study [J]. Lancet，2010，376（9740）：532-539.

③ COHEN MS，CHEN YQ. Prevention of HIV-1 Infection with Early Antiretroviral Therapy [J]. New England Journal of Medicine，2011，365（25）：486-487.

④ JULIO S G MONTANER，VIVIANE D LIMA. Association of Highly Active Antiretroviral Therapy Coverage, Population Viral Load, and Yearly New HIV Diagnoses in British Columbia，Canada：A population-Based Study [J]. Lancet，2010，376（9740）：532-539.

⑤ CHI-TAI FANG，HSU-MEI HSU. Decreased HIV Transmission After a Policy of Providing Free Access to Highly Active Antiretroviral Therapy in Taiwan [J]. The Journal of Infectious Diseases，2004，190（5）：879-885.

病毒携带者，在不知情的情况下把病毒传给了别人。据估计，在美国每5个感染者中就有一个人不知道自己的感染情况。为了解决这个难题，在美国国立药物滥用研究院资助下，研究者制定出了“寻找—检测—治疗—保持”工作法，即：找到艾滋病感染者，尤其是那些公共卫生服务系统难以接触到的群体，为他们提供艾滋病检测和治疗，并为他们提供帮助让他们坚持治疗。美国和加拿大研究显示：该工作法可以有效降低吸毒者（包括静脉吸毒者和普通吸毒者）、性活跃群体的艾滋病感染率，并降低感染者体内的病毒载量。①

国际艾滋病协会提出：“寻找—检测—治疗—保持”工作法是在难以接触人群中开展艾滋病防治的有效方法，该方法完善了“减少危害”策略，推荐各个国家的社区服务部门和司法系统采用该方法。美国国立药物滥用研究院资助了大量研究，以探索如何更有效地开展“寻找—检测—治疗—保持”。近期研究发现包括：同伴驱动的转介方式是发现易受感染群体的有效方法；在药物滥用治疗机构提供快速艾滋病检测可以提高吸毒者的检测率；在开展HAART的同时提供海洛因替代治疗可以提高治疗者的依从性。

（二）禁毒防艾国际经验对云南乃至全国的启示

毒品与艾滋病相互交织，大大增加了禁毒和防艾工作的难度，中国也面临着同样的挑战。截至2015年年底，全国现有登记在册吸毒人员234.5万名（不含戒断三年未发现复吸人数、死亡人数和离境人数）②，他们中间广泛存在着艾滋病传播的危险。据统计，2007—2013年，注射吸毒中共用注射器的比率始终维持在70%的高位，而他们使用安全套的比率仅为34%~45%。合成毒品使用者中高危性行为非常普遍。在毒品的重灾区云南省，静脉吸毒者中艾滋病感染率高达25.6%。③ 如何在传统毒品居高不下、合成毒品迅速蔓延、易感人群的艾滋病干预遇到瓶颈的情况下打开禁毒防艾新局面，国际社会的实践也许可以提供一些借鉴和启示。

---

① EVAN WOOD, ROBERT S HOGG. Highly Active Antiretroviral Therapy and Survival in HIV-Infected Injection Drug Users [J]. Jama the Journal of the American Medical Association, 2008, 300 (5): 550-554.

② 中国国家禁毒委员会办公室. 2015中国毒品形势报告 [EB/OL]. (2016-02-18). http://news.xinhuanet.com/live/2016-02/18/c_128730815_2.htm.

③ HIV and AIDS Data Hub for Asia-Pacific. Key Facts on HIV in Asia and the Pacific (2014) [EB/OL]. (2016-01-24). http://www.aidsdatahub.org/.

1. 禁毒工作的重心应当由惩罚吸毒者转向治疗、预防和教育

10 年前，云南率先引进“减少危害”策略，并在艾滋病防治方面实现了诸多政策突破，对遏制艾滋病快速增长的势头发挥了关键作用。相对而言，我国禁毒工作尚未跟上国际禁毒改革的步伐，对吸毒成瘾者的管理仍以强制、控制、隔离为主。云南连续不断的三轮禁毒防艾人民战争在防艾方面取得瞩目成绩，但吸毒成瘾者不减反增。国际经验表明：有效的禁毒策略需要在控制供给和减少需求之间保持平衡，其中的关键在于治疗、预防和教育。预防是最好的治疗，治疗是成本—收益最大的控制毒品的方法。美国国立禁毒研究院的研究发现：在预防和治疗上每支出 1 美元，用于司法审判、医疗和其他服务的开支就能相应减少 18 和 12 美元①，禁毒工作的重心应该由惩罚吸毒者转向治疗、预防和教育。

对吸毒成瘾者开展积极的治疗，需要改变对成瘾者的定位，承认他们的患者属性。过去 20 余年的神经生物学和神经行为学的研究已经证明，“吸毒成瘾”是一种慢性复发性的脑疾病。全球的科学研究证据表明：帮助这部分人的有效办法是采用经过临床证明有效的药物，并结合心理、行为和社会的综合性治疗方法，而不是对他们实施惩罚和监禁。那些对吸毒者实施去罪化，并采取“减少危害”策略的国家，包括荷兰、瑞士、葡萄牙等，都有效控制了滥用毒品和与吸毒相关的疾病。在预防和教育方面，需要以公共卫生的指标来引导和评估预防教育的结果，要努力减少吸毒成瘾人数和新增吸毒人数，并减少因吸毒导致的死亡和疾病。

2. 推广社区戒毒康复，推动强制隔离戒毒模式转型升级

国际经验显示：建立在监禁和与社会隔离基础上的戒毒模式并不能有效戒除毒瘾，吸毒成瘾的治疗是一个多元化的长期过程，药物治疗只是治疗成功的第一步，更重要的是要为吸毒成瘾者提供长期的心理行为治疗和社会支持。此外，没有单一的方法可以治疗所有吸毒成瘾者，药物依赖治疗必须方便可及、考虑到成瘾者的多种需求，并且需要社区和家庭的合作。正是因为如此，越来越多的国家采用了以社区为主的禁毒策略，在政府的资助下，依靠社会组织和专业社会工作者的力量为吸毒成瘾者及其家庭开展多样化服务。当前，我国社

① Office of National Drug Control Policy. Drug－Free Communities Support Program ［EB/OL］.（2016－01－23）. https://www.whitehouse.gov/ondcp/Drug-Free-Communities-Support-Program.

区正在开始朝着“自我管理、自我服务、自我教育”的方向发展。在此基础上，上海等地借鉴国际经验，探索形成政府购买社会服务、依托职业化和专业化的社会工作者实施的社区戒毒康复模式，取得35%左右三年戒断率的瞩目成效。实践表明，国际戒毒改革同样适用于我国。我国在推广新型社区戒毒康复模式的同时，还应推动强制隔离戒毒模式转型升级，真正体现治疗、预防和教育为重心的戒毒理念。禁毒工作也应像防艾工作那样，尽可能多地给社会组织以更大的工作空间，让它们开展有效和多元化的戒毒服务。

3. 积极推行艾滋病及早发现、全员治疗的策略

大量医学研究已经发现，对艾滋病感染者及早发现、及早开始高效抗逆转录病毒治疗可以提高他们的生命质量、抑制艾滋病进一步扩散。在艾滋病筛查方面，我国应当扩大艾滋病自愿咨询检测的覆盖范围，依托社会组织的力量，让更多的易感人群，包括吸毒者、同性恋人群、涉足商业性行为者、青年人接受筛查，并完善阳性结果告知和保护患者隐私的程序。对艾滋病感染者积极提供及时服务，并减轻患者的经济负担，探索提高治疗依从性的方法。

4. 推广综合行为认知能力教育，建立多层次毒品预防体系

科学研究显示：在青少年中开展禁毒和预防艾滋病的教育，不仅仅需要传递知识，更重要的是要提高青少年综合的行为及认知能力，包括判断力、自我效能感、情绪管理能力、拒绝同伴压力的能力等。在毒品转型的背景下，传统的以恐吓为主的禁毒教育模式已经难以发挥作用，新的禁毒教育需要更深入地识别青少年滥用药物的风险因素，并通过互动式、参与式的教育提高青少年的综合行为能力。在预防方面，家庭、学校和社区应当共同合作，建立多层次的预防体系，在专业社工的帮助下，及早辨识青少年吸毒的风险，并及早开展干预。

5. 建立毒情监测系统，为决策提供科学依据

掌握毒品滥用的情况是制定有效的禁毒政策的基础。在一些发达国家和地区，禁毒部门会广泛收集信息来建立毒情监测系统，这个系统包含了毒品流行趋势和化学成分分析、使用者数量、毒品价格变动情况等，用以估计毒品滥用的现状和发展趋势。这些信息有的来自于禁毒相关的部门，包括公共安全、司法、福利部门以及医院、学校等，有的来自于这些部门合作的社会人士。这个系统对于制定和调整政策、动员资源非常重要。我国应该在各部门合作的基础上，逐步建立和完善毒情检测系统。

6. 重视少数民族地区的经济文化易感性，加大对少数民族地区的经济支持和健康干预

艾滋病和毒品问题与贫困和不平等密切相关。国际经验表明：提高贫困地区人们的生活水平、促进性别平等的社会经济路径（Socio - Economic Approach）对于禁毒和防治艾滋病至关重要。云南与中国最大的毒品来源地——缅甸共享 2 000 余千米的边境线，而居住在边境地区的少数民族，在经济发展上又处于落后状态，少数民族中的吸食毒品和艾滋病感染都呈现高流行趋势。要有效控制毒品和艾滋病的蔓延，需要从根本上提高他们的生活和教育水平，并辨别导致他们使用毒品和涉足高危性行为的文化因素，开展有针对性的干预。

四、新形势下云南应对禁毒防艾重大挑战的对策建议

（一）遏制新型合成毒品快速蔓延的对策及重点

1. 遏制新型合成毒品快速蔓延的主要对策

近年来，新型合成毒品的滥用及蔓延已严重危害整个社会，云南由于特殊的地理位置，禁毒任务异常艰巨。当前，遏制新型合成毒品快速蔓延应采用综合治理的方法，主要对策如下：

（1）管制前体物质，阻断毒品来源。

易制毒化学品是指国家规定管制的可用于制造毒品的前体、原料和化学助剂等物质。很多易制毒化学品是工业、农业、制药、化工等行业常用的化学物质，有其合法使用价值，同时，这些化学试剂极易流入非法渠道，被一些不法分子用来生产新型合成毒品。加强易制毒化学品管控，则是控制新型合成毒品最前沿的关口，管理好易制毒化学品是禁毒工作的重要环节，管好易制毒化学品，防止易制毒化学品流入非法渠道用于制毒是遏制新型合成毒品快速蔓延的对策之一。

（2）严厉打击新型合成毒品违法犯罪。

加强制毒物品案件侦办，严厉打击新型合成毒品的非法加工生产，减少新型合成毒品的非法供应是遏制新型合成毒品快速蔓延的有效途径。

针对“金三角”等毒源地新型合成毒品向我国渗透加剧的情况，应全面强化重点地区、重点方向、重点行业堵源截流、查缉查控措施，组织开展堵源截流公开查缉专项训练，提升各地公开查缉能力和水平，打击利用物流寄递渠道的贩毒活动。有效堵截西南境外毒品入境内流，开展中越边境地区联合扫毒

行动，开展高级别、深层次、长时间、务实化的执法合作。通过严厉打击，减少合成毒品流入消费市场。

(3) 加强戒毒康复治疗，减少毒品危害。

不断探索完善新型合成毒品滥用成瘾干预和康复治疗方案，遏制新型合成毒品快速蔓延。及时出台新型合成毒品依赖者纳入社区戒毒或强制隔离戒毒范围的政策法规，及早启动成瘾干预和康复治疗，切实加强对新型合成毒品滥用人员的戒毒管理、治疗康复和教育矫治，有效减少滥用人员失管现象，降低毒品、艾滋病危害。

(4) 创新新型合成毒品干预措施。

长期以来，国际社会及许多国家的政府对毒品问题采取了一系列管制措施，但未能真正扭转局面。针对日趋严重的吸毒、贩毒问题，打击毒品犯罪和强制戒毒固然重要，而加强毒品预防教育，唤醒人们自觉抵制药物滥用的意识，对从根本上预防药物滥用的发生具有十分重要的意义。当前，我国滥用新型合成毒品多以青少年为主，而且年龄越来越小，其起因大多是受人引诱、好奇模仿，他们不了解新型合成毒品对自身会产生多大危害，很多人追求新鲜、刺激、时髦，跟着吸食。因此，加强新型合成毒品预防教育已迫在眉睫。

2. 遏制新型合成毒品快速蔓延的重点是预防教育

新型合成毒品预防教育是指通过各种科学、有效途径让人们了解和认识造成毒品问题的基本因素和有关知识，揭示新型合成毒品对个人、家庭、社会的巨大危害，提高全民认知新型合成毒品、拒绝新型合成毒品的能力，从而构筑全社会防范新型合成毒品侵袭的有效体系的过程。预防教育是禁毒的关键，为遏制新型合成毒品泛滥的势头，必须牢固树立“预防教育为主”的思想，防患于未然，尽力减少新的吸毒成瘾者。新型合成毒品预防从某种程度上来说比传统毒品预防更难，一是因为其比较新，人们对其不了解，从药理作用上来说身体依赖没有传统毒品强，很多人不认为其是毒品；二是新型合成毒品外形多样化、滥用方式多样化，让人们难以识别，防不胜防。

新型合成毒品滥用预防包括个人预防、家庭预防、学校预防、社区预防和社会预防几个层面。

(1) 个人预防。

新型合成毒品之所以蔓延如此迅速，就在于它的兴奋与致幻作用提升了享受与放纵的快感。但是许多使用者往往片面夸大其药物娱乐、积极的一面，忽略其危害性的一面。使用者对新型合成毒品的危害认识不清，产生误解。特别是听信周围的人说“吃这东西很刺激的，现在娱乐场所唱歌都流行吃这种东西，不会上瘾”，人们听多了类似的言论，不自觉地跟着使用新型合成毒品。贩毒分子为了获取更大的非法利润，也经常散布诸如“新型合成毒品无害”或“吸食新型合成毒品不上瘾”“吸食新型合成毒品是时髦和享受”等种种谬论，引诱人们吸食新型合成毒品。很少有人知道滥用新型合成毒品对人体同样具有损害性，尤其是对大脑和神经系统的损害，而且这种损害是不可逆的，危害远远大于传统毒品。

交友不慎会让人误入歧途。周围的朋友对个人会不会沾染新型合成毒品起着至关重要的作用，为此，在交朋结友时要特别注意以下几点：第一，选择那些健康向上、积极进取、道德品质好、相互奉献、共同勉励的人作为真正的朋友，克服交朋结友中的“哥们儿义气”“江湖义气”等错误思想和盲目从众的消极心理；第二，要态度坚决地拒绝吸毒朋友的诱惑，严防受其引诱而第一次吸毒；第三，断绝与吸毒朋友的往来，永远地远离他们。

一个人染毒与否，最终取决于这个人自身素质的高低和抵御毒品诱惑、侵袭的能力之强弱。树立和践行正确的人生观和价值观是抵御毒品的关键所在。一个具有高尚追求并能够身体力行的人，他知道自己可能的选择和正确的选择，懂得什么是正确的社会规范和如何适应社会对个人的要求；他清楚什么是真正的幸福和快乐，并能够从学习、工作、自我价值实现以及亲情和友情中获得精神满足和内心愉悦。反之，毫无追求、无所事事、无心学习、好逸恶劳、贪图享乐者会倾向于不断地寻找外部刺激以填补空虚的精神世界，他们更容易成为毒品的消费者和受害者。因此，青少年抵御毒品，最重要的是要珍惜青春美好时光，从小严格要求自己，遵守纪律和社会道德规范，把时间和精力用在勤奋学习和努力工作上，养成健康文明、积极向上的生活方式。

部分人吸食新型合成毒品是为了缓解疲劳和压力。他们听说新型合成毒品可以提神醒脑，使人在加班、应考、长途驾车等特殊情境下仍然保持旺盛的精力和较高的学习工作效能，并能在健康出现问题时缓解精神压力，促进身体康复。于是，这一部分人为了能在竞争中胜出，或者为了维持长时间的工作效率（如长途卡车司机）而去尝试新型合成毒品，结果成为毒品受害者。针对此种情况，个人预防需要人们正确看待竞争和挫折。当今社会竞争无处不在，人人都有压力和挫折，为何绝大多数人能够适应环境健康生活，而少数人却不幸沦为毒品受害者？除了各人境遇不同外，还有就是人们应对压力和挫折的方式不同。现代化生存需要树立准确的竞争观，需要不断提高抗挫能力，平衡好学习工作与生活之间的时间精力分配。依赖精神药品来维持学习、工作精力是不健康的，也是不可持续的，而且是极其危险的。

还有一部分人是在毫不知情的情况下误食了内含新型合成毒品成分的饮料或食物而染毒。因此，作为个人预防，首先要杜绝滥交朋友、滥入娱乐场所。在一些公共场所应该提高警惕，不接受陌生人提供的香烟、饮料和食物，留意饮料瓶盖、易拉罐等是否有被注射的针眼和开封的迹象，离开座位时最好有人看管饮料和食品。

总之，拒绝毒品的关键是远离毒品，远离毒品的关键在于个人。新型合成毒品的个人预防重在自我发展、自我约束和自我警惕。知易行难，只有将预防新型合成毒品从意识转化为行动，再由行动上的拒绝升华为精神上的排斥，从爱惜生命的角度去抵制任何精神麻醉药品毒品的诱惑，才有可能做到远离合成毒品而不受其侵害。因此，在防范合成毒品的斗争中，尽管新型合成毒品层出不穷、花样翻新；贩毒分子极尽能事、无孔不入；禁毒人民战争常打不懈、挑战重重，但抵御新型合成毒品的第一道防线，也是最坚固的防线依然是公民自己。每一名公民，特别是青少年，要从我做起，以责任心和意志力筑牢预防新型合成毒品的精神长城。①

（2）家庭预防。

要预防毒品，特别是防止青少年沾染合成毒品，家庭责无旁贷。家长一定要把预防孩子吸毒作为家庭教育的主要内容，增强子女抵制毒品的意识与能力，提高警惕，防止子女误入吸毒的歧途。

首先，家长要履行对孩子的监护功能和教育功能。父母监护子女不仅负有道义上的责任，而且负有法律上的义务。为人父母，最重要的是要帮助子女树立正确的人生观和价值观，养成良好的学习、生活、交友、娱乐习惯，培养他们遵纪守法、遵循社会公序良俗的品格，使孩子后天获得抵御毒品的“免疫力”，增强反毒防毒的自觉性。此外，家长还要注意观察子女的言行，了解子女的动态，多与子女交流思想，及时发现并认真纠正子女的各种不良习惯，做到防患于未然。例如，家长应该注意孩子的交友情况，关注其与哪些人结交朋友；关心孩子的生活，若发现孩子性格和行为有异常变化，如经常将自己关在房内不愿见人或花钱很多，要引起警惕；及早纠正孩子的心理问题（如焦虑、抑郁等），密切注意孩子的人格状态，发现偏差应及时求助专业的心理辅导机构对孩子进行心理矫正。为做到这些，父母首先要对我国的毒品种类及其危害有清醒的认识，学习、了解新型合成毒品的有关知识并经常向孩子讲解，让孩

① 余燕京，张义荣. 禁毒学［M］. 北京：群众出版社，2004.

子充分认识到新型合成毒品的危害性，远离合成毒品的侵蚀。

其次，注意言传身教。家长是孩子的榜样，家长既要注意言传又要注意身教。家庭教育在很大程度上是靠父母的榜样作用来实现的。子女对父母的模仿既包括外在的举止，也包括内在的品质。为了子女的健康成长，父母首先要提高自身思想文化素质，创造和谐的家庭氛围，为子女起到表率作用。在满足孩子好奇心的同时，一定要培养其正确的是非观、金钱观；注重理想和美育教育，绝不能纵容孩子吃、喝、玩、乐的生活态度；应当以身作则，引导孩子走上一条勤奋学习和努力工作的人生之路。此外，消除或矫正子女吸毒的各种不良家庭因素尤其重要。许多调查和案例表明，家庭成员的吸毒行为、家庭不和、虐待子女、家庭暴力等是青少年堕入毒沼的重要因素。

（3）学校预防。

学校是教书育人的地方，也是通过宣传教育预防新型合成毒品滥用的主要战场。目前毒品滥用者呈现年轻化的特点，学校特别是中学和大学是年轻人聚集的地方，所以在学校进行新型合成毒品滥用的预防教育可以起到事半功倍的效果。

学校毒品预防的形式多样，其中每年的“6·26”国际禁毒日期间，学校多会组织开展丰富多彩的教育活动。如组织主题班会、队会，开设禁毒宣传墙报（板报）、图片展，请公安民警走进校园举办专题报告，讲解毒品对个人和家庭及社会的危害，观看反毒品专题的影片和录像，组织学生开展“反毒品”签名活动，开展禁毒知识竞赛活动，举办以禁毒为主题的文艺表演等。

目前，我国各级各类学校已经把毒品预防纳入学校课程。1997 年，国家禁毒委与国家教委联合发文，规定各大、中、小学校每学年开展毒品预防教育的课时不得少于 2 课时。我国教育部在 2003 年制定的《中小学生毒品预防专题教育大纲》也明确规定：从小学五年级至高中二年级应平均每年安排 2 课时进行毒品预防教育。但能真正实施该大纲教学的学校只是一些毒品预防教育示范学校，而这样的学校在全国只有百所。目前，学校毒品预防教育很多流于形式，预防合成毒品的学校教育存在很多不足，诸如学校缺乏进行毒品预防教育的专门人才；毒品预防教育主要针对传统毒品进行，对新型合成毒品介绍较少等。作为毒品危害的重灾区，云南省各级各类学校应该把合成毒品滥用的预防教育落到实处。①

第一，增加禁毒教育中新型合成毒品的内容。学校在毒品预防教育中，除了传统毒品还应该重点关注新型合成毒品，介绍新型合成毒品的概念、常见种

① 杨丽君. 学校毒品预防教育［M］. 北京：群众出版社，2006.

类和危害，以及预防的主要措施和技巧等。

第二，培养专门的师资。目前学校毒品预防教育缺乏专门的师资，主要由普通教师通过自学来承担相应的预防教育，教育的效果不理想。应该培养专门的毒品预防师资力量，使其掌握相关的知识，特别是新型合成毒品的知识，探索有效的毒品预防教育方式。这些师资应该进行定期的培训，特别要对新出现的毒品形式、危害、预防措施等进行重点培训。

第三，探索多样化的教学形式。目前的毒品预防教育主要采用一些集中的专题活动，学生被动地接受相关的内容。调查发现，很多学生参加活动后，并没有真正掌握远离毒品的知识和办法。学校应该摸索多样化的教学形式，主要采用参与式教学方法，比如讨论、案例分析、游戏活动、课后社会调查等，来激发全体学生的参与积极性。分小组开展活动可以增强有益于教学的课堂气氛，加强同学之间的相互交流，最大限度地扩大参与面。

第四，注重学习效果的提升。当前，很多学校组织毒品预防教育只注重形式，一年完成几项工作，应付上级检查，而对预防教育的效果不关注，这样不仅达不到预防实效，还造成资源浪费。因此，学校毒品预防教育需要专门的教师从专业角度，科学地、系统地引导学生正确认知毒品，尤其是对新型合成毒品要有一个全面的了解，使青年学生真正认清新型合成毒品的狰狞面目，从而起到让学生远离毒品的目的。①

（4）社区预防。

社区治安直接关系到社区成员的安居乐业。要充分发挥社区的优势，发掘社区预防毒品滥用的功能，提高社区预防能力。社区组织要自觉承担起预防毒品滥用的责任，积极推动“无毒社区”活动的深入进行。首先，社区应以街道办事处为主，在社区派出所及社区医院的支持、配合下，通过开办相关知识讲座、社区文化宣传栏宣传、发宣传册、设置户外公益广告、组织社区文化体育活动、社区走访、签订责任书等方式积极主动地定期开展宣传教育活动。社区禁毒教育的对象主要是社区青少年（特别是校外青少年）、社会无业人员、农村进城务工人员和娱乐场所经营人员、从业人员等易感人群。社区毒品预防要具有针对性和准确性，要结合本社区的需要和特点，针对受众群体的不同年龄段、不同层次、不同文化背景等诸多因素，分别组织适合的教育活动，不能“千人一面”。在组织教育活动中，尽可能地调动受教育者的参与积极性，强调活动组织的互动性，在激发对象兴趣的过程中，寓教于乐，力戒“我说你

① 杨黎华．合成毒品及其危害［M］．昆明：云南大学出版社，2013.

听”式的枯燥说教，力求宣传教育效果的最大化，让受教育者在各种活动中真正做到接受知识、改变态度、影响行为。可以以社区为平台，组织社区内不同职业的人形成同辈群体，开展同伴教育，互帮互勉。同伴是身份、生活阶层相似的人群，他们常常具有相似的生活经历和社会态度，信息和思想交流更易实现，所以同伴之间也更容易达成共识。特别对社会青少年、社会无业人员、农村进城务工人员而言，他们背景经历相似，感情交流自然，更易形成同伴和团队意识，同伴影响也更明显，这种影响甚至超过父母、长辈及其他人的影响，应充分利用这种影响发展同伴间的积极正面互动。

（5）社会预防。

建立和健全各种社会的预防机制，切实提高全社会预防、控制、打击合成毒品违法犯罪行为的能力。

首先，要加强领导。各级领导要充分认识防范合成毒品的重大意义，切实加强领导，负起根除毒害的历史重任。实践证明，防毒工作能否抓好，关键是各级领导，尤其是各级党委、政府的主要领导对防毒斗争的认识和决心。

其次，采取多种形式，发挥有关部门的积极性，进行防范合成毒品宣传教育。要充分利用广播、电视、报刊、网络、微信等大众媒体，广泛深入地开展宣传。要邀请专家学者举办防范合成毒品知识培训班和专题讲座。要广泛发动禁毒志愿者、禁毒宣传骨干，组成防范合成毒品宣传小分队，深入学校、重点社区、歌舞娱乐场所、大型工地、车站、码头、航空港以及戒毒所等监管场所，分发宣传资料，组织现场咨询活动。要在公共场所和人员密集地广泛张贴宣传资料，同时依托社区、学校和单位等阵地举办防范合成毒品图片展览、知识竞赛、征文比赛、公益晚会等活动。各部门要加强协作，充分发挥部门优势，共同推动宣传教育活动进学校、进单位、进家庭、进社区和进农村，合力打造防范合成毒品危害的铜墙铁壁。各级教育行政部门和共青团组织要结合“不让毒品进校园”活动和“社区青少年远离毒品行动”，切实增强人们对合成毒品的防范意识和能力。各级禁毒委员会办公室要与党委宣传、公安、文化、工商行政、广播电影电视等部门密切配合，开展歌舞娱乐场所防范合成毒品的集中整治和宣传教育活动。各级司法、行政、卫生、民政等部门要组织力量，深入监狱、劳教所、戒毒所和救助站等特殊场所普及合成毒品知识。各级妇联、工会组织以及个体劳动者协会、私营企业协会要有针对性地开展防范合成毒品的集中宣传教育活动。①

① 骆寒青. 毒品预防教程［M］. 北京：中国人民公安大学出版社，2011.

（二）建构基于社会工作职业化的社区戒毒康复新模式

国际上的研究和成功经验显示，刑罚或惩戒吸毒者的策略并不能减少毒品滥用及其带来的健康问题，有效的禁毒政策应当着眼于预防和治疗。在戒毒康复方面，药物治疗只是第一步，戒毒人员要保持操守、最终回归社会，需要长期的心理和行为矫治，并获得开始正常生活和工作所需的具体帮助。由于戒毒康复有全面性、专业性和长期性的特点，许多经济发达的国家和地区都采用了以社区为平台、以专业社会工作者为主要力量的社区戒毒康复模式，并取得了良好效果。在总结发达国家和地区的成功经验、梳理我国各地区的探索实践的基础上，本报告对于进一步推进基于社会工作职业化的社区禁毒防艾新模式提出四点建议。

1. 借鉴国际经验，做实、做强、做大社区戒毒康复工作

社区治理是国家治理的基础环节，社区治理现代化是国家治理现代化的基本前提。目前，中央已经提出要以社区、社会组织、社会工作“三社联动”为主题主线，深化社会体制改革和社区治理创新。建立联动机制的关键在于整合社区资源。要依托项目实现联动，加快健全政府购买社会服务制度，完善政府购买社会服务目录，通过政府购买方式建立社会组织承接项目、社工团队执行项目、面向社区实施项目的机制，积极探索以购买服务为保障、项目化运作为纽带的“三社联动”新途径。做实、做强、做大社区戒毒康复工作正好与这一工作思路相吻合，可以成为推动云南省“三社联动”体制创新的切入点。

目前，云南省的社区戒毒康复工作主要还由政府负责实施，社区和社会组织参与的空间比较有限。然而，发达国家和地区的经验显示：成功的社区戒毒康复需要专业化的社会组织和社会工作者，需要政府积极为社会组织和社工提供平台、统筹资源、创造条件。中央“三社联动”的思路也指出，要按照转变政府职能、简政放权的要求，为“三社联动”让渡发展空间。云南省应该借鉴发达国家和地区的经验，推动政府购买社会服务、依托职业化社会工作者实施的社区戒毒康复模式。通过推动社区戒毒康复工作，探索建立健全社区社会组织承接基层政府公共服务机制，壮大社会工作队伍，提高社区工作者的专业化程度和技能水平，为在其他领域中进一步推动“三社联动”提供借鉴。

2. 借鉴上海经验，探索基于社会工作职业化的社区戒毒康复新模式

在社区戒毒康复方面，上海在全国率先提出了“政府主导推动、社团自主运作、社会多方参与”的总体思路，通过政府购买服务的方式，把政府的戒毒帮教服务职能委托给社会组织，走上了禁毒工作社会化、专业化的道路。经过十二年的探索，上海模式在降低复吸率、预防犯罪等方面取得了显著成绩，海洛因吸食者三年内戒断率高达35%，大大优于全国平均水平。上海的成功经验对云南省开展戒毒康复有积极的借鉴意义。

在资金来源方面，政府主导出资的投入机制是开展社区禁毒康复工作的物质保障。建议通过政府购买服务、社会组织承接服务的方式推进社区戒毒康复工作。由禁毒办代表政府制作政府购买禁毒社会服务的标书，把对社区戒毒康复人员的帮教服务工作作为合同的主要内容，根据社区毒情和接受戒毒康复的人数，确定每名社工的工作量和收入标准，向禁毒社会工作组织购买服务，并开展指导和评估服务质量。

在组织运作方面，建议在整合云南省现有的禁毒防艾社会组织的基础上，由政府支持建立专门的禁毒社会工作团体，推进社区戒毒康复工作。作为禁毒防艾人民战争的先锋阵地，云南省在购买禁毒防艾社会组织的服务方面已经积累了一定经验，各社会组织在政府和国际机构的支持下也拥有了大量工作经验和人才储备。在这些优势资源的基础上，政府可以推动建立专业的禁毒社会工作团体，以禁毒委员会办公室为主管单位。该团体根据禁毒委设定的目标和要求，依照机构章程自行开展人员招募管理、职业培训和业务指导等工作，承接社区戒毒康复项目，根据项目标书的要求开展工作，并接受指导和评估。该团体管理下的社会工作者在社区内为药物滥用者提供戒毒康复服务，接受团体的监督和考核。

由于社区禁毒康复工作的专业性更强、程序上有严格的法律要求，因此，专业禁毒社会工作团体需要更严格地接受主管单位的指导和监督。在该团体成立之初，禁毒委员会办公室需要给予充分支持，包括建立高校、公安、卫生等部门的联动，为禁毒社会工作团体的发展提供咨询和指导，并推进社会工作者的职业化。

此外，利用中央政府大力推广社区戒毒康复的时机，各地还应积极推动现有的强制隔离戒毒所转型升级。有条件的强制隔离戒毒所应当向“药物依赖医疗、关怀和康复中心”转型，在提升管理水准、规范管理程序的基础上，逐步转化成对吸毒成瘾者进行治疗、关怀和康复的医疗和社会服务型机构。

3. 政府主导，推动社区戒毒康复工作跃上新台阶

纵观我国社区戒毒康复较为成功的经验，政府自上而下的主导推动是必不可少的条件。以上海为例，社区戒毒康复作为一种制度创新，离不开政府的推动和扶持。上海市委、市政府和政法委首先发现和肯定了这一制度创新的价值，并加强了对创新的支持和领导。在政策环境和资金等方面加大对相关社团的扶持力度，并学习香港经验，提出政府购买服务的框架；同时，将推广社区戒毒康复的工作职能分解到各个部门和各级政府，并建立相应的奖惩机制。这些理念创新和组织保障是上海禁毒社会工作取得优异成绩的前提。

由于社区戒毒康复工作涉及多个部门，包括公安、民政、卫生、社保等，只有政府自上而下统筹协调才能确保该工作顺利开展。正因如此，《禁毒法》明确指出："城市街道办事处、乡镇人民政府负责社区戒毒工作。"然而在实际执行过程中，由于各地禁毒委员会办公室设立于公安局[①]，很多情况下公安机关成了这项工作的主要协调者和实施者。这样不仅增加了公安机关的负担，也减弱了整合社区资源的能力。

4. 提高社会工作者的专业化水平

推广社区戒毒康复模式，离不开高水平的专业化社会工作者队伍。根据国外和上海的经验，提高社工的专业化水平需要经费投入，还需规范禁毒社工的培养和支持体系。

首先，应该加大对社区戒毒康复的经费投入。国际经验表明：有效的禁毒策略需要在控制供给和减少需求之间保持平衡，其中的关键在于治疗、预防和教育。美国的研究发现：在预防和治疗上每支出 1 美元，用于司法审判、医疗和其他服务的开支就能相应减少 18 美元和 12 美元，因此，美国的禁毒经费中用于抑制需求（预防和治疗等）的比率近年来逐年增加。在香港，2014 年度和 2015 年度禁毒经费中近三分之一都用于戒毒治疗及康复。目前，云南省禁毒工作的重心是打击毒品违法犯罪，社区戒毒康复处于次要地位，很多地区的社区戒毒康复都存在经费不足的难题。要解决这一难题，需要在更高层级的政府层面统筹禁毒经费的分配，增加对抑制毒品需求的投入。

其次，要加大对禁毒社工的培训和支持。随着我国戒毒康复模式的转型，

---

① 上海是一个特例，其禁毒委员会办公室属于政法委员会下设单位，这样的设置使禁毒办的协调能力较强，为上海市禁毒工作的开展创造了有利条件。

对禁毒社工的需求也相应增加，社工专业应当将相关课程的培训纳入教学计划。此外，对于现有的禁毒社工应加强培训和支持，提升其业务能力，保持社工队伍的稳定。上海的经验显示：禁毒社工在工作实践中常常会面临各种各样的价值冲突，使其陷入两难处境，并产生倦怠、迷茫等消极情绪。因此，对禁毒社工不仅需要定期开展培训和交流，提升其专业技能，同时还需要通过制度设计，使禁毒社工的工作能够获得更多的社会支持并使其拥有更好的心理归属。

（三）解决艾滋病危险性行为干预难题的对策建议

艾滋病危险性行为干预的目标是：减少危险性行为发生率，推广使用安全套，降低无保护性行为的发生。

1. 商业性性行为干预建议

为遏制艾滋病经商业性性行为传播，亟待在严厉打击和合法保护之外寻求更合理、有效的干预策略。具体地说，解决商业性性行为干预面临的伦理难题，必须在统一对商业性性行为的道德认识基础上，重新树立商业性性行为法律规范立场，实施宽容与权益保护相结合的干预策略，推行卫生部门牵头、多部门合作的综合防治模式。

（1）统一对商业性性行为的认识：商业性性行为是一种道德不当行为。

具体地说，商业性性行为的道德不当性主要表现在：一是商业性性行为是行为主体对自身及他人身体权的不当处置，不仅置自己的身体和健康于巨大的风险之中，也消减了自身的人格尊严，进而有损作为人类整体的身体尊严；二是商业性性行为背离了“身心和谐”的性道德，是一种既无法增进自身幸福，又伤害对方的行为；三是商业性性行为伤及社会公序良俗，增加了性病、艾滋病传播的风险，践踏了社会道德底线，影响家庭和谐、社会风尚，还会诱发一系列拐卖妇女，组织、强迫卖淫等社会问题。

（2）调整商业性性行为法律规范立场。

作为道德不当行为，“卖淫合法化”的主张显然违背法律正义性要求，但苛以严厉的法律制裁同样违背法律的公平性。尽管商业性性行为确实产生了一定的社会危害性，但其危害远轻于扰乱公共秩序、妨害公共安全、侵犯人身权利及财产权利的行为；其主要属于对自身身体权利处置不当的“没有过度吓坏公众”的道德不当行为。因此，对于成年人间自愿且没有直接受害者的商业性性行为，建议将其定性为法律不宜介入的中性行为（即处于法律调整范围之外的行为，既没有得到法律的允许，也没有受到法律的禁止），交由道德、习俗、纪律等来调节。

明确此定性后，建议我国现行法律规范针对商业性性行为及其关联行为区别不同情况做出相应调整：①强迫卖淫、引诱卖淫、介绍未成年人卖淫、奸淫不满十四周岁的幼女，属于具有直接受害者且社会危害性严重的犯罪行为，根据刑法相关罪行进行处理；组织、容留成年人自愿卖淫，因其社会危险性相对较小，应不再受刑法处罚；②公共场所拉客招嫖，属于妨碍公共秩序和社会管理的违法行为，应按《中华人民共和国治安管理处罚法》规定进行处罚；③已婚者参与商业性性交易，属于违反《中华人民共和国婚姻法》“夫妻双方有相互忠实的义务”规定的有直接受害者的违法行为，但因其属于民事违法行为，处罚权应由配偶行使，政府应尊重公民的情感自决和私权利自决原则，国家公权力不宜介入；④中共党员参与商业性性交易，属于损害党员形象并对社会产生不良影响的不当行为，应按照《中国共产党纪律处分条例》第一百二十七条给予党纪处分；⑤上述行为之外的成年人间自愿且没有直接受害者的商业性性行为，不再定性为违法行为，《中华人民共和国治安管理处罚法》和《卖淫嫖娼人员收容教育办法》的相应处罚措施应废止。

（3）实施宽容与权益保护相结合的干预策略。

在目前缺乏疫苗和治愈药物的情况下，预防艾滋病经商业性性行为传播的有效策略是行为干预和健康教育，而这些策略能否奏效则取决于该群体能否得到社会的宽容与关怀。就商业性性行为的艾滋病干预而言，仅有健康知识的单方面灌输及性行为的干预是不够的，必须要唤起面临风险的当事人自身的健康意识及责任意识。因为只有当事人自身成为自己健康的掌控者，其他一切外部的干预措施才能行之有效。而商业性性行为者个人正当权益的实现，是他们获得艾滋病预防相关知识、信息，并愿意付诸行动积极参与到艾滋病防治中来的关键所在。在宽容的基础上，我们亟待解决的权益问题至少包括：及时对《中华人民共和国治安管理处罚法》做出相应调整，避免商业性性行为者受到法律的不公正对待；在其合法权益遭受侵害时，能得到法律的平等保护；能与其他公民一样平等获得政府在教育、就业、医疗、社会保障等方面的服务。

（4）推行卫生部门牵头、多部门合作的综合防治模式。

第一，要完善监测、检测工作。作为艾滋病疫情较严重的省份，云南省应进一步拓宽商业性性行为哨点监测范围，将男性性服务者纳入监测对象，并加强对该群体流行病学数据统计及分析研究，为防治工作改进提供科学依据。第二，要开展及早治疗及暴露性预防治疗。建议在具备条件的地区，加大宣传力度，完善药物覆盖网络，确保商业性性行为者在暴露后能及时获得药物及规范、科学的治疗。第三，要加强安全套推广及生殖健康服务。建议进一步加强卫生、人口计生、公安、文化、工商等执法部门的协作配合，做好娱乐场所、旅馆业等经营性公共场所监督和安全套推广工作；考虑到商业性性行为本身涉及个人隐私，除了同伴之间他们很少谈及自身性行为的特点，应进一步增加同伴教育经费投入，扩大同伴教育骨干数量，充分发挥同伴教育在干预中的优势，提高干预可及性。

2. 男男同性性行为干预建议

（1）营造平等、宽容的社会道德环境。

一方面，要统一对同性恋的认识：同性恋并非疾病，也无关道德。同性恋与性别认同障碍、易性癖、异装癖等显著不同，性别认同障碍、易性癖、异装癖等均为性心理疾病，而同性恋只是一种与异性不同的性取向而已，并非疾病，也无关道德。另一方面，要通过社会舆论方面的宣传和教育，引导人们正确认识和对待同性恋这一行为和现象，纠正那种把同性恋视为性变态、心理疾病和不道德的行为等错误观念。事实上，大多数同性恋者对自身所生活的社会环境感到恐慌，缺乏安全感，进而产生自暴自弃心理，并对社会产生不满和敌意。在这样的情况下，同性性行为的干预就很难实施。因此，必须通过持续的舆论宣传，纠正对同性恋的错误认识，使人们正确认识同性恋者的生存状况和社会处境，引导人们同情、关爱同性恋人群。

（2）保障同性恋者的应有权利。

一是要树立权利平等的基本观念。同性恋者作为一个“少数人”群体，虽然在数量上居于少数，但他们仍然是我国的公民，理应享有普通公民的各项权利。二是政府要认真对待同性恋者的权利，在认识上高度重视“少数人”权利，在制定政策措施时不忽视“少数人”权利，在艾滋病预防中采取切实有效措施保障“少数人”权利。三是从两方面入手，完善同性恋者权利的法律保护机制：一方面，开展同性恋者权利保障的相关立法，专门制定保障同性恋者权利的法案；同时，要着力完善违法审查制度，加强对同性恋者权利的司法保护。另一方面，要对同性恋者实施适度的特殊保护。

（3）通过心理干预减轻和消除同性恋者的自我歧视。

应通过高危行为干预工作队、同伴、志愿者甚至专业心理咨询师，运用心理咨询、心理支持和行为疗法等方法，帮助这些同性恋者改善对同性恋的认知，使他们以积极的心态来面对自己的性取向，从而减缓内心的纠结和冲突，消除消极情绪和自我歧视，增强自控能力和自我接纳程度，重新找回对生活的勇气和信心。

（4）通过性健康、性道德教育和法律惩罚促使同性恋者履行义务。

在性健康教育方面主要应突出三个方面的内容：一是使同性恋者正确认识自身的性取向、生活方式和行为方式，提高同性恋人群对同性性行为艾滋病风险的认知。二是艾滋病预防的有关知识，特别是推广使用安全套在艾滋病预防中的重要意义和正确使用安全套的方法。三是提高同性恋者的受益意识，即让同性恋者认识到对同性性行为的干预措施最根本的目的是使同性恋者受益，从而主动配合各项干预活动。性道德教育方面，主要应突出两个方面的内容：一是参照异性恋的有关性道德要求，如排他性、专一、忠诚、信任等，帮助同性恋者建立单一固定的性伴关系；二是增强同性恋者的道德自律，把在性行为中正确使用安全套作为一项普遍的道德义务。法律惩罚方面，主要是针对那些为寻求刺激而进行不负责任的性行为，如集体淫乱、滥用毒品等。在这方面，我国有着包括《中华人民共和国治安管理处罚法》《中华人民共和国刑法》在内的较为完备的法律制度。

（5）审慎对待同性婚姻。

目前，我国实行同性婚姻不仅不具备应有的民意基础，而且可能带来一系列新问题。在这样的情况下，对待同性婚姻必须十分审慎。一方面，要明确反对同性恋者选择与异性的传统婚姻和互助婚姻；另一方面，也不宜冒然实行同性婚姻合法化。而对同性性行为干预面临的难题，应该通过上述途径来解决。

（6）重视发挥社会组织、志愿者和同伴教育在同性性行为干预中的作用。

随着艾滋病形势的发展，云南先后出现了一些社会组织，如彩云天空工作组、“跨越中国”等，这些社会组织有着工作方式灵活、能够深入同性恋人群、运行成本较低等优势。但由于社会组织总体上发展尚不成熟，社会组织的地位和活动空间还相对有限。为此，建议通过公益认证、业务报告等方式，加强对社会组织的管理监督。同时，政府要切实增强与社会组织合作的意识，充分尊重社会组织的主体地位和作用，推动包括许多草根组织在内的从事艾滋病防治工作的社会组织更为广泛地参与。同时，要培养一支良好的同性恋志愿者队伍，发挥同伴教育者在同性性行为干预中的特殊作用。

3. 多性伴行为干预建议

（1）明确多性伴行为的定性。

目前，对正常的恋爱失败和婚姻失败、重婚和“包二奶”、聚众淫乱以及婚外情和通奸造成的多性伴的定性已经没有异议：正常的恋爱失败和婚姻失败造成的多性伴无须进行道德评价，法律和道德上均不予干预；重婚、“包二奶”和聚众淫乱是违法行为；婚外情和通奸是不道德的行为。需要进一步明确的是目前仍存在较大分歧和争议的性工作者、一夜情、换偶、性虐恋游戏等造成的多性伴关系。关于一夜情和换偶的定性，我们认为二者均为不道德的行为；如果存在“聚众”的性行为，就还是违法甚至犯罪行为。关于性虐恋行为的定性，我们认为应该包括两个方面：一方面，性虐恋是一种心理疾病，需要治疗；另一方面，如果性虐恋行为发生在多人之间，则属于不道德的行为和违法行为（聚众淫乱）。

（2）区分并行性多性伴与非并行性多性伴。

从时间序列上看，多性伴可以分为并行性与非并行性两种情况。并行性多性伴与非并行性多性伴的艾滋病传播风险有较大差异。在各类多性伴行为中，由于正常的恋爱失败和婚姻不稳定造成的多性伴均属于非并行性多性伴，而一夜情、换偶、婚外情、通奸、重婚、“包二奶”、聚众淫乱、性交易等均属于并行性多性伴。事实上，对正常的恋爱失败和婚姻不稳定造成的非并行性多性伴我们一般不予道德评价，因其与艾滋病的传播并无明显关联，法律和道德均不予干预；而并行性多性伴，无论是从性道德还是从艾滋病预防的角度看，都应该成为干预的重点对象。

（3）对多性伴行为实施综合干预。

在宣教和道德层面，要正视社会性行为多元化的客观实际，根据各种多性伴行为的不同性质、动机和结果，有针对性地实施有不同内容侧重的宣传教育。如对一般的婚前性行为，要适应“中国人已经全面接纳了婚前性行为”的实际，在宣传教育中突出性道德的婚姻标准的内容，在全社会树立和倡导“只有夫妻之间的性行为才具有道德的完满性”的观念，引导人们减少婚前性行为。对换偶、婚外情、通奸等行为，在宣传教育中除强调其不道德性之外，应着力强调行为的违法性。具体行为干预和社会支持层面，建议实施宽容策略。就多性伴行为干预而言，虽然多性伴行为大多是不道德的甚至违法的行为，很多人主张严厉打击，但从预防艾滋病的客观需要和性工作者等的社会处境看，实施宽容策略，可以使目标人群做出正确的利益权衡，从而走出“地下状态”，实现艾滋病预防的普遍可及。

（4）在法律和道德约束前提下保障公民的性自主权。

目前，在保障公民的性自主权方面，我国尚无明确的立法。为此，可以借鉴一些国家的立法经验，通过立法对公民的性自主权予以法律保护。如《德国民法典》第二百五十三条第二款明确规定：因侵害身体、健康、自由或性的自我决定而须赔偿损害的，也可以因非财产损害而请求公平的金钱赔偿。① 另一方面，要从法律、道德层面对性自主权予以必要的限制和约束。法律约束方面，“性自主权是以人性为出发点的，性放纵、滥交行为中显现的是兽性而非人性，因此受到法律的严格限制。”② 凡是法律明确限制的内容就被排除在性自主权的范围之外。道德约束方面，主要是社会公序良俗的限制，如禁止乱伦、禁止在公众场所发生性行为，等等。

4. 非保护性性行为干预建议

（1）树立以保护性干预为主的理念，有效协调惩罚性干预与保护性干预之间的价值冲突。

在干预对象的伦理定性上，要突出其公民身份和需要救助的生命个体，弱化其法律和道德评价。在价值考量的伦理原则上，要改变惩罚性干预从传统集体主义、功利论出发，为了国家和社会整体利益而忽视个人权利的做法，坚持从现代人道主义和道义论出发，认识到干预对象也是平等的生命个体，应当受到平等的尊重和对待。在权利与义务的导向上，应坚持尊重、保护“少数人”权利。

（2）消除公安部门与卫生部门协作中的价值与制度冲突。

在价值观念层面，要树立生命至上理念，即把人的生命健康摆在优先地位，尽最大可能保障每一个人的生命健康，即使是曾经有过不道德甚至违法行为的艾滋病患者和艾滋病高危人群也不例外。在制度规范层面，坚持“以卫生部门为主、公安部门为辅”的原则。为此，应该在实现卫生部门与公安部门之间互相监督的基础上，树立卫生部门在艾滋病危险性行为干预中的权威，突出对性工作者等相关人群的帮助与行为干预；在把握前述宽容理念应有限度的基础上，让公安部门的打击行动适当为卫生部门的干预行动“让道”。

---

① 德国民法典［M］. 陈卫佐，译. 北京：法律出版社，2006：86.

② 王竹. 论性自主权的确立［M］//杨立新. 民商法理论争议问题——侵权行为类型研究与发展中的人格权. 北京：中国人民大学出版社，2008.

（3）从公益广告到商业广告：渐进式放开安全套广告。

目前，安全套广告虽然在法律和政策层面解禁了，但人们在观念上完全解禁还需要一个过程。考虑到我国传统社会习俗、道德观念和社会的接受度，在安全套广告的推广路径上，应分两步实施，即从公益广告到商业广告逐步放开的渐进式推广策略。第一步，放开安全套公益广告。经过半年到一年时间左右的安全套公益广告的宣传，人们对安全套广告的接受程度有了较大提高以后，再实施第二步，按地区、分内容逐渐放开安全套商业广告。在内容上，除了严格按照我国《中华人民共和国广告法》的相关规定之外，要针对安全套产品相对于一般商品的特殊性予以具体规定，如规定在安全套商业广告中，公益性内容应该占一定的比重；在一些不适宜发布安全套商业广告的场所（如未成年人比较集中的游乐场、动物园等），做出明确的限制性规定，等等。为此，建议由国家卫计委、国家工商行政管理总局等有关部门，在《中华人民共和国广告法》的基础上，联合制定有关刊播安全套商业广告的具体规定或实施细则，据此对安全套商业广告进行审批和监管。

（4）革新伦理文化，突出性健康教育。

一是要促进传统性道德观念的现代转换。要根据不断变化着的新情况调整、重建性道德。如“婚前守贞”是在婚前性行为不存在或者极少的社会条件下倡导的一个道德观念，但在目前婚前性行为已经较为普遍的现实背景下，如果仍然死守“婚前守贞”的道德观念，不正视性道德观念的变化，性健康教育最终只会沦为一种空洞的道德说教。二是有效协调性道德要求与性健康要求之间的矛盾，在性教育中突出性健康方面的内容。三是在全社会树立、宣传、倡导“进行保护性性行为”“预防艾滋病人人有责”的观念，把在性行为中正确使用安全套作为对自己、对他人、对社会的一项义务和责任。

（5）落实政府、企业、媒体及公民的责任。

政府是推广使用安全套预防艾滋病最重要的责任主体。在推广使用安全套的过程中，政府的责任主要是从实际出发，制定、完善和执行相关政策和措施，为推广使用安全套提供必要的人员、经费等保障。需要特别指出的是，各级疾控机构组织成立的高危人群干预工作队作为把握艾滋病高危人群的状况、开展高危人群行为干预、改变高危行为的专门队伍，是推广使用安全套预防艾滋病的直接责任主体。安全套生产企业最重要的责任是根据国家质量标准，确保安全套产品质量，为消费者提供物美价廉的安全套产品。宾馆、娱乐场所等则要积极配合国家推广使用安全套的政策措施，在自己的营业场所内履行摆放安全套等方面的义务。影视、广播、报纸、杂志、书籍、互联网等媒体的主要责任是根据自身特点，采取人们喜闻乐见的各种形式，开展推广使用安全套预防艾滋病的宣传。公民个人的主要责任是认真学习安全套方面的有关知识，理解和支持国家推广使用安全套预防艾滋病的政策措施，自觉履行在性生活中正确使用安全套的义务。

（四）艾滋病及早治疗、全员治疗对策建议

2016年6月8日，国家卫生计生委办公厅印发了《关于调整艾滋病免费抗病毒治疗标准的通知》（以下简称《通知》）。《通知》根据世界卫生组织最新发布的有关技术标准，对我国艾滋病免费抗病毒治疗标准进行了调整，明确在坚持自愿原则的基础上，对于所有艾滋病病毒感染者、患者均建议实施抗病毒治疗；要求各有关疾病预防控制机构、艾滋病抗病毒治疗定点医疗机构进一步提高艾滋病抗病毒治疗管理的规范化水平，提高治疗依从性和治疗效果，减少病毒耐药产生。为尽快按照《通知》的要求，加快推进云南省艾滋病抗病毒及早治疗、全员治疗工作，建议借鉴国际艾滋病协会提出的“寻找—检测—治疗—保持”工作法，着力化解各环节存在的障碍，不断提高治疗覆盖率、保持率和治疗质量。

1. 积极探索多样化的艾滋病检测方式，提高易感人群及早发现率

（1）加快推进艾滋病自助检测。

2015年12月1日，云南省艾滋病唾液快速检测试剂社区药店营销试点工作正式在昆明、楚雄、大理、红河、临沧、玉溪6个州（市）的10个县（区）启动[①]，自助检测工作由此迈出了关键的一步。但目前快速检测试剂药店销售还处于起步阶段，为了尽快提高公众对自助检测方式的接受度，还需做好宣传、销售网点建设、自助检测后续服务等方面的配套工作。建议通过网络、微博、微信、电视、手机短信等平台，加大自助检测方式及服务网点的宣传，提高公众知晓度；在营销试点的10个县（区）40家药店之外，尽快扩大营销网络，覆盖曲靖、文山等其他州市，还可积极探索年轻人青睐的网络销售渠道，不断提高快速检测试纸的普及度；通过减免试剂费用、药店提供现场咨

① 李婧. 云南艾滋病人和存活感染者居全国之首 这些地方疫情上升明显［N/OL］. 云南信息报，［2015-11-30］. http://www.dreamofchinese.com/news/? 79982.html.

询服务等方式，提高自助检测率。艾滋病自助检测推行的最佳效果，是其能像早孕试纸一样，成为更多易感人群首选的检测方式。

（2）依托社会组织及同伴力量，驱动更多易感人群进行自愿检测。

本课题组赴上海对多个禁毒防艾社会组织进行了调研。其中，上海美丽人生健康服务社是一家主要服务于男男同性恋及男男性行为感染者的社会组织，上海市疾控中心依托该服务社设立了自愿咨询检测室。与各地 VCT 大多门庭冷落的场景不同，这个检测点每天的检测量都不少于 50 人，最多的时候一天检测 108 人。探寻自愿咨询检测率高的原因，服务社负责人强调，他们是通过赋权而不是利诱或者强迫检测。对于男男性行为者、商业性性行为者、毒品滥用者等人群，由于社会歧视和排斥，他们往往被边缘化，各种艾滋病干预措施也是被动接受，效果不佳。但美丽人生健康服务社为我们展现了社会组织和同伴驱动所产生的强大力量。在这个服务社，男男性行为者在检测前能够获得同伴的情感支持和心理疏导，被确诊感染后，还能得到咨询、转介、依从性教育等“一站式”的贴心服务。因此，建议云南省疫情较严重的州市，通过政府购买社会组织服务的方式，充分发挥社会组织和同伴的力量，驱动更多易感染人群主动进行检测。

（3）将艾滋病检测纳入老年人群免费体检范围。

研究发现，相对于“<50 岁”年龄组，“≥50 岁”年龄组诊断时 CD4 数值明显更低，更多的人发现即处于发病状态。① 老年感染者的估计生存时间为 11.54±0.49 年，不能及时发现本身的其他疾病，是该人群估计存活时间短、病死率高的主要原因。② 针对云南省老年人感染率持续上升的局势，建议加大社区和乡镇卫生院快速检测点建设，将艾滋病检测纳入老年人群常规体检范围，依托社区和乡镇卫生院老年人健康管理平台主动开展艾滋病检测和健康咨询服务，进一步提高老年感染者发现的及时性。

（4）对吸毒、暗娼、外籍感染者进行指纹识别。

吸毒、暗娼、外籍感染者的共同特点是流动性强、真实身份识别困难、重复检测率高、转介难度大。为此，德宏州开发了指纹识别系统，对检测结果为阳性的吸毒、暗娼、外籍感染者进行指纹录入。指纹识别系统的应用，有效降低了吸毒、暗娼、外籍感染者等群体艾滋病检测、疫情报告的重复率，提高了

---

① 谢天胜. 基于社区的 HIV 抗体普遍检测和强化随访的效果研究及艾滋病阳性的老年人群特征分析［D］. 杭州：浙江大学，2014.

② 张洁，江家云. 昆明市五华区艾滋病流行趋势与防控策略分析［J］. 卫生软科学，2015（8）：524.

报告的准确度，也为病人的管理、转介等后续服务提供了有力的支持。为此，建议昆明市和疫情较重的其他州市，尤其是强制隔离戒毒所、拘留所、监狱等羁押场所，积极引入指纹识别系统，避免重复检查，为感染者转介提供便利。

2. 科学宣传及早治疗效果，消除感染者疑虑

在 2013 年度国际艾滋病防治学术交流会议上，艾滋病防治研究领域顶尖专家查尔斯·布切尔教授通过大量观测数据告诉与会者，艾滋病感染者较早开始抗病毒治疗，不仅可以大大减少机会性感染发生和艾滋病相关死亡，延长感染者寿命，同时还能将艾滋病传播概率减少 96%；与早治疗相对应的风险是耐药发生率明显上升。但总体上，与耐药性增加相比，及早治疗的获益更大。艾滋病鸡尾酒疗法发明者何大一教授也在会上强调，“作为医生，我会这样告诉患者，你现在就应该治疗。如果你及早治疗，你的寿命与平常人相差无几。多年后，可能会耐药，但你的获益与你的耐药相比，要大得多。此外，我们还有二线药物、三线药物，可以为你调整用药。”上海市公共卫生临床中心主任医师卢洪洲也指出，艾滋病晚期就诊者 CD4 复常率低，具有更高的死亡率、更高的住院率、更高的艾滋病和相关并发症发病率及经济支出，并具有潜在的药物相互作用，存在更长时间的潜在传播威胁。① 上述专家意见表明，及早治疗确实存在一定的耐药高发生率风险，但该风险和及早治疗的益处相比，明显要小。权衡利弊，及早治疗值得推广。

上海作为国内最早启动“发现即治疗”的试点地区，目前已将 97% 的感染者纳入了抗病毒治疗体系。上海及早治疗工作富有成效的宝贵经验就是，在加强及早治疗效果宣传的同时，通过提升随访质量，力图将毒副作用降至最低，以此赢得感染者对及早治疗的认可和支持。作为一项新的治疗理念，抗病毒治疗医务人员、感染者对及早治疗的认识和接受都需要一个过程。因此，建议云南省首先对各层级抗病毒治疗机构的医务人员进行培训，提高其对及早治疗科学性和重要性的认识，并通过他们的科学宣传及随访管理，不断提高感染者及早治疗的意愿。

3. 推广艾滋病治疗“一站式服务”，提高治疗服务质量

2013 年，中国疾病预防控制中心性病艾滋病预防控制中心在九个省开展

① 郑灵巧. 何大一：艾滋病患者如果及早治疗，寿命会与正常人相差无几［EB/OL］.（2014-01-16）. http://news.xieshoue.org/article/detail? id=1454.

艾滋病抗病毒治疗“一站式服务”试点推广，云南省选定德宏州盈江县为试点县。盈江县“一站式服务”工作从2013年7月开始启动，项目启动后仅两个月就新增抗病毒治疗136例，占到全年新增人数的51.71%。2013年年底，德宏州防艾局制定了《艾滋病抗病毒治疗“一站式服务”工作实施方案》，在全州推广盈江县“一站式服务”工作模式，成效显著。截至2015年10月，初筛后30日内就启动抗病毒治疗的感染者已占到当年新发现病例的83%。

“一站式服务”的核心内容包括：①明确各机构的服务职责及时限。发现机构的主要职责包括：宣传、动员检测、确认阳性结果告知、3~5个工作日内陪同确诊病人转介到定点医院治疗；抗病毒治疗机构的主要职责包括：治疗前宣传教育咨询，机会性感染、合并感染诊疗，入组治疗前体检，治疗过程中对患者进行随访；疾控中心主要职责包括：3个工作日内完成送检血样的确认实验、24小时内完成网络直报、每月督查确诊病人转介情况。②明确新发现病例、既往阳性病例治疗服务流程。对于愿意接受抗病毒治疗的患者，新发现病例从初筛到治疗程序在30日内完成；既往阳性感染者则持续跟踪，直至接受治疗服务。③在病例检测、转介、治疗各环节设立工作人员激励机制，调动工作积极性。

“一站式服务”工作模式，简化了病人转介程序，缩减了病人入组治疗时间，有助于提高病人入组治疗率，降低病人死亡率。为进一步推进云南省及早治疗工作，建议将德宏州的经验尽快向全省推开。在此基础上，加强医疗机构建设，进一步提升医务人员工作能力，确保云南省及早治疗工作更加科学化、规范化。

4. 对重点人群的抗病毒治疗给予更多关注和支持

（1）多管齐下，提高重点人群治疗保持率。

针对毒品滥用者、老年人、儿童感染者等抗病毒治疗保持难度较大的群体，建议从治疗前咨询、治疗保持跟进、脱失干预等环节入手，提高抗病毒治疗保持率。

①强化重点人群入组治疗前的咨询、动员工作。尽管抗病毒及早治疗尤为重要，但治疗一旦启动就意味着需终生接受治疗，因此病人的治疗意愿直接关系治疗依从性的好坏。目前，“一站式服务”中新发现病例启动治疗的时限是30日，但对毒品滥用者、老年人、儿童监护人来说，30日的时限可能过短，建议适当延长，进一步强化治疗前的咨询，待病人（监护人）做好充分治疗准备后再启动抗病毒治疗。②给予该群体心理和情感上的支持，降低治疗脱失

率。一般来说，在接受抗病毒治疗的初期，存有一个药物适应的过程，多数人都会出现恶心、头痛、皮疹、失眠、眩晕、疲惫等药物副反应，持续时间也因个人体质和病情有所差异。① 但对毒品滥用者、老年人和儿童来说，因为药物交互作用、体质较弱等原因，药物副反应相对更强烈，在这个阶段也更需要医务人员、同伴、家人及亲友的关怀和支持。对此，建议联合抗病毒治疗机构、社区医院、社会组织、同伴、家人及亲友等力量，成立重点人群抗病毒治疗关怀小组，给予该群体心理和情感上的支持，提高治疗依从性。③加强对重点人群的个案管理。目前，对抗病毒治疗病人的随访时间是每 3 个月一次，病人连续 6 个月失访才能视为脱失，导致脱失干预工作错失最佳时机。建议将上述重点人群的随访时间调整为每个月一次，连续 2 个月失访即视为脱失，由相关部门及时跟进脱失病人干预工作，尽早找回脱失病人。

（2）出台省级政策，确保外籍感染者治疗工作有序推进。

为巩固云南省艾滋病防治工作成效，防范边境地区疫情反弹，建议及时补充和完善外籍人员出入境管理，外籍感染者管理、治疗等相关政策，让边境地区外籍感染者防治工作有据可依，积极争取国家防艾专项经费支持。

对于外籍感染者抗病毒治疗入组标准的确立，建议分类进行。①对于涉及跨境婚姻（含事实婚姻）的外籍感染者，只要当地社区居委会、村委会开具证明，其被纳入居民医保或新农合管理系统后，就可视为具有中国居民身份，其抗病毒治疗入组标准和国内居民相同，国家对其实行属地化管理。②对于常住中国（半年及以上），并持有有效的《边境地区出入境通行证》、辖区派出所出具的《暂住证》、人事劳动部门开具的《从业资格证》的外籍感染者，符合《国家免费抗病毒治疗手册》（第 3 版）入组治疗标准且本人自愿申请入组治疗的，可纳入免费抗病毒治疗范围，但需签署《外籍人员免费抗病毒治疗知情同意书》，除抗病毒治疗药物免费外，治疗过程中所产生的诊疗费、化验费、检测费、机会性感染治疗费、药物毒副反应处理费、住院费等费用，均由本人自行承担。③对于合法入境，但不常住中国的外籍感染者，由卫生部门将其转介回国籍国。④对于非法入境的外籍感染者，则由公安机构联合卫生部门将其遣返回国籍国。此外，建议加强中缅、中老、中越政府双边合作机制建设，确保转介回其国籍国的外籍感染者能得到有效的管理。

---

① 胡倩. 价值管理与健康管理的失衡与再平衡——湖北 XY 市乡村艾滋病人的身体管理实践［D］. 武汉：华中师范大学，2014：23.

5. 完善待遇支持和风险防范机制，加强治疗队伍建设

抗病毒治疗队伍力量不足、稳定性不强，已成为云南省及早治疗和全员治疗工作纵深推进的主要瓶颈。从打造一支力量强、能可持续发展的抗病毒治疗队伍出发，建议着力完善抗病毒治疗队伍待遇支持和风险防范机制。

（1）完善待遇支持机制。

①将目前仍属于财政差额拨款的抗病毒治疗医务人员及时纳入财政全额拨款范围，并落实包括羁押场所抗病毒治疗干警在内的医务人员艾滋病防疫津贴的发放。在此基础上，建议从省州县三级的防艾配套经费中拿出一定比例，探索实施工作绩效考核和奖励机制。②对于临时聘用的防艾专干，建议将工作合同一年一签改为三年一签，在适当提高基础性工资的基础上，增加工龄工资和绩效工资。③乡村医生共同的呼声是其身份能从“个体户”转变为乡镇卫生院的事业编制，发生医疗意外时能有职业保险，退休后能享受退休待遇。但针对乡村医生业务能力参差不齐的现状，建议对现有承担抗病毒治疗及公共卫生职能的村医进行考核评估：对于能力强、有资质的，建议纳入乡镇卫生院事业编制；对于无能力继续承担抗病毒治疗和公共卫生服务工作的，则重新面向社会选拔合适人才。此外，还可借鉴瑞丽市定向培养村医的方式，不断夯实农村防艾队伍力量。

（2）完善风险防范机制。

在艾滋病防治工作中，抗病毒医务人员发挥着极为重要的作用，但他们同时也面临着职业暴露的高风险。尽管目前我国尚无因职业暴露感染艾滋病的事例，但一份近五年的监测数据仍显示，5 年来，我国每年报告的艾滋病职业暴露都在 1 000 例左右。[①] 这也提示我们，抗病毒治疗医务人员职业暴露的高风险应该通过制度来防范。

2013 年 12 月 23 日，国家卫计委联合三部门共同颁布了修订后的《职业病分类和目录》，将职业病调整为 132 种，人民警察、医疗卫生人员在执行公务或职业活动中感染艾滋病被纳入职业性传染病范围，可享受工伤保险等待遇。此举虽对消除抗病毒治疗医务人员的后顾之忧有一定积极意义，但鉴于目前我国尚无职业暴露后感染，但职业暴露却频频发生的现状，建议在工伤保险保障机制外，设立政府“职业暴露风险补偿专项基金”。“职业暴露风险补偿

① 王文硕，万广朋. 为公安民警艾滋病职业暴露筑起法律“防护墙”[EB/OL].（2014-03-13）. http://www.ga.yn.gov.cn/jwxw/quanguojingxun/201403/t20140325_264555.html.

专项基金”的作用在于，当医务人员发生职业暴露但未感染艾滋病时，可依据暴露程度和实际发生的损害（如暴露后因服用阻断药物致流产、精神抑郁等）给予合理的补偿。职业暴露时有发生，“职业暴露风险补偿专项基金”可以更便捷、有效地对抗病毒治疗医务人员进行风险补偿，降低他们的心理压力，激发其工作积极性，稳定治疗队伍。

（五）边疆少数民族地区毒品艾滋病社会文化易感性干预对策

国内外社会科学工作者研究毒品和艾滋病问题获得的一个基本共识是：毒品、艾滋病与贫困、落后、弱势、边缘等社会文化因素之间具有共生关系，这一现象被称为“泰坦尼克定律”①，即相对贫困、弱势、边缘的人群，由于受教育水平较低、物质生活缺乏保障、精神生活空虚贫乏，更容易发生贩毒、吸毒、卖淫、卖血等艾滋病“高危行为”，形成贫困与毒品、艾滋病之间的恶性循环——贫困导致毒品泛滥与艾滋病流行，毒品、艾滋病又进一步加剧贫困②。基于这一共识，云南的禁毒防艾人民战争将是一场持久战，其中，我们不仅要根据新形势，应对新挑战，不断创新禁毒防艾政策措施，还要坚持不懈地加快云南发展，在发展中逐渐减少乃至最终消除少数民族地区对毒品、艾滋病的社会文化易感因素，另外，还要着眼于发掘少数民族文化中的积极元素，使其成为禁毒防艾的道德力量和文化力量，在弘扬各民族优秀传统文化的同时巩固已有成效，保持云南省禁毒防艾示范区的先进地位。

1. 打赢脱贫攻坚战，推动少数民族地区同步跨入小康社会

无数事实证明，毒品、艾滋病问题与经济贫困和文化贫困有着千丝万缕的联系。贫穷不除，毒品和艾滋病将难以根除。云南要摘掉毒品艾滋病重灾区的帽子，必须要摘掉贫困落后的帽子。

云南集边疆、民族、山区、贫困为一体，是全国扶贫攻坚的主战场之一。截至 2014 年年底，云南还有贫困人口 574 万人，贫困片区县 91 个、重点县 73 个，贫困人口数量居全国第二位，贫困片区县和重点县数量居全国第一位，仍

① 景军. 泰坦尼克定律：中国艾滋病风险分析［J］. 社会学研究，2006（5）：127-154.

② 吕柯，马英鹏. 贫困与艾滋病流行关系的探讨［J］. 中国艾滋病性病，2008（5）：501-503.

然是全国农村贫困面最大、贫困人口最多、贫困程度最深的省份之一。[①] 由此可见，云南扶贫任务十分艰巨，必须闯出一条跨越式发展的道路。在这条道路上，禁毒防艾与发展扶贫相辅相成，相得益彰。

2. 提升少数民族地区禁毒防艾宣传教育实效

通过对普洱、红河、德宏等地的实地调查，我们深感少数民族群众禁毒防艾知识缺乏，自我防护意识不强，自我保护能力薄弱。在毒品、艾滋病问题严重的村寨社区，教育宣传工作比较到位，但其意义更多是亡羊补牢，同时在毒品艾滋病问题不严重或尚无案例的村寨社区也没有相应的未雨绸缪。YY 县牛解寨乡孟弄村委会 2 000 多人，有 11 个艾滋病病毒患者，已有两例死亡。相邻的胜利乡已有两个村子被知情者称为艾滋病集中发生区，疫情严重。但是其中之一的孟弄村，除了村医和村委会干部外，其他被访者都对疫情一无所知，他们也不清楚所谓的艾滋病集中发生区，甚至不知道艾滋病。村民们对正在自己四周蔓延的疫情毫不知情，令人震惊。禁毒防艾宣传教育工作任重道远，应从以下三个方面加强少数民族地区的禁毒防艾宣传教育。

（1）纳入学校教育，形成学校—家庭—村寨（青少年学生—家庭成员—村民）宣传教育模式。

为落实省委省政府的禁毒防艾人民战争方案，云南省教育厅制定了《云南省教育厅关于进一步加强学校禁毒防艾工作的通知》《云南省教育厅关于印发贯彻落实省委、省政府新一轮禁毒和防治艾滋病人民战争工作方案（2008—2010 年）的实施意见的通知》《云南省教育厅关于加强禁毒防艾基地建设的通知》等重要文件。这些文件对禁毒防艾宣传教育的师资队伍、经费保障、课程课时都有明确规定。但少数民族地区由于人才匮乏等原因，这些文件落实并不到位。学校禁毒防艾教育的主要形式是学校邀请疾控部门人员作专题报告；在 6 · 26 世界禁毒日、12 · 1 世界艾滋病日等特殊日子召开主题班会；提供一些宣传材料、课外读物等。这些应景式的教育方式与文件要求相差甚远，很难对青少年产生实际帮助，更难在移风易俗方面发挥作用。

根据我们的调查，禁毒防艾宣传教育之所以收效不明显，原因之一是有令不行；原因之二是不求实效，形式主义盛行。加强少数民族地区的禁毒防艾教育，关键在于贯彻落实已有文件。如果教育部门和学校不是围着升学率转，而

---

① 韩焕玉. 云南贫困人口数量居全国第二 “云南特色” 扶贫模式成示范 [EB/OL]. (2015-06-18). http://yn.yunnan.cn/html/2015-06/18/content_3786930.htm.

是正视本地区毒品艾滋病危害严重的现实，真正为学生的身心健康和未来前途着想，就应该不折不扣地把禁毒防艾内容纳入学校常规教育，配备专业师资，对教师进行先进方法的培训，以提高学生抵御毒品、艾滋病侵害能力为取向，不断改革和更新教育的内容、方式和手段。

在少数民族地区，学校教育之所以重要，是因为学生是连接家庭和体制的媒介。学生在学校掌握了禁毒防艾知识，提高了防范毒品、艾滋病的意识和能力，不仅学生受益，而且每位少数民族学生又能成为由学校到家庭的宣传员，形成由学校到家庭再到村寨的宣传教育模式，弥补农村禁毒防艾宣传教育的不足。

（2）发挥乡村知识精英的宣传教育作用。

少数民族地区禁毒防艾宣传的一大难题是，群众文化水平低，不识汉字，不通汉语，甚至除了村委会工作人员，大量村小组长文化水平也很低。相关机构与社会组织尝试编写民族文字的宣传材料，但实际上，少数民族群众中能够阅读民族文字的人更少，因而宣传往往流于形式而无实质效果。

为应对这一局面，应发挥农村知识精英在禁毒防艾宣传中的作用。这些知识精英除村委会干部外，还有乡村教师、大学生村干部、新农村建设指导员和其他单位驻村帮扶人员等，他们是村寨优质人力资源或社区精英，在村民中具有较高的威信和影响力。相关机构和组织应对他们进行禁毒防艾方面的培训，使他们成为一支优质高效的民族地区禁毒防艾宣传队伍。

（3）以重要民族节日为契机，增强宣教教育的实效。

少数民族有许多重要节日，如傣族的泼水节、彝族的火把节、景颇族的目瑙纵歌节、哈尼族的十月年等。这些节日对少数民族来说，与春节之于汉族，圣诞节之于西方是一样的，是喜庆中享亲情、欢乐中庆团圆的日子。在这种气氛中，人们更能深刻领悟毒品、艾滋病对个人及家庭的危害，增强保护自己和家人免受危害的意识，会更加珍惜幸福生活，强化远离毒品和艾滋病的意志，甚至痛下决心，断绝吸毒、嫖娼等高危行为。所以，以重要民族节日为契机，宣传教育会收到事半功倍的效果。另外，由于青壮年大量外出务工，少数民族地区日常的宣传恰恰缺少最为重要的对象——外出务工人员。重大节日期间，外出务工的人会纷纷返乡，与家人团聚。因此，重要民族节日，是宣传教育禁毒防区的最佳时机。

3. 动员禁毒防艾前线的民族民间力量

（1）强化基层组织保障。

少数民族地区的基层党委和社区（村委会）是党和政府联系群众的纽带，也是落实禁毒防艾人民战争各项措施的最基层组织。社区和村两委的党员干部是开展毒品与艾滋病控制工作的一支重要力量，处在农村禁毒防艾网络的最前沿。十年前，陇川模式就是因为把农村艾滋病防治工作下沉到村医而取得实效，因此成为德宏模式，也因此成为云南模式的重要支点。如今，云南省民族地区毒情和艾滋病疫情都更加复杂多变，但村社分散、山高坡陡、基层禁毒防艾工作艰巨的基本省情没变，离开了基层党委和社区（村委会）的坚强领导，村医和禁毒专干都难以有效开展工作，这是某些村社毒情反弹、防艾松懈的一个重要原因。因此，在云南省应特别强调基层党委和社区（村委会）的组织保障作用，重灾区应坚持把禁毒防艾工作纳入绩效考核和领导评价，对工作滑坡的地方，组织和个人应承担相应责任。

（2）组建民间禁毒防艾组织。

在云南省社会基层，曾经活跃着众多禁毒防艾的国际 NGO，他们的项目深受当地少数民族群众欢迎。当这些国际 NGO 撤出云南之后，影响最大的就是少数民族边远贫困地区。由于这些地区社会组织发育滞后，能力不足，甚至没有任何可以承接国际 NGO 项目的社会组织，许多重灾村社面临资金、项目中断，已有成效难以巩固的严峻挑战。为应对这一挑战，一方面体制内的力量（管理部门和机构）应下沉承接工作；另一方面则应加快培育少数民族社会组织，充分发挥其难以替代的作用。

组建民间禁毒防艾组织是动员少数民族社区力量，发挥群众积极性、主动性和创造性，推进禁毒防艾工作社会化的重要举措，也是推进基层自治的一个切入点。这方面已有一些较为成功的事例。例如，在四川凉山地区，成立了许多彝族民间禁毒协会。云南德宏的傣族、景颇族村寨成立了禁毒联防队、妇女攻心队、妇女护村队等本土社会组织。这些社会组织向村民宣传毒品和艾滋病的危害，帮助吸毒人员戒断毒瘾，回归正常生活，救助艾滋病人，领养艾滋孤儿。这些经验可以向红河、文山、临沧等民族地区推广，发挥其“有毒禁毒，无毒保净土”的社会治理功能。

（3）制定或修改完善禁毒防艾村规民约。

村规民约是由村民会议制定通过，需要全体村民遵守，由村民监督执行的一种重要自治形式。在四川凉山、云南德宏等地的彝族、傣族、景颇族等民族村寨，村民们制定实施的村规民约成为与毒品、艾滋病作斗争的有效手段。这些村规民约结合本地毒情、疫情以及本民族的社会文化特性，就惩戒吸毒、奖励戒毒、帮扶救助毒品受害家庭和受艾滋病影响家庭等内容作出约定，取得全体村民同意后实施。村规民约有效激发了村民参与禁毒防艾斗争的热情和信心，增强了村民自我治理毒品和艾滋病问题的能力。随着情况变化，村规民约也要适时修改才能持续发挥作用。

（4）移风易俗，重建健康文明新风尚。

云南省少数民族传统习俗中既有助推毒品、艾滋病泛滥的因素，也有有利于禁毒防艾的积极因素，前者构成毒品、艾滋病的社会文化易感性，后者构成禁毒防艾的宝贵资源。由于性感染已成为艾滋病的主要传播途径，新型合成毒品与传统毒品混用已被证实有加速艾滋病性传播的作用，云南省少数民族地区在禁毒防艾持久战中必须注重文化建设，把改变不良习俗、建立文明健康的生活方式与新农村建设“文明乡风”的要求结合起来，推动农村公民基本道德建设教育和普法宣传教育，倡导婚姻家庭美德，宣传和实践《中华人民共和国婚姻法》《婚姻登记条例》等法律法规。通过移风易俗，大倡文明之风，减少婚前性行为、婚后多性伴以及其他不安全性行为；婚姻实行登记并进行婚前医学检测；生育子女时按要求进行孕期检查、医院生产，必要时积极配合医疗机构进行母婴阻断治疗等。

传统习俗的改变非常缓慢，但在毒品、艾滋病的倒逼之下，重建健康、文明生活新方式已势在必行。这是一种借助外部力量推动的指导性、计划性的文化变迁，在我国，最为高效的方式就是自上而下地推动，即由上级政府以政令方式发动，自治组织和社会组织全力配合，干部等村社权威精英带头执行，率先垂范。

4. 发挥民族宗教的积极功能

佛教、伊斯兰教、基督教在云南都有较长历史，拥有众多信众，有些民族甚至全民信教。云南省农村由于山高箐深，文化生活贫乏，宗教在少数民族社会生活中始终保持着重要影响。佛爷、活佛、阿訇、牧师等宗教人员在群众中享有较高威望，许多地方都有团结宗教人士开展群众工作的社会治理经验。同时，云南也有丰富的少数民族民间信仰，民间宗教人士及其信仰仪式活动在民间同样具有巨大影响力，如纳西族东巴、彝族毕摩、哈尼族摩匹、景颇族董萨等。在十年禁毒防艾工作中，一些村社探索形成了调动宗教组织和宗教人士开展宣传教育，以教义劝人从善，以教规约束高危行为的有益经验。第四轮禁毒防艾人民战争理应将这一宝贵经验发扬光大，不仅借助宗教的社会控制功能调控信众的涉毒和艾滋病高危行为，还应借助宗教的慈悲情怀开展对吸毒人员、艾滋病患者及其家庭的关怀救助。在禁毒防艾的新形势下，以下三个经验值得在少数民族地区禁毒防艾工作中推广。

（1）彝族“盟誓”戒毒的经验。

滇川交界的凉山彝族地区是毒品、艾滋病重灾区。面对严峻的毒品和艾滋病威胁，人们用彝族宗教和习惯法的强大力量来戒毒，并取得了良好效果。2000年前后，庄孔韶教授团队研究发现，彝族“虎日盟誓”实现了64%的戒毒成功率。[①] 彝族崇拜老虎，“虎日”是彝族举行重大活动的日子。仪式由家支头领组织，毕摩主持仪式，让吸毒者在仪式上发誓不再吸毒。毕摩将诅咒打死后的鸡特意挂在村里显眼的地方，告诫村民时刻谨记誓言，谁再吸毒，就会像毕摩打死的鸡一样死去。彝族是非常注重誓言的民族，一旦饮血宣誓，就不会轻易改变，凡参加了仪式的人，都必须遵守誓言，甚至要以生命来捍卫誓言。仪式调动了彝族家族组织、宗教信仰和伦理道德等文化要素，激发了人们戒断毒瘾的内在毅力。这项经验，在大小凉山地区彝族家支（家族）中推广并卓有成效。

德宏的傣族也用类似的方式戒毒。戒毒村民每天清晨在“奘房”（傣族寺庙）前集中宣誓，“我自愿戒毒，绝不碰毒，勤于劳动，好好生活”，彼此监督约束。云南其他少数民族中也有类似做法。在新一轮禁毒防艾人民战争中，这一经验有进一步推广的意义和可能。

（2）“佛光之家”的经验。

面对毒品和艾滋病的威胁，南传上座部佛教僧人积极参与被称为“凡尘使命”的禁毒防艾行动。西双版纳“佛光之家”于2003年7月成立，从事禁毒防艾的预防宣传、行为干预、医疗救助、社区培训和关怀救助等工作。[②]

“佛光之家”借用佛教“不杀生、不偷盗、不邪淫、不妄语、不饮酒”等戒律做禁毒防艾宣传，“不邪淫”即“夫妻之间要忠诚、和睦、不发生婚外性行为”；“不饮酒”则进一步引申为“不吸毒”，避免因为吸毒与乱性感染艾滋病。可见，“佛光之家”找准佛教与禁毒防艾工作的契合点，探索出少数民族地区禁毒防艾的特有方式。除了傣族，还有布朗族、德昂族、阿昌族、佤族和

---

① 庄孔韶. 行旅悟道：人类学的思路与实践表现［M］. 北京：北京大学出版社，2009：177-205.

② 章立明，裴艳慧. 云南民间组织空间实践的民族志研究——以佛光之家为例［J］. 青海民族大学学报，2014（4）：121-125.

部分彝族也都信仰南传上座部佛教。“佛光之家”十多年的禁毒防艾经验，值得向其他南传上座部佛教地区推广。

（3）基督教“福音戒毒”的经验。

福音戒毒在我国港澳地区推行多年，成效显著。云南基督教“三自”爱国会、云南基督教协会于2002年前后开始参与禁毒防艾工作，并于2006年开始在昆明市、德宏州盈江县、保山市等地开办了6处福音戒毒辅导站。“福音戒毒”以“不靠药物，不靠己力，只靠上帝”为理念，借用基督教信仰的力量帮助吸毒人员摆脱毒瘾、改变生活习惯和预防复吸。福音戒毒过程为期一年，每个阶段三个月，第一阶段为“身体戒断康复期”，第二阶段为“心灵戒断期”，第三阶段是“行为矫正期”，第四阶段是“重返社会训练期”。经过四个阶段循序渐进的治疗，许多俗界的瘾君子重新找回了自我，回归到正常的社会生活中。

福音戒毒模式是一种比较有效和完整的戒毒方式。以保山福音戒毒所为例，戒毒者自愿进入，交保证金500元，戒毒期满并完成戒毒时如数返还。伙食、住宿、学习费全免。每天以祷告、读经、上课为主，有3小时的劳动时间，打一场篮球锻炼身体。从2007年到2014年2月，保山福音戒毒所共接收100多人次自愿戒毒，已有55人成功戒毒，过上了正常人的生活。

基督教在云南的传播十分广泛，苗族、汉族、彝族、傈僳族、景颇族、白族、怒族、哈尼族、佤族、拉祜族等少数民族中都有基督教传播。云南基督教除了开展福音戒毒，还积极参与艾滋病的预防宣传和救助关怀工作。实践证明，应对少数民族地区的毒品、艾滋病问题，需要发挥基督教等宗教组织的作用，在遵守国家法律法规的前提下，地方政府和社会组织都应积极支持宗教组织的禁毒防艾活动，帮助它们在新形势下开创禁毒防艾工作的新局面。

（六）满足艾滋病患者长期生活及尊严需要的对策建议

随着艾滋病治疗效果不断改善，艾滋病感染者和病人的预期寿命不断延长，其长期生活必然产生比以往更多的需求。这些需求涉及学习、就业、医疗、婚恋、家庭、生育、社交、社会尊重等方面。云南作为艾滋病的“重灾区”，必须正视这些新的需求与供给相对不足的挑战，在防控战略和策略上做出恰当的调整，在新的形势下出台新的政策，创新工作的体制机制，更好满足艾滋病患者长期生活及尊严享有的合理需求，维系云南省普通公众与艾滋病患者、受艾滋病影响人群和谐共处的社会局面。

1. 调整宣传教育策略，营造宽松的社会环境

云南省持续开展艾滋病宣传教育数十年，但艾滋病歧视依然没有从根本上消除，在就业、医疗等领域，歧视还比较严重地影响着艾滋病感染者和病人的生存质量和尊严感受，他们依然十分担心因隐私暴露而使家庭陷入绝境。这种情况说明，不改变宣教策略，不可能在反歧视方面取得突破性进展。云南省在未来的艾滋病宣传教育中要进一步摈弃“恐吓策略”，必须发挥媒体的科学导向作用，纠正以往宣传报道中陈旧的甚至是错误的信息，积极宣传艾滋病治疗方面不断取得的新进展和新疗效，展示艾滋病患者治疗以后获得的新生活，这可以让艾滋病感染者和病人树立战胜疾病的信心，鼓励更多的人主动寻求检测、咨询和正规治疗；改变大众以往认为艾滋病无可救药的印象，从而减少对艾滋病患者的恐惧和排斥；及时宣传国家在艾滋病救助及反歧视方面的政策，使更多的艾滋病感染者和病人获得及时救助，也让公众知道国家及整个社会都在关心和帮助艾滋病感染者和病人，从而营造有利于艾滋病感染者和病人长期生存、有尊严地做人的社会环境。

当前学生艾滋病感染病例呈上升趋势，这一定程度上表明在校学生对艾滋病相关知识缺乏了解，在学校教育中缺乏艾滋病知识及流行情况教育。对于高危人群，如青年学生、男男同性恋者、性工作者和吸毒人员，要对他们加强艾滋病防治知识教育，加强自我约束、洁身自爱、固定性伴侣、杜绝不安全性行为的教育，在现有水平下，如何进一步提高高危人群的安全套使用率是一个亟待破解的难题，针对这一难题的宣教内容和宣教形式都需要进行专题研究。

对于艾滋病感染者和病人应加强治疗指导，提高用药依从性以延长寿命的教育。宣传国家的“四免一关怀”政策，使更多的艾滋病感染者和病人及早受到救助。加强艾滋病感染者和病人的心理疏导，消除自我歧视教育，鼓励他们正视疾病，鼓起生活的勇气。宣传艾滋病咨询、救助相关的社会组织以及QQ群、微博、网站等的联系方式，使艾滋病感染者和病人能便利地寻求帮助及进行交流。

采用多样化的、与时俱进的宣传教育手段，如利用网络、手机等新媒体，提高防艾知识宣传的覆盖面。在一些游戏或者青少年喜欢的网站界面设置弹出框，介绍一些防艾知识。在高校艾滋病防控教育中，通过知识讲座、辩论赛、知识竞赛等多种形式传递防艾信息；鼓励扶持高校学生社团组织在校园内开展艾滋病防治宣传和同伴教育。

2. 消除就业歧视，积极开展就业援助

应加强法规政策建设，保障艾滋病感染者和病人的就业权利，切实贯彻平等就业权。制定就业帮扶措施，尽管艾滋病感染者和病人的身体状况每况愈下，但长时间的潜伏期以及每个人身体状况的不同，大多数感染者和病人是有一定就业能力和强烈就业意愿的。

近年明显增多的青年感染者，有许多是刚刚走出校门的青年，还有很多是涉世不深的公司职员，他们因文化水平较高大多获得了早期治疗干预，健康状况明显好于以往的患者，他们不会满足于靠“低保”度过漫长的一生。和普通人一样，他们同样对未来的事业发展及家庭生活充满期待，就业成为他们人生道路上的重要起点，也是其过上正常生活的基本条件。对于这些不幸的年轻患者，如果因为政策障碍，将其排除在所有体制内的职业之外，是不公平的，也是不利于社会和谐稳定的。因此，我国和云南省应当在新形势下，针对新的疫情特点和新的群体需求，调整就业政策，消除那些没有科学根据的就业歧视性规定，为艾滋病感染者和病人提供更多的就业机会，使之在自食其力的人生道路上为社会做出贡献，并找到做人的尊严和乐趣。也只有如此，才可能增加他们对社会的认同和感恩，自觉履行预防艾滋病传播的义务。

应针对艾滋病感染者和病人的不同情况采取合适的救助方法，扶持有劳动能力的艾滋病感染者和艾滋病病人，使其从事力所能及的生产和工作。对于在家务农的感染者和病人，为他们提供农业、养殖业技术指导服务；对于有意愿外出务工的感染者和病人，为他们提供适当的就业岗位及就业技能培训；对于有创业意图的感染者和病人，给予他们适当的税收政策优惠，并为其提供小额贷款和创业辅导。对于积极吸纳艾滋病感染者和病人就业的企事业单位，应该给予其税收等各方面的优惠。

新闻媒体也要加强对艾滋病感染者和病人自强不息、乐观向上、积极就业、创业的典型事例的报道，为艾滋病感染者和病人树立正面的积极榜样，从而增强他们的就业信心，使之勇敢面对生活。

就业不仅需要能力，更需要积极的意愿。因此，艾滋病感染者和病人自身应该通过各种途径积极了解自己的病情，并给予适时关注，主动配合相关治疗，保证自身的基本健康，维持基本就业能力。同时要积极调整自己的心理状态，保持对生命、生活的信心，改变“等、靠、要”的传统思想，树立自强、自助的精神，积极就业，勇敢地融入社会生活。另外，还应通过自己的劳动创造财富，满足基本生活及持续医疗的需要，从而维护自己的尊严，得到别人的尊重。

3. 消除医疗歧视，满足长期医疗需要

在医疗领域反对艾滋病歧视，首先，要对医务人员加强艾滋病知识和职业暴露预防方面的培训和教育，消除他们的恐惧和偏见，为艾滋病患者提供良好的医疗服务。进一步提高医德修养，确保为患者提供检测、咨询、关怀与医疗服务时，对他们的身份严格保密。其次，要切实提高医务工作者的待遇，解除他们的后顾之忧。设立“职业暴露风险补偿专项基金”，当医务人员发生职业暴露但未感染艾滋病时，可依据暴露程度和实际发生的损害（如暴露后因服用阻断药物致流产、精神抑郁等）获得合理的补偿。此外，还必须加强监督，通过设立歧视投诉热线，对推诿艾滋病患者就医的医疗机构和医务人员实施处罚等方式，切实减少和消除医疗工作中的歧视。

健全、完善艾滋病感染者和病人的就医体系。一方面，在艾滋病的高发地区扩增定点医院的数量，扩大定点医院的功能，增强其救治能力；另一方面，引导有实力的综合医院创办收治艾滋病感染者和病人的感染科室，完善科室的设置；再者，积极搭建艾滋病感染者和病人的就医网络平台，招募“阳光医生”。[①]“阳光医生”是在国内由职业医生组成的志愿医生组织，目的是通过志愿医生网络平台的建设，为全国艾滋病临床专业医务工作者提供治疗资讯服务和艾滋病治疗信息交流平台，并提供技术支持，同时为艾滋病感染者和病人提供专业的治疗咨询服务，解决艾滋病感染者和病人就医难的问题。

4. 消除自我歧视，激发自我救助

艾滋病感染者和病人不仅承担着病痛和巨大的生活重担，而且还承受着无形的心理压力。他们与周围人的交流变少，与亲友和邻里的关系变得疏远。他们的自我心理评价比较低，对周围人的歧视过于敏感或麻木，少数人因此还会产生报复社会和他人的想法。所以，艾滋病患者的心理救助工作不仅具有重要性，而且具有紧迫性。因此，必须加强我国艾滋病心理救助热线的建设和完善，提供艾滋病免费咨询及对艾滋病高危者实施心理干预，使其以积极的心态去面对疾病和社会，帮助他们摆脱对艾滋病的恐惧及自我歧视、报复心理，这对艾滋病的防治具有重大的现实意义。

艾滋病感染者和病人的家庭成员往往因为对艾滋病知识的缺乏而不知如何

---

① 沈峥嵘，黄蒙. 南京“阳光医生”团队招新 解艾滋病人就医难［EB/OL］.（2013-12-09）. http://js.people.com.cn/html/2013/12/09/273984.html.

照顾患者，或者会因此产生恐惧心理。曾发生过艾滋病患者被家人赶出家的例子。如果连家人都歧视他们，那么艾滋病患者不仅失去了健康，而且连亲情也失去了，这对他们的打击是毁灭性的。因此需要对家庭成员提供有关艾滋病的知识及在家庭照料病患者的培训，以减轻他们对病患者的不安和焦虑，让病患者得到更好的照顾。同时，艾滋病患者的家庭成员也遭受到不同程度的社会歧视，因此也需要对家庭成员进行心理疏导和心理关怀。在消除和减少歧视工作过程中，家庭的理解和支持非常重要。

艾滋病感染者和病人可以通过参加小组活动，扩大社交圈子，促进身心健康。小组工作通过有目的的团体活动，协助个人增进其社会功能，改善他们的态度、人际关系和应付实际生存环境的能力。运用小组工作方法，可以有效引导艾滋病感染者和病人学习社交技巧，学会接纳他人和运用小组资源，满足他们自身的各种需求，如参加娱乐活动、寻求心理安慰、扩大社会交往等。如“球汇”小组可以增加感染者的运动量，提高身体素质；“养生班”小组可以增加他们的养生知识，注意生活中的细节，减轻因服用药物而产生的副作用；“电脑班”小组可以增加他们的电脑知识，使其借助互联网了解更多的外界知识，提高对生活的信心等。举办“季度生日会”，给这一季度时段内的艾滋病感染者和病人过生日，让他们感受到他人对自己的关注，感受到自身存在的重要性。特定的节日，如中秋节、圣诞节举办一些联欢活动，以丰富他们的娱乐生活。艾滋病感染者和病人在小组中可以自由发表自己的看法，与其他成员平等进行讨论交流。在红河州调研时，一名艾滋病感染者告诉我们，他觉得小组活动给了他们充实感，小组就像一个家，让自己在这个圈子里找到正常人的感觉。实践证明，小组工作是救助艾滋病感染者和病人最有效的方法之一。

艾滋病感染者和病人的长期生存需要，除了社会帮扶外，更需要他们自己开展生产自救，勇于正视自己的病情，保持乐观向上的心态，积极治疗，自强自立，奋发图存。尤其是当前感染人数不断增加的青年感染者和高学历感染者，只要积极配合正规治疗，是可以达到正常的生存寿命的，他们要走的路还很长，所以更需要勇于与疾病斗争，不怨天尤人，不自暴自弃，积极地面对生活、面对困难，通过自己的努力活得更有尊严，更有幸福感。他们有机会也有能力实现自己的人生价值。例如艾滋病感染者汤文思（笔名），曾一度濒临死亡，在非常的经历中，他反思人生，正视疾病，以“HIV是一种机遇”为座右铭，以自己的亲身经历写了一本书《我要活下去：一个艾滋病患者的生命感言》，这便是艾滋病感染者自强不息的励志典范。

5. 发展壮大社会组织，扩展救助方式

获得长期生存机会的艾滋病感染者和病人不可避免地会面临婚恋、生育、就业、子女就学、社区排斥、医疗歧视等难以尽数的难题。面对这些难题，政府很难直接提供救助，只能依靠社会组织去直接面对受助者，针对他们的具体困难采取不同的救助方式。社会组织及其调动的社会工作者、志愿者、慈善组织和机构成为艾滋病救助不可或缺的力量，能大大扩充艾滋病救助的范围，丰富艾滋病救助的形式。

社会工作拥有充满人文关怀的价值体系，经过专业化培养的社会工作者是从事社会工作的主力军，可以在艾滋病感染者和病人的长期生存中发挥难以替代的作用，而社会组织便是组织社会工作者有序和有效开展社会工作的社会组织，是社会工作者、志愿者与目标人群之间不可或缺的中介。

社会组织是介于政府和艾滋病防治目标人群之间的一种重要力量，以其独立性、灵活性、公益性、易于深入接触特殊社会群体等特点，在艾滋病综合预防的政策倡导、宣传教育、行为干预、治疗关怀等领域发挥着越来越重要的作用。社会组织能把社会工作者引入艾滋病感染者和病人的生活中，通过一对一的服务或通过小组活动提供适当的心理支持和政策咨询，同时为临床医疗提供协助，为其家庭排忧解难，除此之外，社会组织还可为艾滋病感染者和病人寻求法律援助，在他们遭遇就业、教育、就医等社会歧视时提出建议或帮助其寻求法律援助等。

当前社会组织的生存与发展还面临一些难题，如社会组织人力资源不足、能力参差不齐、注册困难等。[①] 政府应给予从事艾滋病防治工作的社会组织更多的扶持，创新政府购买服务的形式，加大对社会组织的资金支持力度，降低注册条件，帮助已经发展成熟的社会组织确立合法地位；同时政府还应加强对社会组织的专业指导，规范其对艾滋病感染者和病人的服务行为；此外，政府还应认真考虑社会组织所提供的建设性意见。

6. 分工明确，提高救助精准度

精准救助就是要精准识别受助对象、精准识别救助需求、精细确定救助标准、精准实施救助方案，确保社会救助到人到位。针对目前云南省艾滋病救助

---

① 杨彦玲，马艳玲．云南省社会组织参与艾滋病防治工作状况分析［J］．中国艾滋病性病，2015（6）：446-448.

缺乏个性化、精准化，救助效果不够理想的现状，建议借鉴我国香港“四位一体”的救助模式，形成规范的、分工明确的、系统的艾滋病患者救助模式。社会工作者负责对患者进行心理辅导和心理支持，为他们提供资源帮助；专业护士为艾滋病感染者和患者提供药物督导，有关药物的使用方法、安全性行为的教育，为患者的家庭成员提供有关的艾滋病知识及在家庭照顾患者的培训，以减轻家庭成员面对艾滋病患者时的不安和焦虑；物理治疗师对艾滋病患者的实际情况做出全面的健康评估，并根据其身体状况向患者建议最适合的治疗模式，有效地改善他们的各项身体机能；筹募团队负责为艾滋病救助机构的正常运转募集资金，发展资源，向外界介绍机构的服务宗旨和目标，正确宣传艾滋病知识，逐渐减轻外界对艾滋病患者的歧视。四大专业团队各有分工、相互配合，形成一个专业的、系统的、规范的艾滋病患者救助模式①。

① 李鹏超. 香港艾滋病患者机构救助模式及启示［J］. 社会工作与管理，2015（1）：38.

参考文献

［1］杨秀石. 新型毒品与风险性行为并行［J］. 中国社会科学报，2009（4）：5.

［2］曾柏瑞. GLUT1 在 MA 与 HIV-Tat 蛋白协同致血脑屏障通透性改变中的作用及机制［D］. 昆明：昆明医科大学，2014.

［3］谢天胜. 基于社区的 HIV 抗体普遍检测和强化随访的效果研究及艾滋病阳性的老年人群特征分析［D］. 杭州：浙江大学，2014.

［4］胡倩. 价值管理与健康管理的失衡与再平衡——湖北 XY 市乡村艾滋病人的身体管理实践［D］. 武汉：华中师范大学，2014.

［5］钟敏，杨绍敏，等. 云南省抗病毒治疗病毒学失败的艾滋病患儿的基因型耐药性分析［J］. 中华医学杂志，2014（12）：884-888.

［6］沈银忠，卢洪洲. 艾滋病抗病毒治疗的新进展［J］. 上海医药，2014（21）：4-9.

［7］李婧. 云南艾滋病人和存活感染者居全国之首 这些地方疫情上升明显［N/OL］. 云南信息报，［2015-11-30］. http://www.dreamofchinese.com/news/? 79982.html.

［8］张洁，江家云. 昆明市五华区艾滋病流行趋势与防控策略分析［J］. 卫生软科学，2015（8）：522-525.

［9］中国国家禁毒委员会办公室. 2015 中国国家禁毒报告［EB/OL］.（2015-03-25）. http://www.nncc626.com/index/ndbg.htm.

［10］香港保安局禁毒处. 香港戒毒治疗和康复服务第六个三年计划（2012—2014）［R］. 香港：保安局禁毒处，2011.

［11］严尚智. 关于全省禁毒工作情况的报告——2014 年 5 月 27 日在云南省第十二届人民代表大会常务委员会第九次会议上［EB/OL］.（2014-08-25）. http://www. srd. yn. gov. cn/ynrdcwh/1013029579347984384/20140825/

260775.html.

[12] 王心见. 联合国表示全球扭转艾滋病蔓延的目标已经被实现 [EB/OL]. (2015-07-15). http://www.cpus.gov.cn/index/datas/docs/201507/t20150716_1424527.shtml.

[13] 许林贵, 王湘江. 联合国副秘书长: 中国是全球遏制艾滋病成功典型 [EB/OL]. (2015-07-15). http://www.hbgscdc.com/n4731c29.aspx.

[14] 佚名. 2015 年中国艾滋病人数统计: 57.5 万例 新增 9.7 万病例 [EB/OL]. (2015-12-01). http://www.mnw.cn/news/shehui/1045193.html.

[15] 联合国艾滋病规划署. 全球必须大幅加快艾滋病防治工作, 否则将面临比 5 年前更多的 HIV 感染和相关死亡 [EB/OL]. (2015-06-25). http://www.unaids.org.cn/cn/index/topic_kind.asp? page=2&class=2&classname=Statements%20and%20Updates.

[16] 何岛. 云南艾滋病人和感染者全国最多 艾滋病初期症状有哪些 [EB/OL]. (2014-12-02). http://health.youth.cn/jiankangzx/201412/t20141202_6146536.htm.

[17] 车丽. 全国艾滋病疫情新特点: 男同性行为传播比例上升 [EB/OL]. (2015-12-01). http://china.cnr.cn/ygxw/20151201/t20151201_520647999.shtml.

[18] 王研. 云南: 海洛因缴获量全国占比高 登记在册吸毒人数居全国第五 [EB/OL]. (2015-06-25). http://news.xinhuanet.com/local/2015-06/25/c_1115722958.htm.

[19] 张磊. 我国吸毒者超过 1 400 万人 [EB/OL]. (2015-06-25). http://www.jkb.com.cn/news/industryNews/2015/0625/372841.html.

[20] 孙莹莹. 中国外籍 HIV 感染者超万名 边境地区感染率高 [EB/OL]. (2014-12-23). http://www.39yst.com/xinwen/20141223/208737.shtml.

[21] 王心见. 联合国机构: 人类或在 2030 年结束艾滋病流行 [EB/OL]. (2014-08-14). http://news.eastday.com/eastday/13news/auto/news/finance/u7ai2276526_K4.html.

[22] 彭锡. 云南力争在 2020 年底将艾滋病人数量控制在 16 万内 [EB/OL]. (2015-12-01). http://yn.news.163.com/15/1201/09/B9O78EOT03230LFM.html.

[23] 张森, 顾敦禹. 联合国艾滋病规划署: 未来 5 年是结束艾滋流行关键 [EB/OL]. (2014-11-30). http://world.people.com.cn/n/2014/1130/c1002-26120516.html.

[24] 世界卫生组织. 治疗所有艾滋病病毒感染者 [EB/OL]. (2015-09-30). http://www. who. int/mediacentre/news/releases/2015/hiv - treat - all - recommendation/zh/.

[25] 陈娜. 除德钦外 病人今年将免费接受艾滋抗病毒治疗 [EB/OL]. (2013-03-28). http://society.yunnan.cn/html/2013-03/28/content_2670937.htm.

[26] 郑灵巧. 何大一：艾滋病患者如果及早治疗，寿命会与正常人相差无几 [EB/OL]. (2014-01-16). http://news.xieshoue.org/article/detail? id=1454.

[27] 王文硕，万广朋. 为公安民警艾滋病职业暴露筑起法律“防护墙” [EB/OL]. (2014-03-13). http://www.ga.yn.gov.cn/jwxw/quanguojingxun/201403/t20140325_264555.html.

[28] COHEN M S, CHEN Y Q, MCCAULEY M, et al. Prevention of HIV-1 Infection with Early Antiretroviral Therapy [J]. The New England Journal of Medicine, 2011, 365 (6): 493-505.

[29] JONATHAN P CAULKINS. After the Grand Fracture: Scenarios for the Collapse of the International Drug Control Regime [Z]. Foreign Policy at BROOKINGS, 2015.

[30] CAROLINE CHATWIN. Mixed Messages from Europe on Drug Policy Reform: The Cases of Sweden and the Netherlands [EB/OL]. (2016 - 04 - 05). http://www. brookings. edu//media/Research/Files/Papers/2015/04/global - drug - policy/Chatwin Sweden Netherlands -final.pdf? la=en.

[31] CHI-TAI FANG, HSU-MEI HSU. Decreased HIV Transmission After a Policy of Providing Free Access to Highly Active Antiretroviral Therapy in Taiwan [J]. The Journal of Infectious Diseases, 2004, 190 (5): 879-885.

[32] VANDAFELBAB-BROWN, HAROLD TRINKUNAS. UNGASS 2016 in Comparative Perspective: Improving the Prospects for Success [Z]. Foreign Policy at BROOKINGS, 2015.

[33] MARK GALEOTTI. Narcotics and Nationalism: Russian Drug Policies and Futures [EB/OL]. (2015-04-27). http://www.brookings.edu/~/media/Research/Files/Papers/2015/04/global-drug-policy/Galeotti--Russia-final.pdf? la=en.

[34] Global Commission on Drug Policy. War on Drugs: Report of Global Commission on Drug Policy [EB/OL]. (2011-06-01). http://www.cfr.org/drug-trafficking-and-control/un-global-commission-drug-policy-report-war-drugs/p28083.

[35] SANJI GUNASEKARA. Drug Law Reform: Lessons from the New Zealand Experience [Z]. Foreign Policy at BROOKINGS, 2010.

[36] ALEJANDROHOPE. Plus Ça Change: Structural Continuities in Mexican Counternarcotics Policy [Z]. Foreign Policy at BROOKINGS, 2015.

[37] MARTIN JELSMA. The Development of International Drug Control: Lessons Learned and Strategic Challenges for the Future [Z]. Series on Legislative Reform of Drug Policies, 2011.

[38] M JELSMA. UNGASS 2016: Prospects for Treaty Reform and UN System-Wide Coherence on Drug Policy [EB/OL]. (2015-05-01). http://www.brookings.edu/~/media/Research/Files/Papers/2015/04/global-drug-policy/Jelsma--United-Nations-final.pdf? la=en.

[39] ERNESTIEN JENSEMA. Fighting Drug Trafficking With a Substance-Oriented Approach: A Matter of Substance [N]. Series on Legislative Reform of Drug Policies, 2010.

[40] BEAU KILMER, GREGORY MIDGETTE. Back in the National Spotlight: An Assessment of Recent Changes in Drug Use and Drug Policies in the United States [Z]. Foreign Policy at BROOKINGS, 2015.

[41] MARK A R KLEIMAN. Legal Commercial Cannabis Sales in Colorado and Washington: What Can We Learn [EB/OL]. (2015-04-17). http://www.brookings.edu/~/media/Research/Files/Papers/2015/04/global-drug-policy/Kleiman--Wash-and-Co-final.pdf? la=en.

[42] TOM KRAMER. The Current State of Counternarcotics Policy and Drug Reform Debates in Myanmar [Z]. Foreign Policy at BROOKINGS, 2015.

[43] BRUCE G LINK, JO PHELAN. Social Conditions As Fundamental Causes of Disease [J]. Journal of Health and Social Behavior, 1995: 80-94.

[44] J M MANN, L GOSTIN. Health and Human Rights [J]. Health and Human Rights, 1994, 1 (1): 6-23.

[45] ML BRUCE, W SMITH. Community-Based Interventions [J]. American Journal of Public Health, 2003, 93 (4): 529-533.

[46] DANIEL MEJíA. Plan Colombia: An Analysis of Effectiveness and Costs [Z]. Foreign Policy at BROOKINGS, 2015.

[47] P MIRAGLIA. Drugs and Drug Trafficking in Brazil: Trends and Policies

[EB/OL]. (2015-06-25). http://www.brookings.edu/~/media/Research/Files/Papers/2015/04/global-drug-policy/Miraglia--Brazil-final.pdf? la=en.

[48] JULIO S G MONTANER, VIVIANE D LIMA. Association of Highly Active Antiretroviral Therapy Coverage, Population Viral Load, and Yearly New HIV Diagnoses in Britishcolumbia, Canada: A Population-Based Study [J]. Lancet, 2010, 376 (9740): 532-539.

[49] UNAIDS. Getting To Zero: 2011—2015 Strategy [EB/OL]. (2010-12-21). http://www. unaids. org/sites/default/files/en/media/unaids/contentassets/documents/unaidspublication/2010/JC2034_UNAIDS_Strategy_en.pdf.

[50] United Nations Office on Drugs and Crime. World Drug Report 2015 [EB/OL]. (2015-06-26). http://reliefweb.int/report/world/unodc-world-drug-report-2015.

[51] J GARZóN VERGARA. Fixing a Broken System: Modernizing Drug Law Enforcement in Latin America [J]. Series on Legislative Reform of Drug Policies, 2014.

[52] JOHN WALSH, GEOFF RAMSEY. Uruguay's Drug Policy: Major Innovations, Major Challenges [Z]. Foreign Policy at BROOKINGS, 2015.

[53] JAMES WINDLE. Drugs and Drug Policy in Thailand [Z]. Foreign Policy at BROOKINGS, 2015.

[54] JAMES WINDLE. A Slow March from Social Evil to Harm Reduction: Drugs and Drug Policy in Vietnam [Z]. Foreign Policy at BROOKINGS, 2015.

[55] ADAM WINSTOCK, CHRIS WILKINS. 'Legal highs': The Challenge of New Psychoactive Substances [EB/OL]. (2011-03-21). https://www.researchgate.net/publication/256040791_TNIIDPC_Series_on_Legislative_Reform_of_Drug_Policies_Nr_16_-_%27Legal_Highs%27_The_Challenge_of_New_Psychoactive_Substances.

[56] EVAN WOOD, ROBERT S HOGG. Highly Active Antiretroviral Therapy and Survival in HIV-Infected Injection Drug Users [J]. Jama the Journal of the American Medical Association, 2008, 300 (5): 550-554.

[57] SHELDON X ZHANG, KO-LIN CHIN. A People's War: China's Struggle to Contain Its Illicit Drug Problem [Z]. Foreign Policy at BROOKINGS, 2015.

[58] MARLATT G A. Harm Reduction: Come as You Are [J]. Addictive Be-

haviors, 1996, 21 (6): 779-788.

[59] SIMON DIXON, SCOTT MCDONALD. The Impact of HIV and AIDS on Africa's Economic Development [J]. BMJ, 2002, 324 (7331): 232-234.

[60] National Resource Center for Mental Health Promotion, Youth Violence Prevention [EB/OL]. (2015-11-19). http://www.healthysafechildren.org/grantee/safe-schools-healthy-students.

附录一

新形势下云南应对禁毒防艾重大挑战的对策建议

（咨询报告）

云南省委、省政府高度重视禁毒防艾工作，自2005年以来连续开展了三轮禁毒防艾人民战争，取得显著成效。如今，毒品、艾滋病问题蔓延势头得到有效遏制，云南省已经从艾滋病全国重灾区转变为综合防治示范区，禁毒防艾工作取得了阶段性成效。然而，由于比邻“金三角”和经济社会发展滞后等原因，尽管投入巨大，成绩卓著，云南省作为毒品、艾滋病全国重灾区的情形依然未变，加之毒情、艾滋病疫情发生了一系列新变化，云南省禁毒防艾工作正面临许多新的难题和挑战。如果我们不能坚持敢为人先、“不获全胜决不收兵”（2016年5月17日中共云南省委书记李纪恒在第四轮禁毒防艾人民战争动员大会上的讲话语）的精神，积极应对挑战，云南将很难保持禁毒防艾处于全国先进之列的地位，毒品和艾滋病问题有可能影响云南省与全国同步全面建成小康社会战略目标的实现。为此，迫切需要提炼出当前对云南省禁毒防艾工作构成重大挑战的问题，在借鉴国内外先进经验的基础上谋划未来、更新观念、创新政策和策略，坚决打赢第四轮禁毒防艾人民战争（2016—2020年），为云南融入“一带一路”国家战略保驾护航。

一、云南禁毒防艾面临新形势、新挑战

（一）合成毒品滥用人数持续增加，助推艾滋病经性途径传播，传统戒毒措施应对乏力

云南登记在册的合成毒品滥用人数从2012年的1.3万人上升至2015年的

4.5 万人①，增幅高于同期全国情况。与阿片类毒品使用者主要通过静脉注射传播艾滋病不同，合成毒品滥用正在加剧艾滋病经性途径传播的新风险。2014 年国家药物滥用监测中心监测数据显示，合成毒品滥用人群艾滋病感染率为 1.4%。② 正因为有性的诱惑，合成毒品滥用呈现多元化、群体化、时尚化等特点。一方面，滥用者逐年攀升，青少年受害严重；另一方面，云南省强制隔离戒毒所人满为患，且以传统毒品滥用者为主，大量的合成毒品滥用者处于隐蔽、失管状态，而传统的强制隔离戒毒模式也不甚适合于合成毒品滥用人群（主要是青少年）的戒毒康复。

（二）社区戒毒康复工作较为薄弱，降低毒品、艾滋病危害作用有限

2008 年颁布实施的《中华人民共和国禁毒法》新增了社区戒毒和社区康复的戒毒方式。但从云南省实际运行情况来看，由于社区发育程度普遍偏低，加之缺乏相应的机构、人员、工作机制、财政支持等保障条件，社区戒毒康复工作仍较为薄弱，管控责任落实困难。全省戒毒模式仍以强制隔离戒毒为主，曾经领先于全国的戒毒理念和管理模式已经在诸多方面显得陈旧滞后，在戒毒过程中不同程度地存在重收戒轻预防、重场所轻社区、重管教轻治疗、重脱毒轻康复、重台账建档轻主动帮扶等问题。自愿戒毒、社区戒毒、强制隔离戒毒、社区康复等戒毒措施之间无缝衔接机制不完善，戒毒康复效果不佳，降低毒品、艾滋病危害作用仍较为有限。

（三）性途径感染艾滋病比例持续攀升，防控难度加大

目前，云南省当年新增艾滋病报告病例中，性途径传播所占比例已从 2005 年的 18.6% 上升至 2015 年的 91.8%③，但危险性行为仍有增无减，突出表现在：商业性性行为屡禁不止，低档暗娼、老年男性受影响较大；男男性行为人群性行为方式特殊、多性伴普遍，2015 年该群体的全国平均感染率已达 8%④，不仅增加了同性间传播的风险，也增加了异性间甚至家庭内传播的风险；青年学生婚前性行为发生率较高，并伴有多性伴、同性伴等危险性行为。以上情况提示，艾滋病危险性行为正由高危人群向更多普通公众蔓延，防控难度不断加大。

---

① 数据来源于云南省禁毒局。

② 佚名. 我国吸毒者超过 1 400 万人 [EB/OL]. (2015-06-25). http://www.jkb.com.cn/news/industryNews/2015/0625/372841.html.

③ 佚名.《云南省第四轮防治艾滋病人民战争实施方案（2016—2020 年）》的解读 [EB/OL]. (2016-07-08). http://yn.yunnan.cn/html/2016-07/08/content_4426168.htm.

④ 车丽. 全国艾滋病疫情新特点：男同性行为传播比例上升 [EB/OL]. (2015-12-01). http://china.cnr.cn/ygxw/20151201/t20151201_520647999.shtml.

（四）外籍感染者上升迅速，边境地区防控任务加重

截至2015年，云南省累计报告外籍人员艾滋病病毒感染者和病人9 265人，其中2011—2015年报告数占累计报告外籍病例数的49.09%[①]，约占全国外籍报告病例的70%。全省累计报告的外籍感染者主要集中在德宏州、保山市和临沧市。德宏州2015年新报告外籍感染者647例，已占到全州当年新增报告数的63.3%。外籍感染者流动性大，极易通过共用针具、商业性性行为、跨境婚姻等渠道造成艾滋病疫情的扩散。随着国家"一带一路""东盟自由贸易区"等开放战略的不断推进，云南作为新一轮改革开放的新高地，边境外籍人数还将不断增加，外籍感染者对云南省艾滋病疫情的影响日益凸显，边境地区防控任务不断加重。

（五）艾滋病及早治疗、全员治疗面临多重挑战

随着及早治疗效果的不断凸显，"治疗所有人"被作为实现2030年终结艾滋病流行目标的重要措施来加以推进。云南省艾滋病疫情严重，存活病例数居全国首位，艾滋病及早治疗、全员治疗正面临多重挑战。①易感人群及早发现率不理想。自愿咨询检测（VCT）、重点人群筛查（如婚姻登记人群、孕产妇等）、医疗机构PITC检测等方式，难以触及暗娼嫖客、男男性行为者、青年学生、老年人群等易感人群，导致易感人群发现不及时。②及早治疗科学宣传力度不足，对耐药及毒副作用的顾虑降低了感染者及早治疗的意愿。③吸毒者、老年人、儿童、外籍感染者等重点人群治疗依从性普遍较差，治疗保持率低，已成为及早治疗和全员治疗工作推进中最难啃的硬骨头。④医务力量不足，待遇保障机制不健全，客观上影响了艾滋病及早治疗、全员治疗工作的推进及治疗效果的提升。

（六）满足艾滋病患者长期生存需要面临新难题

云南省艾滋病流行时间长、患者基数大，随着艾滋病抗病毒治疗效果的不断显现，感染者和病人预期寿命延长，如何满足他们在生存和尊严方面的长期需求，使之与普通公众和谐共处，正面临新的挑战。①感染者和病人的年龄结构、知识层次日趋复杂化，其在生活、教育、就业等方面的困难各不相同，救助需求呈现多样化、差异化。但目前云南省艾滋病救助工作的开展仍主要依托2004年出台的"四免一关怀"政策，救助差异化、精准化、有效性不足。②就业歧视依然严重，就业援助缺乏良策。③公安机关动态管控措施解除不及

① 佚名.《云南省第四轮防治艾滋病人民战争实施方案（2016—2020年）》的解读[EB/OL].(2016-06-27).http://yn.people.com.cn/news/yunnan/n2/2016/0627/c228496-28569153.html.

时，无形中加重了感染艾滋病的毒品戒断人员的社会污名化和耻辱感，不仅不利于该群体参与到艾滋病防治和降低毒品危害等公益活动中，还严重影响其就业、个人创业、婚姻家庭、日常生活，增加了他们回归和融入社会的难度。

二、应对禁毒防艾新挑战的主要对策建议

（一）遏制合成毒品快速蔓延，有效降低毒品滥用危害

云南作为祖国的南大门，肩负着对境外输入毒品堵源截流的艰巨任务。长期以来，云南省投入巨大的警力、财力，始终保持对毒品犯罪和易制毒化学品违禁使用的高压态势，对减少全国毒品供给做出了卓著贡献。然而，必须正视的是，云南省不仅是毒品通道，也是毒品消费的重灾区。云南省应当更加积极地争取中央财政支持，在确保严打毒品犯罪、严控易制毒化学品不松懈的同时，在减少毒品需求方面增加投入。

新增的投入应主要用于两个方面：一是研发科学、有效的宣传教育制品，特别是情景式预防合成毒品的教育软件，借助新媒体广泛传播，促使社会各界，尤其是广大青少年正确认识合成毒品的危害，掌握不同情境下抵制其诱惑的技能，有效遏制合成毒品滥用人数的增加；二是用于拯救已经陷入合成毒品泥沼的受害者，及时出台把他们纳入自愿戒毒、社区戒毒康复和强制隔离戒毒范围的政策法规，及早启动成瘾干预和康复治疗，有效减少滥用人员失管现象，积极构筑全社会防范合成毒品侵袭的有效体系。

（二）推动强制隔离戒毒模式转型升级，积极构建以社区矫治为主的戒毒康复新模式

国际经验表明，依托社区及专业社会工作者开展社区戒毒康复工作是有效降低毒品和艾滋病危害的长久之计。鉴于此，项目组认为云南戒毒康复改革的长远目标应是：扩大和强化社区戒毒、社区康复、自愿戒毒模式，以将逐年增多的合成毒品滥用人员（多为青少年）纳入网格化服务管理体系；随着传统毒品滥用人数逐渐萎缩，要稳定现有强制隔离戒毒规模，提升其治疗康复和回归社会的功能，最终将其转型升级为成瘾性治疗康复服务中心；着力构建集生理脱毒、身心康复、救助服务、社会融入于一体的以社区矫治为主的戒毒康复新模式。

针对云南省城乡之间社区、社会组织发展的巨大差距，建议在城市社区和农村社区探索实施差异化的社区戒毒、社区康复模式。在城市社区，建议借鉴上海经验，积极探索建立“由政府出资向禁毒社会工作团体购买服务，以专业禁毒社工和相关社区资源为依托，吸毒者在家庭和社区中接受戒毒康复服

务”的社区戒毒康复托管模式；在农村社区，建议将零散的社区戒毒康复人员按照就近、自愿原则纳入开远雨露社区、德宏幸福家园、昆明阳光家园等“社区戒毒康复场所”进行社区戒毒、社区康复。

（三）多措并举，积极化解艾滋病经性途径传播扩散的现实风险

①面向社会及时公布艾滋病疫情，开展全民性健康教育。鉴于公众普遍存有侥幸麻痹心理，建议及时公布云南省艾滋病疫情，唤起公众对性传播危险的高度警惕，并在校内外开展全民性健康教育，着力研发针对不同群体的、具有吸引力的性健康教育软件，借助新媒体广泛传播。②突破安全套商业广告观念禁区，加大安全套广告宣传和推广力度，以“最后的防线”遏制云南省艾滋病经性途径的快速传播。③针对危险性行为人群，探索开展暴露后预防性服药工作，降低感染和传播风险。④健全政府购买社会组织服务机制，充分调动和发挥社会组织深入暗娼、男男同性恋等重点人群干预危险性行为的作用。⑤针对重点人群实施宽容与权益保护相结合的干预策略，确保艾滋病预防、检测、治疗、干预等服务的普遍可及和取得实效。

（四）及时出台外籍感染者艾滋病防治政策，防范边境地区疫情反弹

为巩固云南艾滋病防治工作成效，防范边境地区疫情反弹，建议全面调查外籍人员感染情况，及时将感染者和病人纳入有效管理或将其遣送回国籍国。更重要的是，要补充和完善外籍人员出入境管理、外籍感染者管理和治疗等相关政策，让边境地区外籍感染者防治工作有据可依，要统一目前差异较大的实践运作方式，并积极争取国家专项经费支持。

对于外籍感染者抗病毒治疗入组标准的确立，建议分类进行：①将涉及跨境婚姻（含事实婚姻）的外籍感染者，视同为具有中国公民身份的人，其享受同国内居民一样的免费抗病毒治疗服务；②对于合法入境且常住中国（半年及以上）的外籍感染者，可免费提供抗病毒治疗药物，其他费用由本人自行承担；③对于合法入境，但不常住中国的外籍感染者，由卫生部门将其转介回国籍国；④对于非法入境的外籍感染者，由公安机关联合卫生部门将其遣返回国籍国。

（五）借鉴国际艾滋病协会提出的“寻找—检测—治疗—保持”工作法，着力化解艾滋病抗病毒及早治疗、全员治疗瓶颈障碍，充分发挥“治疗即预防”的作用

2016年6月8日，国家卫生计生委办公厅印发了《关于调整艾滋病免费抗病毒治疗标准的通知》，明确在坚持自愿原则的基础上，对于所有艾滋病病毒感染者、患者均建议实施抗病毒治疗。云南省委办公厅印发的《云南省第

四轮防治艾滋病人民战争实施方案（2016—2020 年）规划》也强调，要最大限度发现、治疗艾滋病病毒感染者和病人，降低艾滋病新发感染率和艾滋病病死率。为此，建议借鉴国际艾滋病协会提出的“寻找—检测—治疗—保持”工作法，着力化解各环节存在的障碍，不断提高治疗覆盖率、保持率和治疗质量。

1. 积极探索多样化的艾滋病检测方式，提高及早发现率

尽快扩大艾滋病唾液快速检测试纸社区药店营销网络，积极开发受年轻人青睐的网络销售平台，让快速检测成为更多易感人群首选的检测方式；加大政府购买社会组织服务力度，依托社会组织及同伴力量，驱动易感人群主动进行艾滋病检测；将艾滋病检测纳入老年人群免费体检范围，进一步提高老年感染者发现的及时性；针对吸毒、暗娼、外籍感染者等群体，推广使用指纹识别系统，突破真实身份识别困难、重复检测率高、转介难度大等瓶颈。

2. 科学宣传及早治疗效果，消除感染者疑虑

建议云南借鉴上海的先进经验，加大对各层级抗病毒治疗机构医务人员的培训，在加强及早治疗效果宣传力度的同时，不断提升随访质量，将毒副作用降至最低，消除感染者疑虑，提高及早治疗意愿。

3. 推广艾滋病治疗“一站式服务”，提高治疗服务质量

为进一步推进云南省及早治疗工作，建议在全省推广德宏州“一站式服务”经验，加强医疗机构治疗条件、治疗能力建设，确保云南省及早治疗工作更加科学化、规范化。

4. 多管齐下，提高重点人群抗病毒治疗保持率

适当延长毒品滥用者、老年人、儿童等群体抗病毒治疗启动时限，强化入组治疗前的咨询、动员工作；联合各方力量，成立重点人群抗病毒治疗关怀小组，提高治疗依从性；加强对重点人群的个案管理，缩短随访间隔时间和脱失报告时间，尽早找回脱失病人。

5. 完善待遇支持和风险防范机制，加强治疗队伍建设

（1）完善待遇支持机制。①将目前仍属于财政差额拨款的抗病毒治疗医务人员及时纳入财政全额拨款范围，并探索实施工作绩效考核和奖励机制；②适当延长临时防艾专干聘用合同年限，在适当提高基础性工资的基础上，增加工龄工资和绩效工资；③对承担抗病毒治疗及公共卫生职能的村医进行考核评估：将能力强、有资质的村医纳入乡镇卫生院事业编制；无能力继续承担抗病毒治疗工作的，重新面向社会选拔合适人才，并适当扩大全省定向培养村医的数量，不断夯实农村防艾队伍力量。

（2）完善风险防范机制。鉴于目前我国尚无职业暴露后感染艾滋病的情况发生，但职业暴露频发，故建议在工伤保险保障机制外，设立政府“职业暴露风险补偿专项基金”，依据暴露程度和实际发生的损害（如暴露后因服用阻断药物致流产、精神抑郁等）给予合理补偿。

（六）满足艾滋病患者长期生活及尊严需求的对策建议

随着艾滋病治疗效果不断改善，感染者和病人的预期寿命不断延长，该群体在学习、就业、医疗、婚恋、家庭、生育、社交、社会尊重等方面的需求不断增加。为更好地满足艾滋病患者长期生活及尊严的需要，形成普通公众与艾滋病患者、受艾滋病影响人群和谐共处的社会局面，现提出如下建议：

（1）实施精准救助。摸清全省艾滋病患者的个人及家庭情况，建立艾滋病患者及家庭救助数据库，为精准识别救助对象、精准识别救助需求、精细确定救助标准、精准实施救助方案提供依据，提高救助精准性和有效性。

（2）及时解除动态管控措施。严格按照《戒毒条例》“对戒断3年未复吸的人员，不再实行动态管控”的要求，及时解除动态管控措施。

（3）加大就业帮扶力度。修改歧视性法律条款，加大劳动技能培训和资金、技术扶持力度，拓宽就业安置方式，力争让有劳动能力的感染者和病人能自食其力，找回做人的价值和尊严，增加对社会的认同和责任感。

（4）重视社会融入。依托相关部门、机构、社会组织和同伴，积极开展心理关怀，帮助其恢复、建立良好的亲情关系；营造宽松的社会氛围，帮助艾滋病患者消除自我歧视，重树生活信心。

附录二

建构基于社会工作职业化的社区戒毒康复新模式

（专题报告）

毒品滥用及其引起的艾滋病传播已成为影响许多国家社会稳定和公共健康的重要因素。联合国毒品和犯罪办公室及世界卫生组织估计：全球每 20 个 15~64 岁的成年人中就有一人使用毒品，其中 10%的人是吸毒成瘾者。[①] 静脉吸毒是艾滋病传播的重要途径，占全球（除撒哈拉以南的非洲地区）艾滋病感染病例的 30%。全球静脉吸毒者中约 13.5%的人是艾滋病感染者。《2015 年中国毒品形势报告》显示，截至 2015 年年底，全国现有登记在册吸毒人员 234.5 万名（不含戒断三年未发现复吸人数、死亡人数和离境人数）。[②] 根据世界通行的显隐比例，实际人数可能超过 1 400 万。据估计，我国的静脉吸毒者中 9%的人是艾滋病感染者，在毒品重灾区云南，这一比例高达 25.6%。[③] 我国每年因毒品造成的直接损失高达 5 000 亿元人民币，同时，毒品还是滋生抢劫、盗窃、卖淫等违法犯罪活动的温床。

经过数十年与毒品和艾滋病的斗争，国际社会逐渐形成共识：刑罚或惩戒吸毒者的策略并不能减少毒品滥用及其带来的健康问题，有效的禁毒政策应当着眼于预防和治疗。毒品滥用的原因非常复杂，必须针对导致毒品滥用的个人和社会因素开展预防教育、行为干预和能力提升。在戒毒康复方面，药物治疗

---

① United Nations Office on Drugs and Crime. World Drug Report 2015 [EB/OL]. (2015-05-26). http://reliefweb.int/report/world/unodc-world-drug-report-2015.

② 中国国家禁毒委员会办公室. 2015 中国毒品形势报告 [EB/OL]. (2016-02-18). http://news.xinhuanet.com/live/2016-02/18/c_128730815_2.htm.

③ HIV and AIDS Data Hub for Asia-Pacific [EB/OL]. (2016-01-24). http://www.aidsdatahub.org/.

只是第一步，戒毒人员要保持操守，最终回归社会，需要相关人员对其进行长期的心理和行为矫治，并为他们开始正常生活和工作提供具体帮助。由于戒毒康复具有全面性、专业性和长期性的特点，许多经济发达国家和地区都采用了以社区为平台、以专业社会工作者为主要力量的社区戒毒康复模式，并取得了良好效果。

我国传统的戒毒模式以强制戒毒为主体，自愿戒毒、劳教戒毒为补充。但是近十多年戒毒复吸率居高不下的事实表明，这三种戒毒模式都有其弊端。在国内毒品形势日益严峻的背景下，2008 年正式实施的《中华人民共和国禁毒法》将“社区戒毒”“社区康复”作为新的戒毒措施写入法律，标志着我国的戒毒康复模式开始由机构强制为主的“司法惩戒”向“回归社会”转型。2014 年，在党中央、国务院印发的《关于加强禁毒工作的意见》中，进一步明确了要全面推进社区戒毒康复工作，并首次将禁毒工作提升到了“国家安全战略和平安中国、法治中国建设”的新高度，强调各级政府要把禁毒工作纳入当地经济社会发展总体规划，列入全面深化改革、社会治理和公共服务的重要内容。这些法律和政策的推行指明了未来我国禁毒事业发展的新方向，即建立一个融预防教育、打击整治、戒毒康复、监督管理等多方面工作于一体的综合治理体系，并将社区戒毒康复工作以及加强戒毒康复人员就业帮扶和社会保障，作为减少需求的重要手段和创新禁毒工作体制机制的重要抓手。

目前，我国社区戒毒防艾工作还处于探索起步阶段，经济发达的上海、江苏等地凭借领先的财政能力和人力资本，逐渐形成了有特色、成体系的社区戒毒康复模式；而毒情严重、经济发展水平相对落后的云南和贵州等省份，也立足于自身情况，在政府推动和社会团体的努力下进行了多种尝试。这些多样化的努力为我国的社区戒毒康复积累了有益经验，也指出了未来改进的方向。在本报告中，我们将首先回顾社区戒毒康复的历史发展和理论基础，然后对我国社区戒毒康复的现状进行梳理，并重点介绍一个比较成功的案例——上海模式；在这些讨论的基础上，对进一步推进基于社会工作职业化的社区禁毒防艾工作提出建议。

一、全球社区戒毒康复的历史发展和理论基础

（一）社区戒毒康复的历史脉络

二战之后，针对世界范围内毒品问题的高发态势，各国政府普遍采取了严格控制的范式，对毒品使用者采取刑罚或惩罚的政策，通过强制拘禁的手段让他们戒断毒品。然而，世界各国数十年的经验表明：以机构戒毒为主的强制戒

毒收效甚微，复吸率居高不下，毒品使用者人数以及主要毒品使用量不降反升，与毒品使用相关的健康问题也日趋严重。对吸毒成瘾进行科学研究、重新审视机构戒毒的有效性、创新戒毒模式的呼声日渐增多。

毒品泛滥极大地推动了吸毒问题研究。越来越多来自医学和社会科学的研究证据表明：所谓的“吸毒成瘾”就是药物成瘾的一种，是一种慢性复发性脑疾病，且影响个体使用毒品和戒断毒品的因素都非常复杂，涉及人格心理、家庭背景、社会结构、文化规范等各个方面，因此，惩罚和强制隔离并不能帮助吸毒者彻底戒断毒品；有效的戒毒需要采用经过临床证明有效的药物并结合心理、行为和社会的系统干预。戒毒康复的长期性和综合性决定了这项工作不可能在封闭的场所内完成，种种科学证据都表明：戒毒康复需要在开放的社会环境中进行，并需要专业矫治服务。

二战之后社会工作指导思想的变化，客观上使得社会工作者可以成为提供戒毒康复服务的理想人选。从 20 世纪 60 年代以来，西方社会工作的指导思想逐渐从关注个体、社会公平和公共福祉转向生态学和系统性视角，关注人和环境的关系，强调影响个体行为的社会原因和综合性行为干预，并从这些角度培养社工的工作能力。专业社工具有诊断和评估能力，能够更好地评估服务对象的需求，因人而异制定个性化服务方案，采用多种干预手段有效地开展服务，整合各方资源，帮助对象解决多方面问题，并能不断根据服务结果调整服务方案，全面提高服务质量。①

为应对毒品在 20 世纪七八十年代的快速蔓延，西方国家大力推动禁毒社会工作的发展，更多专业人士进入了戒毒康复领域。以美国为例，联邦政府成立了诸多机构，包括美国国立药物滥用研究所（National Institute on Drug Abuse）以及后来的美国物质滥用和精神卫生管理局（Substance Abuse and Mental Health Services Administration，SAMHSA）。这些机构的成立不仅极大地促进了专业人士对毒品问题的研究，同时也为有志于从事禁毒社会工作的学生提供了资金支持。从那以后，以医院和社区为基础的毒品滥用干预项目快速增长，社会工作者对治疗物质成瘾的专业兴趣也持续增加。1995 年，美国社会工作者协会（National Association of Social Worker）为从事物质滥用预防和治疗的社会工作者成立了专门的分支机构，为他们提供专业的社工认证，还出版发行了物质成瘾治疗的社会工作学术期刊。自 1999 年以来，药物滥用研究所等

---

① BURKE A C, J D CLAPP. Ideology and Social Work Practice in Substance Abuse Settings [J]. Social Work, 1997 (6): 552-562.

机构不断增加对禁毒社会工作研究的经费支持，对鼓励社工从事毒品治疗和预防工作起到了巨大的推动作用。[①] 与此同时，社会工作者还可以在美国物质滥用和精神卫生管理局担任高级领导职位。这种制度安排不仅充分体现了联邦政府对于禁毒社会工作的重视，也使禁毒社会工作能够争取到更多的社会支持。2012 年，美国通过了《平价医疗法案》（Affordable Care Act），该法案要求为有需要者提供物质滥用的预防、早期干预和治疗服务，可以预见，该法案的实施将会大大促进专业禁毒社工人数的增长。

（二）社区戒毒康复的理论基础

由于吸毒给个人、家庭和社会都带来了极大危害，并且其难以被戒除，长期以来，社会学、心理学、犯罪学、人类学等多个学科的研究者都致力于研究吸毒成因以及可能的彻底戒断毒品的方法。他们提出的一些理论不仅成为社区戒毒康复的理论基础，也为实践部门的工作提供了指导。

1. 标签理论

标签理论解释了社会对于越轨和犯罪的看法会如何影响越轨者和犯罪人的行为。该理论认为：人们将一些不符合社会主流价值观的行为贴上“越轨”或“犯罪”的标签，人为划出越轨和非越轨的界限。标签是一种自我实现的预言，它会促使个体逐渐接受“被贴上”的身份。当标签的力量逐渐强化，例如警察、邻居、亲戚、父母等周围的人都给一个人贴上同一个负面标签时，他就会重新评估、衡量自己的行为和身份，使自己的行为更符合标签的描述，最终实现标签身份。于是，偶尔的毒品使用者可能会演变成成瘾者，已经生理脱毒的人可能会因为摆脱不了吸毒者的标签，再度与被贴上同一标签的人在一起，继续强化标签行为。[②]

标签理论最重要的贡献之一是它解释了为什么有时矫正和惩罚不能有效地制止越轨行为。该理论根据越轨行为的严重程度将其分为初级偏差行为（Primary Deviance，较轻微的偏差行为）和次级偏差行为（Secondary Deviance，严重的社会越轨行为）。它认为：每个人一生中都会或多或少出现初级偏差行为，但是大部分人能够保持良好的行为分寸并自我修正。然而，如果社会对他们偶尔犯错的初级偏差行为给予严重非难并给他们贴上不良标签（Social Disgrading Label），这些标签会通过自我实现的过程，导致下一阶段更严重的偏差

① DINITTO D M，C A MCNEECE，et al. Addictions and Social Work Practice [M]. Social Work：Issues and Opportunities in a Challenging Profession，2008：171-192.

② BECKER H S. Outsiders：Studies in the Sociology of Deviance [M]. New York：The Free Press，1963.

行为（次级偏差行为）。到了这个阶段，偏差行为就有可能改变个人形象和自我认同，“偏差行为角色”会成为个人存在的中心事实，被用来防御、攻击或者适应周围人的负面反应，这时，矫正和惩罚都具有促进个人认同自己是越轨行为者的反效果。因此标签理论学者强调：除了应该避免随意为个体加上不良标签之外，还要避免随意对偏差行为者过早地实施严重的惩罚，尤其应当避免让其过早进入刑事司法体系。

与机构戒毒相比，社区戒毒康复能够有效地减少吸毒者被标签化，并减少负面标签的影响。专业社会工作者和家庭成员能以平常心和宽容友善的态度对待有吸毒问题的人士，更懂得他们的需求，能够及时帮助他们纠正不正确的想法和行为，在家庭和社区中把较轻的问题处理妥当，避免偶尔使用毒品的人进入司法系统而被标签化，发展成更为严重的成瘾行为。对于已经被贴上标签的吸毒者，专业的社工服务和家庭的支持关爱可以帮助他们逐步克服不良标签带来的情绪和心理问题，恢复积极的自我认同，增强他们融入主流社会的意愿和能力。

2. 社会结构理论

社会结构理论从宏观视角关注吸毒等越轨行为产生的社会原因，研究社会结构、文化规范及其变化如何影响个体行为，它涵盖了一系列不同学科视角的理论。

从社会经济视角出发的学者关注贫困、分配不公等结构性因素与吸毒和犯罪的关系。例如，机会理论提出：绝大部分人都有改善生活状况、实现向上流动的愿望，但是由于受到社会结构的限制，向上流动的机会在不同群体中的分布是不平等的。当一部分人倾尽全力但由于机会不公仍然无法达到改善生活的目的时，这些人就有可能逐渐背离主流价值观，通过失范行为或者亚文化认同来克服身份地位挫折。[①] 例如，对凉山彝族地区的研究发现：居住于交通闭塞的农村、受教育机会有限的彝族男青年向往现代化的都市生活，但是缺乏在城市中安家乐业的技能，于是他们转向吸食毒品和从事犯罪活动，并将其视为体验都市生活和自由价值的手段，这导致了他们中极高的海洛因吸食率和艾滋病感染率。[②] 机会理论可以用于解释为什么吸毒和犯罪行为在低社会阶层中更普遍，它认为：打破贫困、吸毒和犯罪的恶性循环的关键在于给弱势群体提供更多机会，给他们改善生活、向上流动的希望和途径。

---

① CLOWARD R A, L E OHLIN. Delinquency and Opportunity: A Study of Delinquent Gangs [M]. London: Routledge, 2013.

② 刘绍华. 我的凉山兄弟 [M]. 北京：中央编译出版社，2015.

从社会文化视角出发，研究者发现：急剧的社会变迁导致的文化规范冲突对吸毒行为有显著的影响。根据社会失范理论，社会在急剧变化时，文化目标和规范也会相应变化，文化和规范的不稳定状况可能会产生价值观的混乱，导致失范行为增加。① 对新型合成毒品使用者的研究发现：合成毒品在我国的快速蔓延与娱乐文化、消费文化、享乐文化兴起，而文化创造的动力不足、文化信仰缺失密切相关。市场经济将文化作为一种可以创造享受价值的商品去建构和扩大，文化越来越泛化成为娱乐休闲形式，其教化的功能被忽视。当合成毒品被包装成一种娱乐方式，它们就会借助广泛流行的娱乐和消费文化迅速扩散。②

总之，社会结构理论认为：个人行为受到社会结构的限制，吸毒并不仅仅是个体选择的结果，其背后还有更深层的、个人无法控制的动因。因此，预防吸毒和戒断毒品不能仅仅关注吸毒行为本身，而要对造成吸毒的社会环境给予充分关注。机构戒毒在戒除生理毒瘾方面虽然效果显著，但是它基本不触及吸毒者面临的社会环境，长期效果有限。社会结构理论是国外无毒社区计划建立的理论基础之一，这些计划将禁毒事业整合到更广泛的社区教育和社区发展计划之中。

3. 亚文化理论

亚文化是相对于主流文化而言、仅为某个群体接受的文化。亚文化常常与主流社会价值观相背离，那些难以融入主流社会、又具有相似境遇和目标的群体往往共享一套亚文化体系，并通过亚文化建立自我认同。③ 根据亚文化理论：接触到推崇吸毒的亚文化是个人开始吸食毒品的重要因素，不脱离吸毒亚文化群体，吸毒者往往难以彻底戒断毒品。社会学家发现：吸食毒品的快感不仅仅是由毒品带来的生理刺激，也是由亚文化塑造和强化的个体经验。吸毒亚文化帮助吸毒者打消顾虑、克服恐惧，定义何为快感并引导吸毒者去体验这种感觉。④ 同时，亚文化形成的群体认同感还会降低吸毒者重返主流社会的动机。因此，要戒断毒品必须要脱离吸毒亚文化圈子，从这个意义上来说，回归社会不是戒毒康复的终极目标，而是必要手段。社区戒毒康复在吸毒者的日常

---

① MERTON R K. Social Structure and Anomie [J]. American Sociological Review, 1938, 3 (5): 672-682.

② 夏国美，杨秀石. 毒品转向的文化透视 [J]. 社会科学，2008 (2): 99-106.

③ HEBDIGE D. Subculture: the Meaning of Style [M]. London: Routledge, 1979.

④ BECKER H S. History, Culture and Subjective Experience: An Exploration of the Social Bases of Drug-Induced Experiences [J]. Journal of Health and Social Behavior, 1967: 163-176.

生活中提供心理和行为矫治服务，与家庭成员和其他社区成员的日常互动有助于他们接受主流社会价值观、规范自身行为和保持操守。

4. 差异接触理论

差异接触理论认为，越轨行为是在与他人的交往中习得的，如果个人在生活中与较多的越轨行为者接触，则有可能学习到并逐渐接受越轨行为的合理性、越轨者的态度和动机、实施越轨行为的方法等，最后自己陷入越轨或者犯罪。有轻微越轨行为的人更容易受到影响，在拘禁场所内更容易学习到越轨行为。[①] 差异接触理论的学者强调行为矫正应该在社区中进行，防止越轨行为者之间互相影响。

二、我国社区戒毒康复的历史和现状

（一）我国社区戒毒康复的提出及法律规定

我国传统的禁毒模式以强制戒毒为主体，自愿戒毒、劳教戒毒为补充。但是近十多年戒毒复吸率居高不下的事实表明，这三种戒毒模式都不能有效地帮助吸毒者戒断毒品。强制戒毒和劳教戒毒都存在医疗能力不足、康复手段单一、心理和行为矫治有限等缺点，吸毒者回到社会后难以保持操守，复吸率比较高。自愿戒毒以医院的规范医疗为主，虽然有较好的医疗条件和较强的医疗力量，但是费用高昂，且因为管理上缺乏强制手段，对操守不良的吸毒者难以进行有效管理，部分戒毒人员甚至存在边戒边吸的情况。

在国际毒潮加速泛滥、各种涉毒因素不断增多、国内毒品形势日益严峻的背景下，2008 年实施的《中华人民共和国禁毒法》（以下简称《禁毒法》）正式将“社区戒毒”“社区康复”作为新的戒毒措施写入法律，确定了社区戒毒康复的法律地位。《禁毒法》规定戒毒工作以社区为基础，以家庭为依托，采取社区戒毒、强制隔离戒毒、社区康复、自愿戒毒等多种戒毒措施，建立戒毒治疗、康复指导、救助服务功能兼备的工作体系。

社区戒毒康复措施取消了对戒毒人员的人身限制，戒毒人员可以在家庭、社区中接受戒毒康复服务，有利于情节轻微的吸毒者纠正行为、避免司法惩罚和强制戒毒带来的社会歧视和不良标签。《禁毒法》要求被解除强制隔离戒毒的人员接受不超过三年的社区康复，弥补了以往机构戒毒和回归社会之间的断裂，延伸了戒毒康复的内涵，是我国建立融生理脱毒、身心康复和重返社会于

---

① SUTHERLAND E H, D R CRESSEY, et al. Principles of Criminology Lanham [M]. AltaMira Press, 1992.

一体的戒毒康复模式的重要尝试。

（二）我国社区戒毒康复的基本现状

目前，我国的社区戒毒康复还处于探索起步阶段，大致可以分为以下四种类型。

1. 政府购买服务，以专业禁毒社工为依托

该类型的特点是：由政府出资向禁毒社会工作团体购买服务，以专业禁毒社工和相关社区资源为依托，戒毒者在家庭和社区中接受戒毒康复服务。该类型中最具代表性的是上海模式。

上海于2003年率先在全国进行了禁毒社会工作制度创新，提出了“政府购买服务”的理念和框架。政府在政策环境和资金方面大力支持禁毒非营利组织，让其招聘和培训大量禁毒社会工作者，然后以政府购买服务、非营利组织承接服务的方式为社区中的吸毒者提供戒毒康复服务。禁毒社工凭借其专业优势，运用个案管理、同伴自助等工作方法，提供戒毒康复帮助、行为督促、法律咨询和就业指导等服务。上海模式在提高戒断成功率、预防犯罪和戒毒者回归社会方面都取得了显著成效。①

上海模式取得初步成功之后，各地开始学习借鉴，地域相邻、经济水平发展相似的江苏省是先行者，模式也和上海模式最为相似。无锡和苏州分别于2003年、2006年开始在禁毒领域引入社会工作的理念与方法，招聘和培训禁毒社工队伍，并成立了市一级的禁毒服务社会团体，由政府出资购买服务，依托社区，由专业禁毒社工通过入户走访、协调有关部门解决实际困难等方式，帮助吸毒者保持操守、回归社会。②

2. 政府主导推进，以禁毒专干为主力

该类型的特点是：政府直接提供社区戒毒康复服务，组织禁毒专干、社区民警、禁毒志愿者和其他相关基层工作人员，组成帮教队伍，对辖区内的吸毒人员开展帮教、检测、走访等服务。目前云南省各地州普遍采用的就是这种模式。

“大观模式”即是其中一例。昆明市大观街道在街道层面成立了工作领导小组，明确各部门职能，在辖区范围内设立了9个工作小组，小组成员由办事处禁毒专干、居委会干部、单位领导及保卫人员、社区民警、同伴人员以及亲

① 范志海，吕伟. 上海禁毒社会工作经验及其反思［J］. 中国药物依赖性杂志，2005（5）：388-391.

② 许翠华，胡钧. 江苏省无锡市社区戒毒模式解读［J］. 江苏警官学院学报，2009（6）：120-124.

属组成，对吸毒人员开展帮教活动。[①] 昆明市五华区的做法也相似，由禁毒专干、民警组成的社区矫助工作者和禁毒志愿者为辖区内的吸毒者提供服务，并且实现了在强制戒毒所期满后回到社区进入帮教的无缝对接。[②] 全国社区戒毒康复示范点——建水县临安镇也属于这一类型。16 名禁毒专干与完成强制隔离戒毒的吸毒人员签订社区戒毒康复协议，并负责定期走访、检测和提供生活帮助等。

与第一种类型相比，这种类型的社区戒毒康复往往存在经费不足、专业人员缺乏的问题。由于禁毒专干、派出所民警都是兼职社区戒毒工作，他们还承担着大量其他业务工作，因此可以投入社区戒毒康复的时间、精力非常有限。由于负责社区戒毒康复的人员编制难以解决，专业人才普遍匮乏。

3. 戒毒者集体居住的“过渡性社区”

该类型的特点是：戒毒者集体居住，相互鼓励和监督，共同生活和劳动，让戒毒者在同伴组成的社区中逐渐适应社会生活，并最终达到回归社会的目的。这种“过渡性社区”并不完全限制戒毒人员的人身自由[③]，它为那些不被家人接纳，或者暂时难以适应社会生活的吸毒者提供了一个缓冲区。

云南省开远市的“雨露社区”是这一类型的代表。该社区为强制隔离戒毒期满后自愿留所、出所后因不适应社会，或无生存能力而自愿返所的戒毒人员提供了居住和工作场地。社区内有基本设施齐全的工业生产区、住宿生活区、商业服务区和体育运动区等，戒毒人员可以在社区内像正常人一样工作、生活、恋爱结婚，同时社区还提供心理和行为矫治及技术培训，提高戒毒人员的劳动技能和融入社会的能力。[④] 除了政府资助的项目外，非营利性戒毒机构——云南戴托普药物依赖康复中心也通过让戒毒者集体生活，营造治疗社区（Therapeutic Community），让经过药物脱毒治疗后的戒毒者在共同生活起居中相互监督、互相激励，最终达到长期保持戒毒操守的目的。

---

① 阮惠风，杨丽珠．社区戒毒模式构建研究——解读大观戒毒模式［J］．云南警官学院学报，2012（1）：41-44.

② 冷宁，阮惠风．社区戒毒中社区矫正理论的运用与实践［J］．中国药物滥用防治杂志，2009（3）：172-175.

③ 一般来讲，吸毒人员可以自由选择进入这些社区，但是在社区中的生活会受到一定限制，例如外出需要请假等。在“雨露社区”，除了强制戒毒期满、公安机关认定接受社区康复的吸毒者以外，其他人，如暂时不被家人接纳，无处安身的吸毒者，可以自由选择进入“雨露社区”生活。

④ 赵云峰，马振华．创建“雨露社区”促进和谐开远建设——开远市公安局强制戒毒所“雨露社区”建设初探［J］．云南社会科学，2008：287-288.

4. 以就业安置为核心，以企业为载体

贵州省的“阳光工程”以就业安置为核心，将就业视为促使吸毒人员彻底戒断毒瘾、回归社会的关键环节。该项目以省政府为主导，在全省范围内推动“生理脱毒、身心康复、就业安置、融入社会”四位一体的戒毒康复模式。在经费方面，各级政府给予安置戒毒人员就业的“阳光企业”经费扶持、税收减免等优惠，并向“阳光企业”派驻禁毒专干，建立谈心、告诫、尿检、家访等制度，强化8小时内外管理。①

纵观全国各地的社区戒毒康复实践，它们的共同点是：将回归社会作为戒毒康复的最终目标，解除对戒毒者的人身限制，强调正常的社会生活对吸毒者彻底摆脱毒品的作用，长期、持续地对戒毒者进行心理和行为矫正，提高其自立能力，帮助其解决生活、情感等多方面的困难。但由于各地社会经济水平和毒品滥用情况的差异，这些实践在人力资本投入、运行模式和工作侧重点方面都有所不同。其中，政府购买社会服务、依托职业化和专业化的社会工作者的上海模式，经过12年的发展，不断调整完善，逐渐成为我国社区戒毒康复工作的标杆，取得了三年戒断率35%的瞩目成绩。下面我们就详细介绍上海模式的工作方法和经验。

三、来自上海的经验：上海自强社会服务社

（一）上海禁毒社会工作与自强社会服务社

2003年，上海开始在戒毒领域引入社会工作的理念和方法，成为我国开展禁毒社会工作的创新阵地。上海市禁毒办积极探索创新社区戒毒康复工作模式，按照“政府主导推动、社团自主运作、社会多方参与”的总体思路，通过政府购买服务的方式，把政府的戒毒帮教服务职能委托给社会组织，走上了禁毒工作社会化、专业化的道路。

上海市政府在市一级层面建立了禁毒社会工作社团——自强社会服务总社，注册登记为民办非企业单位，其业务主管单位为上海市禁毒委员会办公室。自强社会服务总社是禁毒社会工作的运作实体，根据禁毒办设定的总体工作目标和要求，依照机构章程自行开展人员招募、资格认证、职业培训、人员管理、工作研究和业务指导等管理服务工作。市禁毒办代表政府履行主导推动的职责，制作政府购买禁毒社会服务的标书，与自强总社签订《政府购买服

① 刘锦涛，范大裕. 贵州“阳光工程”戒毒康复模式特点探析——以社会管理创新为视角[J]. 贵州警官职业学院学报，2013（1）：81-85.

务合同》，以每位社工每年8万元的标准（2014年），向自强总社购买服务，把对社区戒毒康复人员的帮教服务工作作为合同的主要内容，并对服务进行指导和评估。

自强社会服务总社在区级层面设有禁毒社工工作站，在社区设有禁毒社工点，点上的禁毒社工按照1∶20的工作任务，为药物滥用者提供戒毒服务，包括就业指导、法律咨询服务、督促尿检、心理辅导等，并在社区开展禁毒宣传教育。目前，自强总社共有社工739名，平均年龄35岁，其中71%的人拥有本科学历，69%的人拥有专业资质。社工通过与服务对象建立平等友善的伙伴关系，发挥专业化、柔性化和个性化优势，提供精细周到的社会服务。截至2015年，自强社工累计服务吸毒人员约两万人。在承接政府购买服务项目的同时，自强总社还将戒毒康复服务实行项目化运作，加强与民政、卫生、科委等部门的合作，积极承接有关公益服务的项目，并通过社会公益募集，增加机构收入。

（二）自强禁毒社工的工作方法

自强社工运用社会工作的专业方法和技巧，以个案工作为基础，以小组工作为重点，整合社会资源，积极为吸毒人员提供以社区戒毒康复为主要内容的帮教服务，帮助他们戒断毒瘾，自强自立，重新融入社会。

在个案工作方面，社工首先会进行预估计划，即对服务对象的心理、认知、情绪、行为、动机及长处与弱点等个人因素以及家庭、社区环境等进行综合分析，做出预先评估，并制定个性化的帮助服务计划。然后，社工会根据《社区戒毒（康复）协议》，定期与服务对象面谈、联系，开展帮教。行为矫正是帮教的重要内容，禁毒社工会针对服务对象的认识错误、心理障碍、行为偏差，有针对性地开展帮教服务，帮助服务对象纠正错误认知，克服自卑、悲观心理，增强自控能力。除此之外，社工还会经常关心服务对象，了解其家庭生活、就业、健康等情况，协助他们向有关部门反映问题，帮助他们解决具体困难。在戒毒康复期间，社工接受公安机关的委托，带领服务对象进行尿样检测，并及时将结果报告公安机关。在整个服务过程中，社工还会对服务对象接受帮教服务、戒毒康复等综合情况进行效果评估，及时调整服务方案，并为终结帮教关系的服务对象填写《结案评估报告》。

自强禁毒社工的一大工作特色是“提前介入、无缝衔接”。在吸毒者强制隔离戒毒期间，社工就以书信、电话联系或者进戒毒所见面等方式与他们接触沟通，并通过民警了解他们在强制隔离戒毒所内的表现和戒毒意愿。社工还要走访他们的亲属、社区民警、居委会干部和邻居等，了解其本人、家庭、婚姻和平时接触人员等情况，以便在正式建立帮教服务关系前掌握基本情况，制定个性化的帮教服务方案。同时，自强总社还向强制隔离戒毒所派出驻所社工，提前介入帮教服务。社工接到驻所社工发出服务对象出所日期通知后，会同有关人员按时到戒毒所接其出所，并及时与其签约，建立帮教服务关系。

除了个案工作之外，禁毒社工还运用社会工作学的小组工作方法，组织服务对象及其家属开展形式多样、有益于戒毒康复的小组活动，包括技能培训、兴趣爱好小组、家庭联谊会等。此外，自强总社还注重发挥戒毒成功人士的榜样作用，将同伴教育的方法引入社区戒毒康复中。目前，自强总社共培养了60余名同伴辅导员，他们协助禁毒社工开展提前介入、个案帮教、社区宣传等工作，以自己戒毒康复的亲身经历去鼓励和帮助同伴保持操守、成功戒毒。

除为吸毒者开展服务之外，自强总社的另一项重要工作是招募和系统培训禁毒社工。为了提高社工队伍的水平，在市禁毒办和市禁毒基金的资助下，自强总社制定实施了社工分层分级培训三年计划，组织骨干社工到我国香港学习培训，定期举办论坛和社工沙龙。

自强总社的工作进一步落实了社区戒毒康复各项措施，在降低复吸率、预防犯罪等方面取得了良好成效：接受社区康复服务的海洛因吸食者 3 年内戒断率高达35%，显著高于全国平均水平。上海本地的吸毒者离开强制戒毒机构后，几乎全部签订了《社区戒毒（康复）协议》，未满 3 年的控制率超过90%；鸦片类毒品使用者就业率高达60%。以政府购买服务、专业禁毒社会工作者实施的上海模式成为许多省市开展社区戒毒康复工作的学习样本。

四、建构基于社会工作职业化的云南社区戒毒康复新模式

国际上的研究和成功经验显示，针对吸毒成瘾的治疗需要多元化，药物治疗是治疗成功的第一步，除此之外，还必须为吸毒成瘾者提供心理行为矫治和社会支持。吸毒成瘾者面临的问题和生活环境不尽一致，有效的矫治方案必须考虑到这种个性化需求，整合家庭和社区资源。目前我国大力推进社区戒毒康复工作，将其视为创新禁毒工作体系的突破口，这既符合吸毒成瘾治疗的科学规律，也与世界范围内戒毒模式由“司法惩戒”向“回归社会”转变的趋势相符。在回顾社区戒毒康复的发展历史和理论渊源、总结发达国家和地区的成功经验、梳理我国各地区的探索实践的基础上，本报告对进一步推进云南基于社会工作职业化的社区戒毒康复新模式提出以下建议。

（一）在社区治理现代化进程中做实、做强、做大社区戒毒康复

社区是社会生活的基本单元，社区治理是国家治理的基础环节，社区治理

现代化是国家治理现代化的基本前提。目前，中央已经提出要以社区、社会组织、社会工作“三社联动”为主题主线，深化社会体制改革和社区治理创新。中央提出，建立联动机制的关键在于整合社区资源。要依托项目实现联动，加快健全政府购买社会服务制度，完善政府购买社会服务目录，通过政府购买方式建立社会组织承接项目、社工团队执行项目、面向社区实施项目的机制，积极探索以购买服务为保障、项目化运作为纽带的“三社联动”新途径。做实、做强、做大社区戒毒康复工作正好与这一工作思路相吻合，可以成为推动云南省“三社联动”体制创新的切入点。

政府购买社会服务，是指政府提供资金、社会组织承包服务、以合同关系实现特定社会服务目标的机制，其本质上是社会服务的契约化提供模式。在社会服务领域，政府作为直接的生产者往往能力有限，由于官僚层级、效率和专业化程度等原因，仅靠政府很难优质高效地满足社会所有公共服务需求。而功能多样的社会团体能够提供专业化服务，将服务“外包”给这些团体，能够大大提高社会服务的效能和品质。政府购买服务扩展了公共财政提供社会服务的途径，提高了公共财政的效率，是现代公共财政支出发展的国际趋势。① 同时，它可以提高社会团体承担社会服务的能力，有利于城市管理的现代化、政府职能的再造和公民社会的发育。②

很多西方国家、我国香港特别行政区、我国台湾地区以及上海、江苏等地都采用了政府出资购买、社会团体承接项目、专业社会工作者实施的社区禁毒康复模式。例如美国为了推动社区禁毒，联邦政府启动了无毒社区支持计划（Drug-Free Communities Support Program），每年投入上亿美元支持社区内的社会组织开展禁毒工作。自1998年以来，美国已经有2 000余个社会团体接受过资助，它们在社区开展包括治疗服务、禁毒教育等多种服务，取得了良好的社会效果。③ 在香港，政府社会福利开支中的近四分之一都用于资助社会团体，且这一比例在逐年上升。④ 民间社会工作机构的经常性开支（包括员工工资）

---

① 贾西津，苏明. 中国政府购买公共服务研究终期报告［R］. 马尼拉：亚洲开发银行，2009.

② 范志海，焦志勇，战奕霖. 禁毒社会工作的本土化经验及其反思——以上海为例［J］. 华东理工大学学报（社会科学版），2011（5）：36-40.

③ Office of National Drug Policy. Drug-Free Communities Support Program［EB/OL］.（2016-01-23）. https://www.whitehouse.gov/ondcp/Drug-Free-Communities-Support-Program.

④ Office of National Drug Policy. Drug-Free Communities Support Program［EB/OL］.（2016-01-24）. https://www.whitehouse.gov/ondcp/Drug-Free-Communities-Support-Program.

的90%都来源于政府的财政资助。[①] 为了鼓励社会团体提供各类创新型的禁毒服务，香港政府以3.5亿港元资本于1996年成立禁毒基金会购买服务，并逐年增加注资，2010年基金资本已经达到33.5亿港元。香港目前所有以社区为本开展戒毒康复的社会团体，例如“滥用精神药物者辅导中心”和“戒毒辅导服务中心”，全部受到政府的资助。[②] 上海参照了香港的做法，按照“政府主导推动，社团自主运作，社会多方参与”的总体思路，由上海市禁毒办与上海市自强社会服务总社签订《政府服务采购合同》，以每个社工8万元的标准（2014年）购买社工的社区服务。

目前，云南的社区戒毒康复工作还主要由政府负责实施，社区和社会组织参与的空间比较有限。然而，发达国家和地区的经验显示，成功的社区戒毒康复需要专业化的社会组织和社会工作者，需要政府积极为社会组织和社工提供平台、统筹资源、创造条件。中央“三社联动”的思路也指出，要按照转变政府职能、简政放权的要求，为“三社联动”让渡发展空间。云南省应该借鉴发达国家和地区的经验，推动政府购买社会服务、依托职业化社会工作者实施的社区戒毒康复模式。应通过推动社区戒毒康复工作，探索建立健全社区社会组织承接基层政府公共服务机制，壮大社会工作队伍，提高社区工作者的专业化程度和技能水平，为在其他领域进一步推动“三社联动”提供借鉴。

（二）积极探索基于社会工作职业化的社区戒毒康复新模式

社区戒毒康复需以社区为本，即根据社区内特有的毒品使用情况和吸毒者的不同需要，设计多层次、多样化的干预策略，并通过整合家庭、社区内有关服务机构和其他社区资源，以多方面合作的方式协助吸毒者彻底脱离毒品。社区戒毒康复的长期性、综合性和复杂性客观上要求专业禁毒社会工作者的介入。为构建以社区为本的戒毒康复模式，上海提出了“政府主导推动、社团自主运作、社会多方参与”的总体思路，通过政府购买服务的方式，把政府的戒毒帮教服务职能委托给社会组织，走上了禁毒工作社会化、专业化的道路，在降低复吸率、预防犯罪等方面取得了显著成绩。上海的成功经验对云南省开展戒毒康复有积极的借鉴意义。

在资金来源方面，政府主导出资的投入机制是开展社区禁毒康复工作的物质保障。建议通过政府购买服务、社会组织承接服务的方式推进社区戒毒康复

---

① 王建军，甄炳亮. 赴香港社工专业化职业化考察报告［EB/OL］.（2006-06-26）. www.docin.com/p-1447736887.html.

② 香港保安局禁毒处. 香港戒毒治疗和康复三年计划（2015—2017）［EB/OL］.（2015-03-24）. www.nd.go.v.hk/kext/tc/treat/three_year_plan_2015_2017.htm.

工作。由禁毒办代表政府制作政府购买禁毒社会服务的标书，把对社区戒毒康复人员的帮教服务工作作为合同的主要内容，根据社区毒情和接受戒毒康复的人数，确定每名社工的工作量和收入标准，向禁毒社会工作组织购买服务，并开展指导，评估服务质量。

在组织运作方面，建议在整合云南省现有的禁毒防艾社会组织的基础上，由政府支持建立专门的禁毒社会工作团体，推进社区戒毒康复工作。作为禁毒防艾人民战争的先锋阵地，云南省在购买禁毒防艾社会组织的服务方面已经积累了一定经验，各社会组织在政府和国际机构的支持下也拥有了大量工作经验和人才储备。在这些优势资源的基础上，政府可以推动建立专业的禁毒社会工作团体作为民办非企业，以禁毒委员会办公室为主管单位。该团体根据禁毒委设定的目标和要求，依照机构章程自行开展人员招募管理、职业培训和业务指导等工作，承接社区禁毒康复项目，根据项目标书的要求开展工作，并接受指导和评估。该团体管理下的社会工作者在社区内为药物滥用者提供戒毒康复服务，接受团体的监督和考核。有条件的社会工作团体还可以承接其他相关的公益服务项目，增加机构收入。

由于社区禁毒康复工作的专业性更强、程序上有严格的法律要求，因此，专业禁毒社会工作团体需要更严格地接受主管单位的指导监督。在该团体成立之初，禁毒委员会办公室需要给予充分支持，包括建立高校、公安、卫生等部门的联动，为禁毒社会工作团体的发展提供咨询和指导，并推进社会工作者的职业化。同时，该团体还可以积极整合社区中其他社会组织资源和志愿者资源，为社区戒毒康复工作储备后备力量。

此外，利用中央政府大力推广社区戒毒康复的时机，各地还应积极推动现有的强制隔离戒毒所转型升级。世界各国的经验表明，强制隔离戒毒机构在彻底戒断毒品方面收效甚微，帮助吸毒者摆脱毒品的关键在于提供药物治疗、心理行为治疗和社会支持、关怀等综合性服务。有条件的强制隔离戒毒所应当向“药物依赖医疗、关怀和康复中心”转型，在提升管理水准、规范管理程序的基础上，逐步转化成对吸毒成瘾者进行治疗、关怀和康复的医疗和社会服务型机构。

（三）政府自上而下倡导推动社区戒毒康复工作

根据我国社区戒毒康复较为成功的经验，政府自上而下的主导推动是必不可少的条件。以上海为例，社区戒毒康复作为一种制度创新，离不开政府的推动和扶持。上海市委、市政府和政法委首先发现和肯定了这一制度创新的价值，并加强了对创新的支持和领导。在政策环境和资金等方面加大对相关社团的扶持力度，并学习香港地区的经验，提出政府购买服务的框架；同时，将推广社区戒毒康复的工作职能分解到各个部门和各级政府，并建立相应的奖惩机制——这些理念创新和组织保障是上海禁毒社会工作取得优异成绩的前提。

由于社区戒毒康复工作涉及多个部门，包括公安、民政、卫生、社保等，只有政府自上而下统筹协调才能确保该工作顺利开展。正因如此，《禁毒法》明确指出："城市街道办事处、乡镇人民政府负责社区戒毒工作。"然而在实际执行过程中，由于各地禁毒委员会办公室设立于公安局①，很多情况下公安机关成了这项工作的主要协调者和实施者。这不仅增加了公安机关的负担，也减弱了整合社区资源的能力。

（四）提高社会工作者的专业化水平

推广社区戒毒康复模式，离不开高水平的专业化社会工作者队伍。根据国外和上海的经验，提高社工的专业化水平需要经费投入，还需规范禁毒社工的培养和支持体系。

首先，应该加大对社区戒毒康复的经费投入。国际经验表明，有效的禁毒策略需要在控制供给和减少需求之间保持平衡，其中的关键在于治疗、预防和教育。预防是最好的治疗，治疗是成本—收益最大的控制毒品的方法。美国的研究发现：在预防和治疗上每支出 1 美元，用于司法审判、医疗和其他服务的开支就能相应减少 18 美元和 12 美元，因此，美国的禁毒经费中用于抑制需求（预防和治疗等）的比例近年来逐年增加。2015 年美国用于禁毒的经费预算超过 250 亿美元，其中 43%都用于治疗、康复、预防以及相关研究。② 在我国香港，2014 年度、2015 年度禁毒经费中 30.6%用于戒毒治疗及康复。③ 目前，我国很多地区的社区戒毒康复都存在经费不足的难题，难以吸引和留住专业禁毒社会工作人才。在毒情严重的省份，禁毒工作的重心是打击毒品违法犯罪，社区戒毒康复处于次要地位。要解决这一难题，需要调整禁毒工作思路，在更高层级的政府层面统筹禁毒经费的分配，增加对抑制毒品需求的投入。

其次，要加大对禁毒社工的培训和支持。在美国，注册社工中只有约 5%的人报告自己的首要服务对象是毒品使用者，但是 71%～87%的社工都报告曾

---

① 上海是一个特例，其禁毒委员会办公室属于政法委员会下设单位，这样的设置使禁毒办的协调能力较强，为上海市禁毒工作的开展创造了有利条件。

② Office of National Drug Policy. Drug-Free Communities Support Program [EB/OL]. (2016-01-24). https://www.whitehouse.gov/ondcp/Drug-Free-Communities-Support-Program.

③ 香港保安局禁毒处. 香港戒毒治疗和康复三年计划（2015—2017）[EB/OL]. (2015-03-24). www.nd.go.v.hk/kext/tc/treat/three_year_plan_2015_2017.htm.

经为毒品使用者提供过服务。① 因此有学者建议：在社会工作专业中应当开展毒品滥用的课程，无论其专业方向如何。在我国，目前仅有部分高校的社会工作专业开设了精神健康和社区矫正的相关课程。随着我国戒毒康复模式的转型，对禁毒社工的需求也会增加，社工专业应当将相关课程的培训纳入教学计划。

对现有的禁毒社工应加强培训和支持，提升其业务能力，保持社工队伍的稳定。服务吸毒人群不仅需要专业技能，还需要有耐心、宽容心和奉献精神。在美国的研究发现，相比其他公共卫生干预，药物滥用的治疗和预防是社工们最不愿意从事的工作，他们对治疗的效果缺乏信心，担心不能很好地与服务对象相处。上海的经验也显示，禁毒社工在工作实践中常常会面临各种各样的价值冲突，使自己陷入两难处境，并产生倦怠、迷茫等消极情绪。因此，对禁毒社工不仅需要定期开展培训和交流，提升其专业技能，同时还需要通过制度设计，使禁毒社工的工作能够获得更多的社会支持，使其拥有更好的心理归属。

---

① WELLS E A, A N KRISTMAN-VALENTE, et al. Social Workers and Delivery of Evidence-BasedPsychosocial Treatments for Substance Use Disorders [J]. Social Work in Public Health, 2013, 28 (3): 279-301.

附录三

云南省戒毒康复模式转型升级对策建议

（专题报告）

受国际毒潮持续泛滥和国内多种因素的影响，我国毒情形势严峻复杂。随着我国对外开放步伐加快，“一带一路”战略深入推进，云南与东盟、南亚地区往来愈加频繁，境外毒品全方位渗透，禁毒工作面临诸多挑战。吸毒人员戒断难、管控难、融入社会难，成为戒毒工作的棘手问题。针对吸毒人员基数大、新型合成毒品发展蔓延快、吸毒人员递增趋势明显等问题，立足现有体制，结合省情和国内外先进经验，积极探索科学有效的戒毒康复模式，对深入推进平安云南、法治云南建设，维护云南长治久安，保障人民群众健康幸福，实现云南的跨越式发展，谱写中国梦的云南篇章具有十分重要的意义。

一、云南戒毒康复模式改革的实践探索与启示

（一）云南戒毒康复模式的实践探索

以自愿戒毒、强制戒毒和劳教戒毒为主体建构起来的传统戒毒体系，对遏制毒品蔓延、挽救身陷毒海的吸毒人员发挥了重大作用，但其因存在明显的弊端而备受诟病。2008 年 6 月以来，云南省按照《中华人民共和国禁毒法》、国务院《禁毒条例》《云南省戒毒规定》进行了戒毒康复模式改革，建立了以强制隔离戒毒为主，社区戒毒、社区康复和自愿戒毒治疗为补充的戒毒康复体系，积累了“外循环转内循环”“全员收戒”等先进经验。2010 年，云南在全国率先实施强制隔离戒毒工作改革，强制隔离戒毒职能由公安机关全部移交司法行政部门。2011 年完成职能移交工作以来，云南省司法行政戒毒管理机关与公安机关建立了强制隔离戒毒工作长效机制，健全完善与公安机关的信息网

络对接，建立警务综合平台，实现强制隔离戒毒执法管理网上流转、审批和发布；协调检察、公安、民政等部门联合出台了《监管人员死亡处理办法》，协调公安、司法、卫生三部门制定了《强制隔离戒毒诊断评估实施细则》，协调省财政部门落实《强制隔离戒毒人员伙食被服实物量标准》，规范执法管理，提升执法效能。①

为解决戒毒人员复吸率高居不下这一难题，从2012年年底开始，云南省戒毒管理局探索实施“三期九项一延伸”的强制隔离戒毒模式改革。该模式按照戒毒规律将强制隔离戒毒划分为生理脱毒期、康复治疗期和回归巩固期。在生理脱毒期开展医疗关怀、生活关怀、身心关怀，突出关怀救治；在康复治疗期开展身心康复、认知矫正、技能培训，激发戒毒意愿；在回归巩固期培养拒毒能力、适应社会能力、修复家庭关系能力，重建社会功能；建立后续照管工作站，对解除强制隔离戒毒人员进行延伸管理。延伸管理期建好信息共享平台、持续帮扶平台、回访调查平台，提高操守保持率。经过2013年的试点和2014年的全面推进，这一戒毒模式已形成了完善的矫治流程。2013年，云南省戒毒管理局以大理州强制隔离戒毒所为试点单位，开展后续延伸管理工作试点，取得较为显著的成效。在反复论证的基础上，2014年，云南在全省14个强制隔离戒毒所开展后续延伸管理工作，在解除强制隔离戒毒人员较为集中的昆明、玉溪、大理、昭通、德宏等地建立后续照管工作站，对覆盖区域内的解戒人员开展延伸管理和持续帮扶。截至2015年4月底，全省建成50个后续照管站，对2 600余名解除强制隔离戒毒人员纳入照管，使其操守保持率达70%以上，有效控制了解除强制隔离戒毒人员回归社会后的复吸毒品问题。②

社区戒毒和社区康复作为崭新的戒毒措施受到重视，各州（市）县（市、区）结合以往工作经验，按照“身体戒毒、心理脱毒、就业安置、回归社会”的要求，推广开远雨露社区、昆明和谐家园“以戒毒为根本，以就业为核心，以回归社会为目标”的社区戒毒康复模式。截至2014年4月，全省129个县（市、区）建立了城市街道办事处、乡镇人民政府社区戒毒社区康复工作办公室1 179个、村（居）委会工作小组5 161个，工作人员7.1万人，执行社区戒毒1.92万人、社区康复1.69万人。云南迄今建成戒毒康复场所11个并全部投入使用，可安置6 193人，实际入住3 344人。全省安置吸毒人员就业

① 梁云智. 云南积极探索强戒管理新模式［N］. 法制日报，2014-06-26.

② 梁云智. 五十个后续照管站助戒毒人员融入社会［N］. 法制日报，2015-06-26.

7.35 万人，占应安置数 9.95 万人的 73.8%。[①]

（二）云南戒毒康复模式改革的经验启示

1. 承认吸毒成瘾者的患者属性

在我国，吸毒成瘾者有着被界定为违法者甚至犯罪者的传统[②]。然而近 20 年的神经生物学和神经行为学研究表明，“吸毒成瘾”是药物成瘾的一种，是一种慢性复发性的脑部疾病。影响个体使用毒品和戒断毒品的因素非常复杂，涉及人格心理、家庭背景、社会结构、文化规范等各个方面，惩罚和强制隔离并不能帮助他们彻底戒断毒品，有效的戒毒政策应当着眼于预防和治疗。从医学的角度来看，吸毒成瘾者是脑疾病患者，其身份首先是病人。对于病人，应当以医疗为目的，且符合治疗的需要。我们应改变世俗观念，在尊重吸毒者的基础上提供卫生保健服务，对药物成瘾者提供自愿的、知情的、循证的以及平等权利导向的综合性医疗措施，采用经过临床证明有效的药物，并结合心理、行为和社会的综合性治疗方法。

2. 戒毒工作的重心应当由惩罚吸毒者转向治疗、预防和教育

十年前，云南率先引入“减少危害”策略，并在艾滋病防治方面实现了诸多政策突破，对遏制艾滋病快速增长的势头发挥了关键作用。相对而言，我国禁毒工作尚未跟上国际禁毒改革的步伐，对吸毒成瘾者的管理仍以强制、控制、隔离为主。云南连续不断的三轮禁毒防艾人民战争在防治艾滋病方面取得瞩目成绩，但吸毒成瘾者不减反增。经过数十年与毒品的斗争，国际社会逐渐形成共识：刑罚或惩戒吸毒者的策略并不能减少毒品滥用及其带来的健康问题，有效的禁毒政策应当着眼于治疗、预防和教育。预防是最好的治疗，治疗是成本—收益最大的控制毒品的方法。美国国立禁毒研究院的研究发现：在治疗上每多支出 1 美元，抑制毒品犯罪的支出就会减少 4～7 美元。针对导致毒品滥用的个人和社会因素开展预防教育、行为干预和能力提升就成了戒毒康复模式改革的重心。

3. 戒毒康复模式应由机构强制为主导的司法惩戒模式转向社区戒毒康复模式

国际戒毒康复经验显示：建立在监禁和与社会隔离基础上的戒毒模式并不能有效戒除毒瘾。戒毒复吸率居高不下的现实也表明，传统的戒毒模式不能有

---

① 严尚智. 关于全省禁毒工作情况的报告——2014 年 5 月 27 日在云南省第十二届人民代表大会常务委员会第九次会议上 [EB/OL].（2014-08-25）. http://www.srd.yn.gov.cn/ynrdcwh/1030295793479843 84/20140825/260775.html.

② 在历史上，吸毒者曾经被界定为犯罪行为，在清代甚至可以处以绞刑。

效地帮助吸毒者戒断毒品。强制戒毒和劳教戒毒都存在医疗能力不足、康复手段单一、心理和行为矫治有限等缺点，吸毒者回到社会后难以保持操守，复吸率较高。自愿戒毒以医院的规范医疗为主，虽然有较好的医疗条件和较强的医疗力量，但是费用高昂，且因为管理上缺乏强制手段，对操守不良的吸毒者难以有效管理，部分戒毒人员甚至存在边戒边吸的情况。在国际上，对吸毒成瘾者采取强制隔离的措施已经成为一种被批判的做法。2012 年 3 月，联合国毒品和犯罪办公室等 12 个机构联合发布了《关闭强制拘禁戒毒中心和康复中心的联合声明》。这一声明呼吁存在强制拘禁戒毒和康复中心的国家毫不迟疑地关闭这些中心，释放被拘留人员；并在社区为需要这些服务的人在自愿、知情的基础上提供适合的卫生保健服务。① 按照联合声明的精神，云南省司法部门应积极推动强制隔离戒毒所的转型升级，逐步将其转化成对药物依赖者进行治疗、关怀和康复的社会服务型机构，从而使其能按照药物依赖的医学标准对病人进行诊断和治疗。②

二、云南戒毒康复模式亟待调整

随着毒情的发展变化，国际社会和兄弟省市积极创新戒毒理念和戒毒模式，开创了禁吸戒毒工作的新局面，特别是在社区戒毒康复等方面凸显新的成效和经验，上海、广东等地因社区戒毒康复成效显著而备受关注。相比之下，目前云南戒毒模式仍以强制隔离戒毒为主，曾经领先于全国的戒毒理念和管理模式已经在诸多方面显得陈旧滞后，在戒毒过程中不同程度地存在重收戒轻预防、重场所轻社区、重管教轻治疗、重脱毒轻康复、重台账建档轻主动帮扶等问题。自愿戒毒、社区戒毒、强制隔离戒毒、社区康复等戒毒措施之间无缝衔接机制不完善，戒毒康复效果不佳，降低毒品、艾滋病危害作用仍较为有限。

（一）自愿戒毒趋于萎缩

1. 戒毒费用高

戒毒费用高是制约戒毒人员自愿戒毒的主要因素。具有戒毒治疗资质的医疗机构多实行有偿戒毒，为了维系机构的正常运转或获取经营利润，必须向戒毒学员收取一定的费用（一般来说，7~15 天的治疗费约为 3 000~5 000 元）。但大部分戒毒人员由于长期吸毒已丧失或部分丧失劳动能力，没有固定的经济来源，经济状况较差，无力承担高昂的戒毒费用。因此，绝大多数吸毒人员不

---

① 谌彦辉. 内地强制隔离戒毒转型之困 [J]. 凤凰周刊，2014（2）.

② 朱伟，余运西. 请把药物成瘾者首先看作病人 [N]. 健康报，2014-04-25.

具备到具有戒毒治疗资质的医疗机构接受戒毒的经济条件。在医疗机构戒毒的学员中，除部分经济条件较好、自愿前往戒毒的学员外，还存在不少非“自愿”而被家庭强行送往或为逃避公安机关打击而“被迫”戒毒的学员，其目的并非为了戒毒，且如此戒毒，效果也不理想。而对于那些真正想戒毒，需要专业人员帮助的戒毒者，又可能因为经济原因，无法通过自愿戒毒戒断毒瘾。

2. 管理制度不完善

虽然《禁毒法》确认了自愿戒毒的合法性，但自愿戒毒双方的地位和角色不明确，自愿戒毒的管理仍存在诸多问题。

（1）自愿戒毒机构无法强制吸毒人员隔绝有毒环境。由于戒毒人员既是受害者，又是违法者，同时还是反复发作的慢性脑疾病患者，因此，对于此类特殊群体，不仅要严格管理，还要有强制措施保障，但多数自愿戒毒机构无法控制毒源，边戒边吸的情况并不少见，甚至有些自愿戒毒机构竟成了一些毒犯销售毒品的窝点。

（2）自愿戒毒的功能还不健全。自愿戒毒只提供短时间的脱毒治疗，基本没有戒毒后康复治疗和后续照顾或社会帮教。由于自愿戒毒时间短，药物脱瘾治疗法又有其局限性，自愿戒毒复吸率极高。有资料表明，戒毒医疗机构的复吸率在95%以上。① 据广州市禁毒办统计，广州市1996年年底有15间自愿戒毒所，戒毒时间仅为15~20天，复吸率几乎为100%。② 另据广东省有关部门对373名吸毒成瘾者的调查，自愿戒毒的复吸率为93.6%。③

（3）自愿戒毒可能成为吸毒者逃避公安机关打击的避风港。自愿戒毒较社区戒毒和强制隔离戒毒更“自由、安全、合算”，加之缺乏自愿戒毒与强制隔离戒毒、社区戒毒之间的转化机制，当禁毒专项斗争风声较紧时，有条件的吸毒人员往往选择自愿戒毒的方式躲避风头，通过反复自愿戒毒规避治安处罚、社区戒毒和强制隔离戒毒。

3. 自愿戒毒机构经费保障困难

自愿戒毒措施属于卫生部门工作范畴，一直以来较少得到国家财政的支持，运营成本完全由戒毒机构自行承担，许多自愿戒毒医疗机构长期亏本运营，面临萎缩消亡的危机。2010年原卫生部委托医师协会进行资质核查后，

---

① 林仕权. 试论戒毒的几个问题［J］. 青少年犯罪研究，1999（2）.

② 郭建安，李文荣. 吸毒违法行为的预防与矫治［M］. 北京：法律出版社，2000：320.

③ 郭建安，李文荣. 吸毒违法行为的预防与矫治［M］. 北京：法律出版社，2000：233.

到2011年，全国戒毒治疗科、戒毒医院已经萎缩到141家。[①] 自愿戒毒机构的经费主要来源于三个渠道：一是申请国际、国内项目基金；二是接受政府的经费扶持或社会捐赠；三是向戒毒学员收取一定戒毒费用。目前绝大多数地区未将戒毒治疗纳入医保，因毒瘾住院期间，其他疾病也不能通过医保报销。由于申请到的国内外项目支持周期较短、项目资金来源较少，加之政府财政补偿不足、学员人数减少等因素，自愿戒毒机构的经费往往入不敷出，难以为继。为了完善基础设施建设，保障戒毒学员的生活、医疗费用，维系机构的正常运转，自愿戒毒机构需要自力更生、自筹经费，生存压力较大。

（二）社区戒毒康复流于形式

目前，云南社区戒毒康复工作还处于试点和探索阶段。由于社区发育程度普遍偏低，加之缺乏相应的机构、人员、工作机制、财政支持等保障条件，社区戒毒康复工作仍较为薄弱，管控责任落实困难。

1. 社区发育程度偏低，社区戒毒康复工作依托困难

社区戒毒康复工作需要以社区资源为依托，为戒毒人员提供全方位的生理、心理、社会干预。与上海等发达城市相比，云南省社区发育程度普遍偏低，社区戒毒康复依托困难。首先，社区发展不完善，可资利用的戒毒资源匮乏。大多数社区没有专门的场所、办公设备、戒毒活动设施，存在一处场所多种功能、一个机构多个职责、一队人马多块牌子的问题。其次，社区功能弱化制约社区戒毒康复工作的有效开展。在城镇，社区承担着环卫、安检、治安、综治、消防、拥军共建等多项工作，社区戒毒康复工作虽然落实到人，但工作人员无暇顾及。在农村，社区戒毒和康复更是无从施行。吸毒人员不知道社区为何物，具体应该如何执行。云南多数地州属于山区，村落分散、村寨闭塞，交通极不发达，村落的分散对社区戒毒康复执行的可行性提出挑战。不少村寨基层组织工作散乱，吸毒村民在村寨散漫自由，未纳入有效管理。再次，受社会组织发育不充分、社区戒毒康复专业化社会服务匮乏、社区居民普遍排斥吸毒人群、社区戒毒康复参与性不高等因素的制约，社区难以提供戒毒康复工作所需要的社会环境。

2. 管理机构不健全，社区戒毒康复工作难以到位

（1）多数乡（镇）、街道未设立独立的社区戒毒康复工作机构和专职工作人员。各乡镇人民政府虽然挂牌成立了社区戒毒工作办公室，但实际上社区戒

① 卫生部．卫生部办公厅关于印发全国自愿戒毒医疗机构名单的通知（卫办医政函〔2011〕364号）［J］．中国药物滥用防治杂志，2011（3）：126-128．

毒和社区康复工作仍由社会综合治理办公室承担，仅仅负责区域内戒毒人员的登记和台账管理，并没有开展实质性的戒毒治疗、康复指导和救助服务。工作人员往往身兼数职，无法真正做到专职专管。

（2）社区戒毒康复措施执行不力，社区戒毒康复人员超期未报到、未签协议和脱管失控问题突出。由于大多数乡（镇）、街道等基层组织缺乏独立的社区戒毒工作机构和专职工作人员，社区戒毒康复人员基本处于放任自流状态，社区无法及时掌握他们戒毒康复的情况，人户分离且无固定住所的吸毒人员更是缺乏有效的监管和服务。

（3）缺乏有效的戒毒人员就业保障安置机制和就业渠道。毒瘾戒断人员因缺乏专业技能、健康受损、社会歧视等原因，就业难度大。他们回归社会后大多没有稳定的职业，生存和治疗无法保证，极容易被社会边缘化，再次堕入自暴自弃、以毒品逃避社会和麻醉人生的悲惨循环。为此，要巩固戒毒效果，需要社区提供相应的就业和生活帮扶。但目前，社区戒毒工作人员大多无力帮助戒毒人员解决生活、住房、就业等诸多困难，帮扶工作难以取得实效。

3. 工作队伍能力不足，社区戒毒康复工作难以落实

（1）社区戒毒康复工作人员用而不“专”。社区戒毒康复工作人员主要由街道综治部门的禁毒专干、社区居（村）委会的综治员、禁毒专职民警、社区民警和公益岗位人员组成，基本上没有专业的社区戒毒康复社会工作者。多数街道办事处、社区居委会的禁毒干部属于兼职，同时还承担着大量的其他工作，投入社区戒毒康复工作的精力有限。公益性岗位人员是昆明市配备到各乡镇、街道办事处，专职从事社区戒毒康复工作的人员。但部分社区戒毒康复公益性岗位工作人员配备到社区后，除本职工作外，还要完成社区交办的综治、维稳、创卫、人口普查等工作，一些社区甚至直接将戒毒康复工作人员安排到其他工作岗位，工作繁杂、任务重，不能扎实地开展社区戒毒康复工作，甚至无暇顾及社区戒毒康复工作。

（2）社区戒毒康复工作人员素质参差不齐。社区戒毒康复工作人员普遍缺乏专业知识和技能，难以独立开展工作，许多具体工作仍由派出所民警承担。如昆明市公益性岗位招聘的社区戒毒康复专职人员多为城镇下岗失业人员中的“4050”人员，且以女性居多，文化程度普遍不高，法律、心理、管理等综合素质偏低，专业服务意识、能力较差，工作理念落后，工作随意性大，工作方式、方法单一，服务效果不佳。

（3）社区戒毒康复工作队伍不稳定，人员流动性较大。根据劳动就业部门关于公益性岗位人员安置的相关规定，公益岗位人员从事公益岗位工作不得

超过3年。“三年合同期满就裁员”的规定，给社区戒毒康复工作的延续性带来了不利影响。同时，一部分社区戒毒康复工作人员出于对自身前途的担忧和考虑，急于谋求新的工作岗位，思想不稳定，工作积极性不高，也极大影响了社区戒毒康复工作的成效。

（4）社会力量参与不足。一方面，社区民警、社区工作人员、戒毒人员家属以及禁毒志愿者之间的协作关系较为松散，并未形成积极有效的戒毒康复服务功能，作用甚微；另一方面，基层行政组织自身难以承担专业性较强的社区戒毒康复工作，但专业化的社区戒毒服务组织又发育不良，使得社区戒毒康复工作落实困难、效果不佳。

4. 经费保障不到位，社区戒毒和社区康复举步维艰

受经济条件的制约，云南省多数地区社区戒毒康复工作缺乏稳定的专项经费，经常需要挤占社区、派出所的正常办公经费。即便在经济条件较好的社区，其工作经费也难以有持续的保障，社区戒毒康复工作中的戒毒治疗、心理支持、法律咨询、联谊活动、技能学习、就业援助等都因受经费限制而难以开展。

5. 社区戒毒康复场所入住率低，资源闲置浪费，处境尴尬

（1）进入社区戒毒康复场所的戒毒人员口径较为单一。吸毒人员可以通过司法强制戒毒所转入、县市公安机关责令戒毒康复、自愿戒毒康复治疗、强制隔离戒毒期满自愿申请留所和出所后又自愿返所“五个渠道”进入戒毒康复社区康复，但实际运行中主要以强制隔离戒毒所转介人员为主。

（2）入住率低，资源闲置浪费严重。因社区戒毒康复场所实行封闭式管理，戒毒康复人员活动自由受到一定限制，加之缺少实体企业支持，社区康复（戒毒）居民收入受影响，戒毒人员自愿入所或期满自愿留所接受社区戒毒康复意愿不足，导致社区戒毒康复场所资源闲置浪费现象普遍。例如，昆明市和谐家园康复社区可容纳513户社区居民居住，但四年多来，真正坚持留在这里工作生活的只有60多人；德宏幸福家园设计可容纳3 000人，但截至2016年2月在所戒毒康复居民仅为482名，管理干警也由101人缩减到38人。

（3）运行效果不理想。社区戒毒、社区康复和美沙酮维持治疗门诊的资源整合效果不理想；艾滋病感染者人数较少，不能单独成立一个大队，只能与非感染者混合居住。

（三）强制隔离戒毒效果不理想

强制隔离戒毒是云南省主要的戒毒措施。近几年的实践表明，强制隔离戒毒对遏制毒品非法交易、萎缩毒品消费市场、控制和减少与吸毒有关的传染性疾病的发病率、降低侵财性犯罪、维护社会和谐稳定有一定的作用。但戒毒人

员戒断巩固率低、复吸率居高不下、戒毒人员回归社会难等现实表明，强制隔离戒毒并不是一种理想的戒毒模式。

1. 戒断巩固率低，复吸率高，戒毒效果不明显

受国际毒潮影响及社会变迁的冲击，云南省吸毒人员仍在逐年增加，强制隔离戒毒人数也在逐年上升，但解除强制隔离戒毒人员复吸率却始终居高不下。资料表明国际上戒毒的巩固率通常只有9%左右，即使科技比较发达，戒毒技术比较先进的美国等发达国家复吸率一般也在90%以上。戒毒工作颇有成效的新加坡，其复吸率也高达70%~80%。我国的复吸率同样不容乐观，专家学者们调查研究的结论虽有一定差别，但大致都在85%以上。戒毒人员在强制隔离戒毒所可以达到100%戒断毒瘾，但出了戒毒所第一天复吸的有8%，半年后复吸的占70%，一年后复吸的占80%，三年后复吸的高达90%，三年戒断巩固率不到10%。毒瘾戒断巩固率差一直是一个世界性难题，尽管云南省持续投入巨大人财物力于禁毒工作，但始终难以突破这一瓶颈。强制隔离戒毒人员出所后再次复吸的现象十分普遍，很大一部分人员在吸毒—戒毒—复吸毒—再戒毒路上重复往返，没有达到“降低复吸率，提高戒断率，提高操守保持率”的戒毒目标。可以说，短期全员收戒所带来的益处是暂时的，但反反复复的吸毒、戒毒却增加了戒毒成本，强制隔离戒毒成本与收益不成正比。

2. 长期限制戒毒人员的人身自由，不利于戒毒人员再社会化

长期限制人身自由容易破坏戒毒人员的家庭和社会关系。一方面，强制隔离戒毒期间，戒毒人员与家人长期分离，已有的恋爱关系、夫妻关系难以维持，亲子关系受到严峻考验；另一方面，个人与社会长期隔离后容易造成就业能力和社会交往能力的弱化，加之污名化的烙印，解除强制隔离戒毒人员社会融入困难。如果戒毒人员始终面临家庭和社会的双重压力，那么铤而走险、违法犯罪、寻找往日毒友填补精神空虚就会成为难以摆脱的命运。所以，戒毒人员长期被强制隔离戒毒，不利于其家庭和社会的再融入。

3. 管理模式不完善，疾病传播及安全事故风险大

《禁毒法》实施后，原来的劳教所转变为强制隔离戒毒所，但管理人员、管理制度、硬件设施等并没有发生太大变化。尽管司法机关做出了一些调整，如加强值守看管警力，提高管理人员的心理辅导能力，为戒毒人员购买医疗保险、开展所内再就业教育活动等，但由于警力和硬件条件限制，不少强制隔离戒毒所还无法将艾滋病感染者及其他传染病患者单独隔离，致使戒毒人员随时面临传染疾病的风险，其在生理上和心理上处于一种恐慌状态，对强制隔离戒毒产生恐惧感、厌恶感。而且司法干警或公安干警与戒毒人员之间的关系也较

为紧张，为防止所内吸贩毒行为及自伤、自残、打架斗殴、逃跑等安全事故发生，公安人员及司法干警在警力不足的情况下不得不采取一些管制性措施。警力限制还使管理人员无法更多地关注戒毒人员的心理状况或以一种基于平等的、尊重的、服务的模式去对待这一特殊人群。

三、云南戒毒康复模式转型升级建议

国际经验表明，依托社区及专业社会工作者开展社区戒毒康复工作是有效降低毒品和艾滋病危害的长久之计。为此，联合国 12 个机构于 2012 年 3 月发布《关闭强制拘禁戒毒中心和康复中心的联合声明》，呼吁在社区为戒毒人员提供基于自愿、知情、有科学证据的毒品依赖治疗、艾滋病和结核病防治以及法律和社会服务，使他们能够重新回归社会。对此，云南省亟待结合省情，在借鉴国内外先进理念和先进经验的基础上开拓创新，推进戒毒康复模式改革，有效提升戒毒康复效果，积极回应联合国《关闭强制拘禁戒毒中心和康复中心的联合声明》。课题组认为，云南省戒毒康复模式改革的大方向是：坚持“以人为本、科学戒毒、综合矫治、关怀救助”的戒毒原则，逐渐萎缩强制隔离戒毒职能，强化自愿戒毒、社区戒毒、社区康复职能，着力构建集生理脱毒、身心康复、救助服务、社会融入于一体的以社区矫治为主的戒毒康复新模式。

（一）大力加强自愿戒毒

自愿戒毒体现了戒毒者的主动性，是滥用合成毒品吸毒者较为理想的戒毒措施。据《2015 年中国毒品形势报告》，57.1%的吸毒人员滥用合成毒品，其中 35 岁以下的占 62.4%，青少年已成滥用合成毒品的主体。[①] 自愿戒毒机构通过采取有效心理干预，使滥用合成毒品人员矫正不良行为，改善焦虑抑郁等不良情绪，提升人际交往能力。根据上述滥用毒品情况的变化，建议加强自愿戒毒机构建设，规范自愿戒毒机构管理，理顺自愿戒毒与社区戒毒、强制隔离戒毒和社区康复的关系，实现对吸毒成瘾者尤其是新型合成毒品成瘾者的医疗戒治和教育矫治。

1. 加强自愿戒毒机构建设

截至 2010 年，云南省具备开展自愿戒毒资质的医疗机构仅有 4 所[②]，这与

---

① 中国国家禁毒委员会办公室. 2015 年中国毒品形势报告［R］. 北京：中国国家禁毒委员会办公室，2016-02-18.

② 原卫生部曾在全国进行戒毒医疗机构审核评估工作，截至 2010 年年底，全国符合条件的自愿戒毒医疗机构共计 141 所，云南省 4 所，分别是云南戴托普药物依赖治疗康复中心、昆明市劳动教养管理所药物依赖门诊、昆明医学院药物依赖治疗中心和大理州药物依赖治疗康复中心。

日益严峻的毒情形势、持续增加的吸毒人群和居高不下的戒毒人员复吸形势极不匹配，加快戒毒医疗机构建设势在必行。具体措施有：①加大投入，积极推动有能力的综合性医疗机构参与戒毒治疗，力争通过3~5年的时间，在登记在册吸毒人员1 000人以上的市（州）和500人以上的县（区、市）至少建立一家戒毒医疗机构或在县级医院设立戒毒治疗科。[①] ②通过购买服务等方式鼓励社会组织和个人积极参与戒毒医疗机构建设，政府给予具有戒毒治疗资质的自愿戒毒医疗机构减免税、行业政策等扶持，卫生、物价、人大、政协等部门加强监督管理，确保自愿戒毒医疗机构保质保量地提供戒毒治疗服务。③推进戒毒药物维持治疗[②]。大力开展戒毒药物维持治疗是推动自愿戒毒的先决条件。应最大限度地放宽入组条件，加快设立戒毒药物维持治疗流动服务车和延伸服药点，使戒毒药物维持治疗覆盖尽可能多的吸毒成瘾者。进一步加大对戒毒药物维持治疗的财政投入，减轻戒毒者自愿戒毒的成本。戒毒药物维持治疗机构除开展常规医疗服务外，还应对自愿戒毒人员提供戒毒治疗、康复指导、心理干预等，提高治疗人员的依从性，使戒毒药物维持治疗与戒毒者心理治疗和再社会化相整合。

2. 规范自愿戒毒管理

（1）完善自愿戒毒制度设计。《中华人民共和国禁毒法》和《戒毒条例》关于自愿戒毒的规定过于笼统，缺乏可操作性。为此建议制定“自愿戒毒医疗机构管理规范”“自愿戒毒医疗服务管理办法”“自愿戒毒医疗机构收费标准”等规范，明确规定设置戒毒医疗机构或者医疗机构从事戒毒治疗业务的资质和条件，从自愿戒毒医疗机构处方权、戒毒药物管理和发放、内部纪律、医患双方权利义务、医疗责任、监管、违法违规责任等方面建章立制，保证自愿戒毒的高效有序发展。

（2）将自愿戒毒的部分费用纳入医疗保险。自愿戒毒人员在戒毒康复期间的戒毒诊断费，脱毒、康复治疗费用，纳入基本医疗保险及医疗救助。

（3）对自愿戒毒者进行动态监控。为避免吸毒人员将自愿戒毒作为逃避

---

① 辛闻. 全国已建立戒毒康复人员就业安置基地836个［EB/OL］.（2014-10-08）. http://626.cpd.com.cn/n2004596/c25411540/content.html.

② 自愿戒毒包括广义和狭义两种含义。从《中华人民共和国禁毒法》的规定来看，广义的自愿戒毒包括四种形式：一是自行到戒毒医疗机构接受戒毒治疗；二是申请参加戒毒药物维持治疗；三是自愿进入强制隔离戒毒所戒毒；四是自行采取非借助医疗机构、戒毒药物维持治疗、强制隔离戒毒所的其他戒毒方式，如自行在家戒毒、亲属帮助戒毒等。狭义的仅指第一种形式的自愿戒毒，也称为医疗机构戒毒。我国禁毒理论界和实务部门侧重采用狭义。本研究根据《中华人民共和国禁毒法》第51条和《戒毒条例》第12条的规定取中义，自愿戒毒包括第一、二种形式。

公安机关打击的合法借口，建议将全国自愿戒毒医疗机构存储的戒毒人员信息联网，实行动态监控和跨区域监控。对短时间内频繁要求进入自愿戒毒医疗机构进行治疗的戒毒人员，以及进行自愿戒毒累计达到一定次数时，由自愿戒毒机构负责上报。公安机关根据吸毒人员先前接受自愿戒毒的疗效、再次进行自愿戒毒的动机、相邻接受治疗时间的长短等因素进行综合考察，科学决定对戒毒人员应采取的戒毒康复措施。依据《精神卫生法》，参照对精神病人管理方法对戒毒人员进行管理。毒瘾广义上属于精神病范畴，毒品成瘾者在医学上属于精神病患者。在病人自愿治疗的原则前提下，当他没有意识确定自己是否应该接受治疗时，应该有动态指令，住院后应有评估体系。

3. 建立自愿戒毒、社区戒毒康复与强制隔离戒毒的转化机制

理顺自愿戒毒与社区戒毒、强制隔离戒毒和社区康复的关系，建立自愿戒毒与社区戒毒、强制隔离戒毒和社区康复的转化机制。

（1）明确具有行政执法性质的社区戒毒和强制隔离戒毒具有适用的优先性，吸毒成瘾人员要求到具有资质的医疗机构自愿戒毒的，必须经过公安机关的审查同意。其中尚未被公安机关发现而主动要求进行自愿戒毒的，公安机关应当允许；正处在社区戒毒或强制隔离戒毒期间，申请到医疗机构戒毒的，公安机关可以允许；经过社区戒毒、强制隔离戒毒后又复吸而要求自愿戒毒的，公安机关可以允许。对于公安机关同意自愿戒毒的，应当免除治安处罚和免予治安戒毒、强制隔离戒毒。

（2）在医疗机构自愿戒毒的戒毒人员，如果在戒毒治疗期间复吸的，医疗机构应当向公安机关报告，对于在自愿戒毒期间具有三次复吸行为的，应当取消自愿戒毒，决定强制隔离戒毒。

（3）将自愿戒毒与社区康复有效结合起来，让自愿戒毒者顺利完成戒毒治疗、身心康复、回归社会等戒毒环节。自愿戒毒医疗机构设立培训点，社区派员参与自愿戒毒工作的观摩学习，参加毒品学、护理学、心理学、精神病理学等专业戒毒知识或技能培训。自愿戒毒的资深工作人员作为督导定期到社区对戒毒工作者进行辅导和临床指导，从而实现两机构、两阶段间工作的有效连接。建立对戒毒康复者的回访机制，利用社区的便利资源设立跟踪回访点，自愿戒毒机构人员可在社区工作人员带领下对出院的戒毒康复者进行定点回访，根据反馈不断改进自愿戒毒工作存在的不足，进一步加强工作的过渡和连接，巩固戒毒效果。

（二）全面推进社区戒毒康复

社区戒毒和社区康复改革应以实现专业化、实体化、社会化和法制化为目

标。建立健全工作机构和工作人员，探索实行社区戒毒和社区康复委托管理，理顺社区戒毒康复工作机制。

1. 加强工作机构和工作队伍建设

（1）成立社区戒毒康复专门机构。乡镇人民政府和城市街道办事处作为社区戒毒和社区康复的法定主体，应当成立由相关部门组成的社区戒毒康复工作领导小组，确定社区戒毒康复工作机构，配备专职工作人员及社会工作者，明确社区戒毒康复工作机构及社会工作者的具体职责。在专门机构中，由乡镇、街道明确一名工作人员专门负责社区戒毒康复工作，由其领导辖区内的所有禁毒社会工作者，并以禁毒社会工作者为主要力量，会同民警、医务人员、志愿者和戒毒人员家庭成员共同组成社区戒毒康复工作小组。

（2）设置社区戒毒康复社会工作者（也叫禁毒社工）岗位。社区戒毒康复社会工作者是社区戒毒康复工作小组日常工作的具体承担者，在社区戒毒康复中发挥着主力军作用。乡镇人民政府、街道办事处应当根据登记在册人员数量，按照 1∶30 的比例通过招聘或政府购买服务等方式引进专业人才，足额配备社区戒毒康复社会工作者，实现社区戒毒康复社会工作者的专业化、职业化和身份合法化。在社会工作发育不成熟的地区，也可以从原劳教场所抽调司法戒毒民警下沉到县（市、区）开展社区戒毒康复工作。

（3）通过政府购买服务方式成立社区戒毒康复社会工作组织，为社区戒毒康复人员提供帮教康复为主的社会服务。在政府财政支持和各级禁毒办指导下，依托有条件的社会组织及禁毒志愿者组织构建禁吸戒毒管理服务网络，依法开展社区戒毒、社区康复、社会帮教和毒品预防教育。正如本报告第三部分介绍的国际经验以及本成果的专题报告《建构基于社会工作职业化的社区戒毒康复新模式》所介绍的，构建新的社区戒毒康复模式有两个关键环节：第一，政府在统一认识基础上划拨专项资金用于设立禁毒社工（社区戒毒康复社会工作者）岗位及购买特定的社会组织服务；第二，培育社会组织，确定有资质有能力的社会组织负责禁毒社工的招聘、培训、组织及履行职能工作。该社会组织成立总社，下设分社、工作站及必要的服务机构，对辖区内的吸毒人员进行网格化、点对点的服务沟通，以社区戒毒康复为工作中心，将服务延伸到就业、生活帮扶以及毒品预防等方面，打造“政府总体推动，社团自主运行，职业化、专业化的社会工作者具体实施”的社区戒毒康复工作新格局。

2. 探索实行社区戒毒康复委托管理

《禁毒法》规定戒毒人员应当在户籍所在地或现居住地接受社区戒毒、社区康复。但是云南的社区普遍发育不成熟，居委会和村委会在面临诸多日常事务时，很难有精力投入专业性和困难度都极高的社区戒毒康复工作，而具有专业优势的戒毒康复场所又面临入住率低、资源闲置的困境。针对云南这一比较突出的供需不平衡矛盾，有必要探索实行真正意义上的社区戒毒康复模式和委托管理的社区戒毒康复模式。[①] 要积极创造条件，推动云南省戒毒社会组织发育壮大和社会工作者的职业化、专业化进程，在条件成熟的地区实施类似于上海的政府出资购买服务、社团自主运行组织、职业化和专业化的社会工作者具体实施的社区戒毒康复模式。与此同时，对那些暂不具备社区戒毒康复条件的乡镇人民政府、街道办事处，可以委托戒毒康复场所对其辖区内的社戒人员和社康人员实行集中管理。戒毒康复场所可利用自身专业、经验、资源、人才、技术等优势，在场所内设立社区戒毒康复管理服务区，为开展社区戒毒康复工作存在困难的乡镇、街道办事处提供社区戒毒康复人员委托管理服务。由各戒毒康复场所与划片区（县）有关部门共同成立社区戒毒康复工作领导小组，负责相关辖区社区戒毒康复工作的领导和协调。委托管理的最大好处，是实现社区和场所的优势互补，将社区无力管理的服务对象委托给资源充沛但入住率较低的场所进行集中管理，这样既减轻了社区负担，又补充了场所的对象来源，有助于提高现有戒毒康复场所资源利用率。但这一方案如何保证服务对象的自愿入住是一个悬而未决的问题，这个问题若不能得到妥善解决，将在伦理上存在瑕疵。因而，社区、场所、服务对象三方的沟通协调尤其重要，社区应通过耐心细致的思想工作，力求做到全员自愿入住，场所则应以优质服务吸引服务对象自愿入住。

3. 完善社区戒毒康复工作机制

制定“社区戒毒康复条例”，规范社区戒毒和社区康复日常工作，完善社区戒毒康复工作机制。

（1）合理界定社区戒毒的适用对象。从吸食毒品种类角度，将社区戒毒的主要适用对象限定于多次吸食摇头丸、K 粉等新型合成毒品（不包括冰毒等硬性毒品）的人员。因为这类毒品的成瘾性与鸦片、吗啡、海洛因等传统毒品的成瘾性之间有着较大的差别，它没有严重的戒断综合征，比较适合于社区这样一种强制性较弱的戒毒措施。此外，吸食新型合成毒品的人员大都是青少年，社区戒毒也可以最大限度地教育、感化、挽救他们。

（2）完善社区戒毒康复人员的安置帮教工作机制。明确各级人民政府、街道办事处以及公安、人力资源和社会保障、民政等有关部门在社区戒毒康复

---

① 谢伦. 社区戒毒社区康复委托管理的实践探索［J］. 中国司法，2015（7）：87-91.

人员就业安置方面的任务和职责，真正形成多部门依法齐抓共管的社区戒毒康复工作新常态。

（3）建立责任追究机制。明确戒毒人员拒绝接受社区戒毒康复等情形的法律后果。

（4）建立经费保障机制。市、县、区人民政府按照规定将社区戒毒康复工作所需经费列入本级财政预算。各级人民政府、街道办事处应当按照戒毒康复人员数量核定社区戒毒康复工作所需经费，并与财政协商后，出台财政分级保障的指导意见。

（5）完善戒毒医疗服务体系。以戒毒治疗研究中心为龙头，社区戒毒治疗机构、吸毒成瘾认定医疗机构、美沙酮维持治疗门诊（拓展点）、精神病医院戒毒门诊等组建戒毒医疗服务体系。社区戒毒治疗机构每年给每位社区戒毒康复人员至少提供2次以上的门诊治疗、住院治疗、药物维持治疗和心理咨询服务，并将社区戒毒人员纳入医疗保障、最低生活保障。

（三）力促强制隔离戒毒模式转型升级

1. 提升强制隔离戒毒所管理水平

（1）设置阶梯式强制隔离戒毒期限。《禁毒法》规定强制隔离戒毒的期限为两年，对于解除强制隔离戒毒的人员可以责令接受不到三年的社区康复。由于羁押时间过长不利于戒毒人员的再社会化，建议将一至两年的戒毒时限分解为一年以内、一年、一年以上三个档次，把大部分戒毒者列为一年期满出所的情况；初涉毒品（特别是吸食新型合成毒品者）、无犯罪记录、戒毒效果好的执行一年以下的戒毒期限；吸毒年限长、戒毒次数多、戒毒效果不好、多次违反管理规定的执行一年以上期限。

（2）构建强制隔离戒毒人员分类矫治体系。强制隔离戒毒场所应当根据戒毒人员吸食、注射毒品的种类、吸毒年限、戒毒次数、成瘾程度等标准，对戒毒人员分类管理，进行有针对性的生理、心理治疗和身体康复训练。

（3）对强制隔离戒毒所患有传染病的戒毒者实行隔离治疗，加强管理人员的自我防护培训。对强制隔离戒毒所内的艾滋病感染者和病人实施集中管理，为愿意接受抗病毒治疗的学员提供治疗。

（4）对未成年戒毒人员进行集中管理服务，建立未成年人专管大队。据统计，2014年年底云南省青少年吸毒人员占登记在册吸毒人员的50%①，青少

① 范春艳. 以案释法——关注未成年人戒毒人员 折翼青春在这里重新起航［EB/OL］.（2016-01-27）. http://news.163.com/16/0127/15/BEBKCJ6D00014AEE.html.

年已成为吸食毒品的主体①。因此，强制隔离戒毒所应进一步规范未成年强制隔离戒毒工作，围绕提高未成年人综合矫治效果，按照可行性、可操作性、可推进性的原则，积极探索未成年人教育戒治办法，综合运用教育、管理、治疗、康复等多种手段，不断提高戒治质量，实现提高戒断率、降低复吸率的目标。

（5）全员收戒救治病残不宜羁押人员。学习借鉴个旧市“救治园”收戒救治模式，对因病不宜收戒羁押人员依法收戒至“救治园”并实施分类管理。对执行强制隔离戒毒的发病期重症病残戒毒人员，经医院诊断，由本人、家属自愿申请或强制隔离戒毒所提出意见，报经市政府批准，转入“救治园”救助治疗和管理看守；对公安机关清理排查的流散在社会上的病残吸毒人员，依法办理强制隔离戒毒，直接送到“救治园”收戒救治；对轻症和重症人员分别按每人每月 1 000~8 000 元的救治费用，采用“政府负责一部分、医保解决一部分、家属承担一部分”的方式予以保障，通过收戒与救治两种手段对病残不宜羁押人员全员收戒。这既可以帮助部分病残吸毒人员及家庭解决“治疗难”的问题，又可以防止病残吸毒人员流散社会，有效降低“两抢一盗”、零星贩毒和卖淫等突出治安问题。②

2. 提升强制隔离戒毒所医疗能力

在提升强制隔离戒毒所管理水平、规范管理程序的基础上，逐步将其转化为对吸毒成瘾者进行治疗、关怀和康复的医疗和社会服务机构，从而使其更加具备公共卫生导向，并符合国际通行的权利保障的基本原则。

（1）应积极推进医疗卫生社会化。通过所院协作、绿色通道、外聘兼职、购买医疗服务、建立驻所医务室等方式推进强制隔离戒毒所戒毒医疗机构建设，不断提高强制隔离戒毒所的戒毒医疗能力和水平。

（2）加强戒毒人员心理矫治。一是大力引进心理学、社会工作等专业人才，根据吸毒人员的多少确定专业矫治师的数量；二是依托云南各高校心理学专业平台，建立心理学实习基地；三是加强培训，以心理学治疗理论为基础，掌握心理矫治技能，保证心理矫治的质量。

3. 强化后续延伸管理服务，提高戒毒巩固率

强制隔离戒毒必须围绕生理脱毒、康复治疗、再社会化三个重点展开，在

---

① 中国国家禁毒委员会办公室. 2015 年中国毒品形势报告［EB/OL］.（2016-02-18）. http://www.nncc626.com/2016-02/18/c_128731173_3.htm.

② 个旧市委办公室. 个旧市“四措并举” 推进“救治园建设”［EB/OL］.（2015-07-14）. http://yn.xinhuanet.com/nets/2015-07/14/c_134410452.htm.

确保目前纳入的服务对象得到有效管控的基础上，稳步扩大后续延伸服务管理工作覆盖面，将更多的解除强制隔离戒毒人员纳入后续服务管理，切实提高其戒断巩固率和就业率。

（1）根据解除强制隔离戒毒人员的人数、户籍所在地或现居住地，按城市社区、城乡结合、农村、戒毒康复场所均覆盖的原则建立解除戒毒人员后续照管工作站，实现强制隔离戒毒所与公安、社区的无缝对接。解除戒毒人员后续照管工作站，通过综合运用各种教育戒治方法和手段，使解除强制隔离戒毒人员提高守法意识、提升认识水平、增强拒毒能力、改变不良心理、得到帮扶救助、拓展就业渠道，使其回归社会后能够保持操守，降低复吸率，以促进和维护社会和谐稳定。

（2）制定合理有效的联动机制。后续延伸服务管理是一个涉及面很广的系统工程，单凭司法行政戒毒机关的力量难以完成，需要禁毒委、公安、民政、卫生、乡镇人民政府、家属的通力协作。

（3）加大就业帮扶力度。通过多部门联合，挂靠企业培训基地，在所内开展投资少、见效快、实用性强、符合戒毒人员自身特点的职业教育课程，让戒毒人员学有所得、学有所成、学有所用。同时，将强制隔离戒毒人员的职业技术培训与劳动部门考核相结合，为戒毒人员回归社会后的就业创造条件。服务对象获得稳定工作是其保持操守、戒断毒品的关键因素。在就业服务方面，上海自强服务社形成了可以推广的经验。服务总社和工作站与医院、环卫等单位签订合作协议，提供比较稳定的就业岗位（保洁、搬运等）；禁毒社工为对象提供一对一的就业指导和岗位介绍。

（四）完善戒毒康复场所管理体制

1. 建立社会合作，实现与其他戒毒措施的无缝对接和有机衔接

戒毒康复场所应依据《禁毒法》及《禁毒条例》，主动与当地派出所、司法行政机关、公安机关、强制隔离戒毒场所、戒毒医疗机构、乡镇人民政府、街道办事处和家庭建立联系，搭建与自愿戒毒、社区戒毒、强制隔离戒毒、社区康复等戒毒措施的无缝对接和有效衔接，最大限度地收治社会自愿戒毒人员、社区戒毒人员、社区康复人员和即将解除强制隔离的戒毒人员，为无家可归、无业可就、无依无靠的吸毒人员提供帮扶救助。

（1）与强制隔离戒毒所开展所所合作，为即将解除强制隔离戒毒的戒毒人员提供康复体验服务和后续照管服务。

（2）与地方政府和禁毒部门开展所地合作，努力将戒毒康复职能向社会延伸，合作共建戒毒康复基地，动员社会上的吸毒人员前来戒毒康复。

（3）与戒毒人员家庭开展所家合作，成立戒毒人员家庭促进会，与家属建立联帮、共管、促教关系，协同开展康复和后续照管工作，巩固提高解戒人员的戒毒康复成效。

2. 拓展就业安置，加强习艺培训和就业指导

戒毒康复场所应把加强习艺培训和就业指导作为对戒毒人员救助的重点，致力打造宜培训、宜劳动、宜就业的基地。

（1）主动加强与社会企业合作，为戒毒康复人员提供充足的就业岗位，实现全员培训就业、全额领取劳动薪酬，并推荐康复效果好的人员到社会企业就业。

（2）创建社区就业模式，选聘戒毒人员从事场所内的环境清洁、园艺绿化、种植养殖、康体训练、厨房炊事和安全保卫工作，将所内的超市、网吧、美容美发室和宵夜排档等提供给戒毒康复学员承包经营，提高他们的创业谋生能力和社会适应能力。

3. 探索社区化管理模式，创建多方联动、自我管束的管理机制

对戒毒康复人员的管理是戒毒康复场所的难点。应坚持以人为本，创建契约管理为基础、自主管理为主导、后续照管为补充的管理机制，努力营造和谐、平等、温馨、安全的管理氛围。

（1）建立契约式管束机制。与自愿戒毒人员及其家属签订自愿戒毒康复协议，明确双方的权利义务和违约责任。

（2）建立自主管理机制。成立自愿戒毒康复协会和社区管理委员会，戒毒康复人员在民警的指导下自主管理日常工作、生活和学习事务。

（3）建立续管式帮扶机制。对协议期满回归社会的人员进行后续照管，提供延伸管理和持续帮助。

综上所述，云南省的戒毒康复模式改革应结合具体的省情、毒情和戒毒人员的具体情况，在借鉴国内外先进理念和先进经验基础上开拓创新。在较长时期内需要稳定现有强制隔离戒毒规模，在提升现有强制隔离戒毒所管理水平、规范管理程序的基础上，逐步将其转化为对吸毒成瘾者进行治疗、关怀和康复的医疗和社会服务机构，从而使其更加具备公共卫生导向，并符合国际通行的权利保障的基本原则。在条件不成熟的情况下宜先推动社区和社会组织建设，推动社会工作专业化和职业化进程，然后循序渐进地扩大社区戒毒和社区康复，并将其与构建社区防治艾滋病综合模式联动推进，带动云南的社区、社会组织、社会工作者“三社联动”，进而推进云南的社区发育和建设，推进云南的基层自治，促进云南社会治理方式的现代化。

附录四

云南省防治艾滋病人民战争的生命伦理学审视

（专题报告）

一、云南省防治艾滋病人民战争的历史发展

（一）云南省防治艾滋病人民战争概述

“艾滋病是一个综合性的社会问题，而不仅仅是医学问题”这个认识已被社会普遍接受。基于认识的逐步深入，防治政策不断调整，日臻完善。云南省位于我国西南边陲，区位特殊，人员结构复杂，成为我国艾滋病疫情发展最为严重的地区之一。自 1989 年在云南瑞丽市注射吸毒人员中发现艾滋病病毒感染者 146 例起，到 2016 年，艾滋病感染者和病人数量已飙升至 65.4 万例。从 2005 年正式打响云南省防治艾滋病人民战争第一枪到 2016 年 5 月召开第四轮防治艾滋病人民战争动员大会，10 年来，云南省防治艾滋病经过三轮人民战争，防治措施和政策逐渐完善成熟。

第一轮防治艾滋病人民战争（2005—2007 年）。此阶段，云南省大力开展艾滋病监测检测、临床治疗、行为干预、安全套推广、关怀救助等各项工作。艾滋病监测检测已全省覆盖。各类检测人数达 309 万人，共检测出感染者 3 万多例；全省 99%以上的宾馆酒店和娱乐服务场所摆放了安全套；新建美沙酮维持治疗门诊 52 个，收治吸毒人员近 3 300 名；全省设立抗病毒治疗定点医院 146 个，累计对 5 500 多例艾滋病病毒感染者和病人免费提供了规范的抗病毒治疗；自 2000 年全国第一家“艾滋病关爱中心”在昆明建成并投入使用以来，全省共建立了艾滋病致孤儿童救助机构 16 个，对 4 375 名困难人群、1 491 名艾滋病致孤儿童给予了生活救助，对 1 100 名适龄艾滋病致孤儿童提供了免费

上学机会；国际交流合作不断深入，防艾项目覆盖了全省 65 个县市区。①

第二轮防治艾滋病人民战争（2008—2010 年）。此阶段，云南省艾滋病疫情快速上升的总体态势得到进一步遏制。3 年间，云南省减少和控制艾滋病新发感染 8 900 例；因得到免费抗病毒治疗，减少了 4 382 名艾滋病感染者和病人的死亡；为感染者和病人减轻医疗负担 35. 54 亿元；避免间接人力资本损失 28. 89 亿元。评估报告显示：高危人群和重点人群艾滋病病毒感染率保持平稳。同时，艾滋病病人和艾滋病治疗病人病死率明显下降。艾滋病病人病死率从 2007 年的 24. 4%下降到 2010 年的 11. 7%；艾滋病治疗病人病死率从 2007 年的 6. 4%降至 2010 年的 4. 1%；得到治疗的艾滋病病人生存质量明显提升；全社会对艾滋病的歧视状况得到一定改善。②

第三轮防治艾滋病人民战争（2011—2015 年）。此阶段，云南省委、省政府坚持预防为主、四禁并举，科学防治、分类指导的原则，防艾工作机制不断完善，保障能力不断提升。数据显示：通过开展第三轮防治艾滋病人民战争，云南省艾滋病疫情得到有效遏制。2015 年与 2010 年相比，静脉注射吸毒人群艾滋病病毒新发感染率从 2. 26%下降至 0. 97%，暗娼人群艾滋病病毒新发感染率从 0. 45%下降至 0. 06%；艾滋病病毒抗体阳性产妇所生婴儿的艾滋病病毒感染率从 6. 49%下降至 3. 13%；治疗病人的病死率从 3. 56%下降至 1. 97%；检测阳性率从 0. 36%下降到 0. 12%，报告的感染者占全国的比例从 15. 7%下降到 10%。截至 2015 年年底，全省累计报告现存活的艾滋病病毒感染者和病人为 8. 65 万人。③

前三轮防治艾滋病人民战争历时十年，在云南省委、省政府的坚强领导下，经过社会各界的共同努力，成效显著，全省艾滋病疫情发展趋于平稳，为下一步防治艾滋病积累了宝贵的经验。首创的一些防治措施在全国得到广泛推广，德宏州疫情出现拐点，并由全国防治艾滋病重灾区转变为全国艾滋病综合防治示范区。但随着社会的发展，新的情况和问题不断出现，当前防治艾滋病工作仍面临着性传播上升迅猛、重点人群感染率迅速攀升、合成毒品滥用与艾滋病性传播相互交织等严峻问题，疫情发展状况越来越复杂，防控难度加大。

---

① 杨牧源，李倩. 云南 3 年禁毒防艾战争取得阶段性胜利［EB/OL］.（2008－06－25）. http://news.sohu.com/20080625/n257740921.shtml.

② 李健飞. 云南禁毒防艾人民战争 多举措应对艾滋病严峻疫情［EB/OL］.（2011－11－30）. http://news.cnr.cn/gnxw/201111/t20111130_508856629.shtml.

③ 歹永聪. 云南：艾滋病重灾区转为防治示范区［EB/OL］.（2016－11－30）. http://news.eastday.com/eastday/13news/auto/news/china/20161130/u7ai6251866.html.

部分地区艾滋病疫情的发展有反弹的苗头出现，防艾工作不容乐观。降低新发感染、防范疫情反弹的任务依然艰巨，最终打赢这场战争还需要党和政府的坚强领导、社会各界的齐心协力。未来五年，既是实现跨越式发展的关键时期，也是防治艾滋病决胜的关键时期，要继续加强组织领导，完善防艾长效工作机制；制定得力措施，进一步提高防治工作的针对性和实效性；继续加大重点地区重点人群艾滋病防治力度，坚决遏制艾滋病疫情的蔓延发展。借鉴前三轮防治艾滋病人民战争的宝贵经验，坚决打赢第四轮防治艾滋病人民战争。

（二）云南省第一轮防治艾滋病人民战争（2005—2007 年）

1989 年 10 月，云南省艾滋病疫情始发于滇西边境的静脉注射吸毒人群，历经传入期、扩散期和快速增长期，在 2002 年后逐渐进入持续增长和发病期。为了进一步遏制艾滋病的流行和蔓延，在党中央、国务院的大力支持下，云南省委、省政府迅速行动，周密研究部署，层层宣传发动，带领全省人民打响了防治艾滋病人民战争的第一枪。省委、省政府于 2004 年 12 月制定并下发了《云南省防治艾滋病工作实施方案（2005—2007 年）》。经过三年的不懈努力，云南省防治艾滋病形势出现了从微观到宏观、从局部到全局、从隐蔽到公开、从被动到主动、从倡导到落实的五大转变①，使得艾滋病疫情快速上升的总体趋势得到了基本遏制。

历经三年，防治艾滋病的人民战争取得了阶段性的成果。但是，艾滋病发展势头凶猛，截至 2007 年年底，全省累计报告艾滋病病毒感染者 49 695 例，占全国总感染者的四分之一左右，云南省仍然是艾滋病疫情最严重的地区之一，形势十分严峻。在 2007 年报告案例当中有病患 7 630 例，死亡病例数为 4 525 例，且全省的 129 个县（市、区）都已上交艾滋病病毒感染者的报告。由此可见，云南省艾滋病疫情严重，尤其是吸毒人群中艾滋病病毒感染率居高不下；通过性传播途径所感染的情况呈现出上升趋势；艾滋病病毒感染者陆续进入发病期，并由高危人群向一般人群传播，临床治疗和关怀救助工作压力加大，整体防治形势依然困难重重。

1. 政策探索与突破

（1）基本建立了防治艾滋病工作保障机制和服务体系。云南省委、省政府将防治艾滋病工作列为影响全民健康、边疆稳定、和谐发展的头等大事。云南省成立了由省长挂帅的防治艾滋病领导小组和由副省长领导的防治艾滋病工

① 扎西顿珠. 2008 年 9 月底：云南省累计报告艾滋病病毒感染者病人 63 322 例［EB/OL］.（2008-11-27）. http://www.yncdc.cn/newsview.aspx? id=74456.

作委员会，加强防治艾滋病工作督查、指导的力度，层层落实防治艾滋病工作任务，统筹协调全省防治艾滋病工作。同时，将防治艾滋病工作纳入政府责任目标管理，定期召开防治艾滋病工作会议，部署安排防治工作。云南省所属州（市）、县（市、区）均成立防治艾滋病工作委员会并下设办公室，配备专职人员，负责辖区内的艾滋病防治工作，并实行防治艾滋病工作党政“一把手”负责制、一票否决制和责任追究制。[①] 在政府责任目标管理中增加防治艾滋病工作，自上而下制定责任目标，落实部门职责，加强对防治艾滋病工作的领导。

2005—2007 年，中央、省、州（市）、县（区）共投入防治艾滋病专项基金 49 917.89 万元，国际合作项目投入的援助资金达 10 548 万元。[②] 防艾工作包括从省级层面协调项目的引进、计划制定、编制预算、信息沟通和督导评估等。此外，云南省防艾局设置了交流合作处，把国际合作项目一同并入行政管理系统，将行政管理与技术支持有机结合在一起。2005 年，云南省成立了省级艾滋病防治专家咨询委员会，委员会成员由来自公共卫生、基础研究、社会学、临床、法学、人类学等不同学科的专家学者组成，聘请了包括中国科学院院士曾毅在内的 6 位国内外知名专家作为云南艾滋病防治顾问；建立了云南省艾滋病防治重大决策专家论证制度，使得专家委员会不仅仅是咨询机构，更是云南防治艾滋病的重要实施机构，极大地提高了云南省行政管理的科学性、规范性和可操作性，做到了项目工作和政府常规工作的融合、互补。

（2）全面开展防治艾滋病工作。云南省大力开展宣传教育活动，充分动员和利用各级各部门宣传平台、新兴媒体，开设专栏，举办专题讲座，层层宣传发动，普及防治艾滋病知识。全省上下逐级开展了党政干部防治艾滋病知识和政策培训，党校和行政学院将防治艾滋病知识和政策列为必修课。在一些艾滋病重点流行地区，政府部门从党政机关抽调干部，组成工作队，进村入户开展防治艾滋病宣传教育工作。

①在监测检测方面，根据国家卫生部和省委、省政府的指示精神，云南省在全省范围内对 9 类重点人群开展了艾滋病筛查。2005 年、2006 年、2007 年

---

① 洪云龙. 总结经验 坚定信心 落实责任 深入持久推进防治艾滋病人民战争［EB/OL］.（2012-12-01）. http://www.dalidaily.com/dianzi/site1/dlrb/html/2012-12/01/content_128814.htm.

② 云南省防治艾滋病委员会. 云南省防治艾滋病人民战争评估报告（2005—2007 年）［R］. 昆明：云南省防治艾滋病委员会，2008.

筛查总人数分别为743 464人、1 005 243人和1 344 250人。[①] 针对婚检率过低的问题，云南省卫生厅、民政厅于2006年4月联合发布了《关于在新婚登记者中进行艾滋病病毒抗体免费检测工作的通知》。由于政策支持，结婚登记人群艾滋病病毒抗体检测的比例迅速提升，在参加婚前保健的人群中艾滋病病毒抗体检测率由2004年的0.0%很快提高到了2007年的93.2%。[②]

②在行为干预方面，云南省根据当地实际，结合试点经验，主要采取了安全套推广、外展服务、免费咨询检测服务、同伴教育、性病诊疗和人员培训相结合的综合干预等措施，认真开展暗娼行为干预。2005—2007年，全省共建立妇女健康中心43个，规范的性病门诊81个，提供免费资源咨询检测服务91 136人次。同时，云南省针对吸毒人群（以注射吸毒者的需求为主导），从基线调查和需求评估工作中了解吸毒者的需求和现状，引入多种有效的行为干预策略，制定行为干预实施计划，从而与吸毒人群保持良好接触，促进吸毒人群的行为改变。此外，云南省还出台了《云南省人民政府办公厅关于实施艾滋病防治六项工程的通知》，明确了美沙酮维持治疗、提供清洁针具、安全套推广等行为措施的合法性。[③] 云南省在防治艾滋病政策法规制定方面获得了重大突破，有力保障了云南省防治艾滋病实践活动的深入开展，同时，也夯实了《艾滋病防治条例》制定与实施的基础。

③在救助关怀方面，云南省建立了由医疗卫生、民政、教育等部门组成的省、州（市）、县（市、区）三级艾滋病病毒感染者关怀救治体系，在重点防治地区则形成了由州、县、乡、村四级构建的艾滋病病毒感染者综合管理网络，实行以乡村医生负责落实、以农村和家庭单位为基础的艾滋病综合防治模式。同时，还利用分布在各级疾病预防控制机构、妇幼保健机构、医院、社区药物维持治疗门诊、乡村卫生院（室）、计生站和婚姻登记处等地的306个自愿咨询检测（VCT）点，开展关怀救助政策的宣传，并将需要进行治疗、开展母婴阻断以及生活困难的感染者和病人转介到相关的部门和机构，艾滋病免费抗病毒治疗人数稳步增长。另外，云南省还加强了对感染者的管理。2007年，云南省制定并下发了感染者告知、随访和CD4+检测的具体管理工作指标、

---

① 陆林，贾曼红. 云南省1989—2005年艾滋病流行分析［J］. 中国艾滋病性病，2006，12(6).

② 云南省防治艾滋病委员会. 云南省防治艾滋病人民战争评估报告（2005—2007年）［R］. 昆明：云南省防治艾滋病委员会，2008.

③ 云南省人民政府办公厅. 云南省人民政府办公厅关于实施艾滋病防治六项工程的通知［EB/OL］.(2004-02-20). http://www.110.com/fagui/law_94713.html.

《关于加强艾滋病病毒感染者告知随访工作的通知》。通知中明确规定了部门职责、管理内容和要求，强化了感染者发现机构、管理机构和服务机构之间的协调机制，有效控制了传染源。

在云南省第一轮防治艾滋病人民战争中，全省各地防治工作因地制宜，结合实际，特点鲜明，扎实工作。以不同的方式，依靠科学，充分赋权，强化督导，把工作落实到了家庭、社区，把服务送到了各类人群当中，在给予相关物资和政策保障的基础上，最大限度地给予艾滋病病人及其家庭必要的帮助与关爱，让他们充分体会到党和政府的温暖，感受到党和政府在极力为他们营造一个无歧视、公平的工作与生活环境。

2. 主要成效及存在问题

（1）主要防治效果。

①艾滋病传播减少。研究表明，在母婴传播途径中，在未采取母婴阻断措施的情况下，艾滋病病毒母婴传播概率为30%。而在云南省2005—2007年跟踪的由艾滋病病毒抗体阳性产妇分娩满18个月龄的329名婴儿中，仅有18名婴儿感染，感染比率仅为5.47%，[①] 大大降低了通过母婴途径感染艾滋病病毒的婴儿数。在注射吸毒传播途径中，云南省18个注射吸毒者哨点检测结果显示，2005—2007年数据波动在24%~28%之间，流行趋势较为平缓。云南省2004—2006年艾滋病注射吸毒人群哨点显示，艾滋病病毒感染率呈逐年下降趋势。在暗娼传播途径中，全省17个社区暗娼艾滋病监测哨点数据显示，2005—2007年，艾滋病病毒平均感染率为1.68%~1.94%，感染水平总体较低；而暗娼梅毒感染率平均为0.56%~1.75%，也呈现下降趋势。由于注射吸毒人群共用针具的现象减少，暗娼中安全套使用率有所提高，通过“亚洲流行预测模型（AEM）”对云南省2005—2007年新增艾滋病病毒感染者进行预测，估测三年内全省减少艾滋病病毒感染者6 048人。[②]

②艾滋病病毒感染者和病人的寿命延长。中国疾控中心艾滋病抗病毒治疗信息系统（云南省）中的队列计算结果显示：接受抗病毒治疗达到12个月的病人其存活率高达87.4%。这说明，在接受规范性抗病毒治疗的病人中，大多数病人的病情得到了缓解或稳定，生命有所延长，生存质量有所提高。此外，云南省还采用中医、中西医结合的方式对艾滋病病人进行治疗，这在改善病人

---

① 云南省防治艾滋病委员会. 云南省防治艾滋病人民战争评估报告（2005—2007年）[R]. 昆明：云南省防治艾滋病委员会，2008.

② 喻达，刘民，明中强. 一种探索HIV预防控制政策和项目有效性的过程模型——亚洲艾滋病流行预测模型（AEM）介绍 [J]. 中国艾滋病性病，2008，14（1）.

生活质量，延缓发病期，减轻临床症状、抗病毒药物毒副反应，提高病人依从性等方面都起到积极作用。

③防治艾滋病宣传教育和行为干预效果明显。在防治艾滋病宣传教育和行为干预的开展过程中，很多人对艾滋病防治相关知识从不了解到熟知，特别是直接参与艾滋病防治活动的工作者对艾滋病防治知识掌握得更加全面、深入；全民安全意识普遍增强，安全套使用率明显上升；参与降低危害干预服务的人群数量明显增加，高危行为的发生率逐渐下降。一部分人由被宣传者变成了志愿者，积极投身于防治艾滋病的工作中，主动向同伴传授艾滋病防治相关知识，使得受益面不断拓展。

云南省第一轮防治艾滋病人民战争制定的政策、策略以及保障措施不仅使高危人群、艾滋病病人及艾滋病病毒感染者亲身体会到了党和政府的重视和关爱，医护人员的精心治疗也使得他们的身心健康和经济状况有了明显改善，心理、精神方面所承受的压力也得到很大程度的缓解。随着身体状况的好转，他们对生活越来越充满信心，一部分人恢复了生产和生活能力，逐步走向社会，成为一个自食其力的劳动者。

（2）存在的主要问题。

艾滋病作为社会问题具有复杂性。它是传染性疾病，其传播方式具有特殊性，而艾滋病疫情和防治工作在市场经济下发生了变化，因此云南省第一轮防治艾滋病的政策法规、策略以及保障措施在实际操作中仍存在着诸多问题和挑战。

①艾滋病关怀救助覆盖面小，相关政策落实不到位。依据相关规定，居民申请城市居民低保待遇时，必须由户主申请。而现实中的情况是，一部分艾滋病病毒感染者和病人因为和父母住在一起，不是户主，不能以个人名义申请低保。尽管他们没有任何收入，但加上父母收入之后就不符合享受低保的标准了。由于相关救助措施和政策的缺失，部分艾滋病病毒感染者和病人得不到应有的救助。此外，个别地区政策规定，所有申请低保的家庭，其经济收入与生活水平必须经过严格的调查与反复的核实，最后还要公示于众，接受群众监督，如此才享有低保资格。这种救助方法使得申请人身份极易暴露，而且流程复杂烦琐，随时都要承担被周围人歧视的风险，故很多艾滋病病毒感染者和病人拒绝申请低保，导致“四免一关怀”政策难以全面落实。

②补贴难以落实到位，防治工作队伍不稳定。《云南省艾滋病防治条例》第四十三条第二款规定：艾滋病防治工作人员和艾滋病职业暴露高危人员应当

享受岗位补贴，具体办法由省人民政府制定。[①] 目前，云南省尚未出台具体的实施办法，使得全省各地从事防治艾滋病工作的人员面临岗位补贴落实不平衡这一现象，收入较其他部门偏低。身处防艾一线，面临职业暴露危险，岗位补贴落实不到位，这些导致部分专业人员思想动摇，离开了防治一线，从而削弱了防治力量，影响了防治艾滋病工作的进展速度。

③对艾滋病的社会经济影响研究不深，经验总结和有效方法的推广不够。云南省在防治工作中积累了一些行之有效的方法和经验，但由于推广应用不足、经验总结不全面，造成艾滋病流行对社会发展影响的研究不足。此外，各地区的相关艾滋病检测机构在告知检测结果和治疗等方面也存在问题。

由此看来，云南省防治艾滋病工作确实是耗时耗力、任务艰巨、情况复杂的社会系统工程。为期三年的云南省第一轮防治艾滋病人民战争所制定的各项政策措施为防治艾滋病工作提供了基本的保障，也为之后的防治艾滋病工作做了积极的探索。

（三）云南省第二轮防治艾滋病人民战争（2008—2010年）

第一轮防治艾滋病人民战争取得了阶段性成果，第二轮防治艾滋病人民战争将目标设置为继续遏制艾滋病疫情在云南的蔓延，巩固工作基础，扩大成效，达到根据国务院办公厅印发的《中国遏制与防治艾滋病行动计划（2006—2010年）》的要求。云南省委、省政府于2008年6月下发了《云南省新一轮防治艾滋病人民战争实施方案（2008—2010年）》[②]，方案明确指出了第二轮云南省防治艾滋病人民战争的工作任务和目标措施，要求全省各地各部门以人为本，把防治艾滋病工作作为民生重大问题，通过完善政策，加强组织领导，从根本上提高群众参与度，全面推进防治艾滋病进程。云南省第二轮防治艾滋病人民战争的号角就此响起。

1. 政策进步与创新

2005—2007年，《云南省艾滋病防治条例》成功出台，该条例在告知检测结果、婚姻登记人群中开展免费抗体检测等方面做出了明确规定，促使云南省AIDS防治法律和政策体系基本形成。2008—2010年是云南省AIDS防治法律和政策体系不断健全与完善的重要阶段。在此期间，省、州（市）、县（市、区）三级共下发长期适用文件414个，涵盖阶段性工作方案、资金管理方案、

---

① 云南省防治艾滋病委员会. 云南省防治艾滋病人民战争评估报告（2005—2007年）［R］. 昆明：云南省防治艾滋病委员会，2008.

② 云南省第二轮防治艾滋病人民战争联合评估组. 云南省第二轮防治艾滋病人民战争评估报告（2008—2010年）［R］. 昆明：云南省第二轮防治艾滋病人民战争联合评估组，2011.

确定人员编制和制定机构责任以及项目管理方案等，具体内容涉及关怀救助、宣传教育、行为干预、临床治疗等方面。

2008 年 6 月，政府在《云南省新一轮防治艾滋病人民战争实施方案（2008—2010 年）》目标任务的基础上又下发了《云南省艾滋病防治十项行动计划》，进一步明确了防治工作职责、策略和措施。省防艾委于 2009 年制定并下发了《云南省防治艾滋病工作挂钩联系制度》《云南省防治艾滋病工作奖励办法》，完善了省防艾委成员单位挂钩联系各州（市）防艾工作的机制和奖惩制度。[①] 2010 年，部分州、市的相关部门联合出台了关于艾滋病病毒感染者和病人关怀救助的新政策，加深了部门间的参与度，为艾滋病目标人群所需服务提供了有力保障。

云南省针对流动人口宣教干预、男性同性性行为人群干预、医务人员主动提供的咨询检测等难点问题进行了积极探索，不断从实战中摸索经验，总结出了男性同性性行为人群的干预模式、以工作场所为平台的流动人口宣教干预模式和省、州、县各级医疗机构开展医务人员主动提供咨询检测模式，[②] 并逐步在下一阶段的防治工作中全面推广。同时，云南省加大了边境地区防治工作力度，加强同周边接壤国家在艾滋病防治领域的跨境合作，以遏制艾滋病的蔓延和流行。另外，云南省还对涉外婚姻人员、跨境工作者、边民和少数民族等目标人群开展监测检测并为其提供服务。这些都为云南省防治艾滋病工作的可持续深入进行打开了良好局面。

针对第一轮防治艾滋病人民战争工作中存在的落实关怀救助不到位的问题，第二轮防治艾滋病工作积极探索创新，将符合条件的艾滋病病人及其家人纳入救济救助范围内，并尽可能简化申请手续，由疾病预防控制中心发放低保救助资金，在加强对艾滋病感染者和艾滋病人及时落实救助政策的同时，有效地保护了他们的隐私。

2. 主要成效及存在问题

（1）主要防治成效。

云南省在第二轮防治艾滋病人民战争中，达到了控制艾滋病疫情快速上升的目的，并在规定时间内完成了工作目标，产生了积极的社会影响。艾滋病防治人民战争的工作格局稳定建立，工作效率得到提高，并逐步形成了防治艾滋

① 云南省第二轮防治艾滋病人民战争联合评估组. 云南省第二轮防治艾滋病人民战争评估报告（2008—2010 年）[R]. 昆明：云南省第二轮防治艾滋病人民战争联合评估组，2011.

② 云南省第二轮防治艾滋病人民战争联合评估组. 云南省第二轮防治艾滋病人民战争评估报告（2008—2010 年）[R]. 昆明：云南省第二轮防治艾滋病人民战争联合评估组，2011.

病的长效机制，使得疫情较严峻的大部分地区情况趋于稳定。

①不断夯实政策实施基础，保障防治 AIDS 工作的持续开展。云南省防治 AIDS 工作认真贯彻落实《云南省艾滋病防治条例》，巩固第一轮防治艾滋病人民战争取得的成果，加大投入力度、广泛动员群众，促使防治艾滋病工作从表面到本质的转变。2005—2008 年，云南省持续加强防治艾滋病体系建设，基本形成了一个遍及全省、功能完善、运行良好的服务网络，在云南省防治艾滋病工作中发挥越来越重要的作用。云南省第二轮防治艾滋病人民战争中的各项防治措施凸显了主动性和公开性，检测病毒及感染者的范围不断拓展，干预和治疗的范围也在持续扩大，普通民众的认可度和参与度逐步提高，这一系列的成果都为艾滋病防治工作的可持续发展提供了动力基础。

②积极探索创新，建立并完善防治艾滋病的长效工作机制。云南省采取主要领导亲自过问、相关部门联手行动、动员全民共同参与的防治艾滋病工作方法，将各项措施细化分解，保障服务到位，巩固防治成果。在认真贯彻执行各项防艾政策的同时，云南省还及时推广和借鉴好的经验和做法。云南省坚持实行责任目标和激励奖惩机制，将防艾经费纳入当地预算并逐年增加；实行部门参与重大事宜的决策制度，积极筹措资金，整合资源，提高了参与防治工作的积极性，支持力度不断加大。此外，以家庭为基础、以社区为依托、以专业机构为指导的 AIDS 防治模式在实践中取得了显著效果。

③防治工作成效显著，形势喜人。云南省经过三年的不断探索和努力工作，以注射吸毒人群为代表的高危人群和重点人群罹患 AIDS 的概率总体呈下降趋势，艾滋病抗体阳性母亲所生婴儿感染率、艾滋病病人病死率、受治病人病死率持续下降。[①] 2008—2010 年，减少艾滋病新发感染 8 900 人，避免 4 389 人因艾滋病死亡。

（2）存在的主要问题。

从自然、地理、历史等诸多因素来看，云南省仍处于发展不充分、不平衡的状态。人民群众受教育水平不高，城乡、区域发展差距较大，边境线长，少数民族众多等，这些复杂的情况给云南省防治艾滋病工作的开展增加了一定的难度，有些问题还没有得到很好的解决。

①对防治艾滋病是一项长期性、艰巨性的工作的认识有待加强。个别领导干部和部分群众对艾滋病的危害性和防治措施认识不到位，有畏难情绪甚至有

---

① 云南省第二轮防治艾滋病人民战争联合评估组. 云南省第二轮防治艾滋病人民战争评估报告（2008—2010 年）[R]. 昆明：云南省第二轮防治艾滋病人民战争联合评估组，2011.

放弃的想法。也有一些领导干部和参与防治的工作人员满足于取得的阶段性成果，对下一步防治工作有所松懈，还没有从根本上树立长期作战的思想。具体表现在对防治艾滋病的持续性重视不够，部门间配合协调不默契、被动完成上级指派的任务等，这些都直接影响了防治艾滋病工作的整体推进。

②资金投入、人员队伍和工作能力不能完全满足防艾工作的需要。随着云南省艾滋病疫情的发展和防治工作的不断推进，防治经费不足与防治工作量加大的矛盾开始显现。由于云南省艾滋病病毒感染者和艾滋病病人群体基数大且持续增加，相应的检疫检测、临床治疗资金需求逐年增长；随着防治目标人群、防治工作重点区域的不断扩大，所需经费也在不断增加，资金投入与经费需求的矛盾越来越突出。一些地区没有完全落实省级编制部门下发的防治人员编制，大量使用兼职或聘用人员，导致人员素质不高，能力不足，工作质量难以保证，面对不断加重的艾滋病防治任务，这些人员恐怕不能经受住考验。

③防治措施的覆盖面需要继续扩大，有效性还有待继续加强。偏远地区的宣传教育覆盖率不够，尤其是在少数民族地区、边境地区的预防艾滋病宣传教育不够普及、针对性不强、宣传效果不明显。在检测方面，医务人员未全部做到主动提供艾滋病咨询检测，医疗机构和疾病预防控制机构之间的合作机制不能完全有效运转。社区美沙酮维持治疗门诊点、清洁针具交换工作仍有很大的拓展空间，对困难感染者家庭和受艾滋病影响儿童的救助还需进一步深化部门协作，做到真正不折不扣地贯彻各项救助政策。

（四）云南省第三轮防治艾滋病人民战争（2011—2015 年）

为继续巩固前两轮防治艾滋病人民战争工作中所取成果，持续遏制艾滋病的传播与蔓延，云南省委、省政府决定自 2011 年起在全省范围内开展为期 5 年的第三轮防治艾滋病人民战争。《云南省第三轮防治艾滋病人民战争实施方案（2011—2015 年）》明确规定了 2011—2015 年防治艾滋病工作的主要任务，要求深入贯彻落实科学发展观，总结经验教训，改进工作方法，完善管理制度。把握好艾滋病防治监测检测、干预、治疗、关爱四个关键环节，全面、有效落实各项防治措施，以人为本，为实现“两强一堡”[①] 战略目标、切实保障公民权利做出最大努力。

1. 政策健全与完善

①规范医务人员提供艾滋病咨询检测服务的行为，并加强他们主动提供服务的意识。云南省出台了相关制度，对全省各级各类医务人员和行政管理人员

---

① 两强一堡是指紧紧围绕建设绿色经济强省、民族文化强省和中国面向西南开放的桥堡。

主动提供检测咨询服务工作（PITC）进行培训，拓展医务人员主动提供咨询检测服务范围，对疫情严重地区扩大至县级医疗机构、乡卫生院和社区卫生服务中心的就诊者，尽可能最大范围地发现传染源，持续加强医疗机构对艾滋病病毒感染者和艾滋病病人的规范管理。

②创新管理机制，提高服务能力。在省级艾滋病防治行政管理部门和专业技术部门之间建立季度联席会议制度，加强行政管理部门与专业机构之间的沟通协调，及时解决防治工作中的困难和问题，面对重点人群，全面推进工作，不留死角，提高工作效率。进一步强化医防合作，构建医疗、疾控、妇幼等机构的合作框架，形成有效机制，保证艾滋病病人都能获得优质服务。

③积极探索监管场所艾滋病防治机制，规范管理监管场所。面对监管场所的治理，云南省卫生厅、省司法厅、省公安厅联合下发了《关于进一步加强监管场所艾滋病防治工作的通知》，进一步规范了监管场所艾滋病防治的宣传教育、监测检测、感染者随访管理、行为干预、抗病毒治疗、中医药治疗和出所转介等工作。[①] 监管场所 AIDS 防治机制的建立与完善，使得 AIDS 临床治疗覆盖率得以提升，艾滋病病毒感染者和艾滋病病人的合法权益得到有效保障，提高了病源管理和艾滋病防治服务的规范性。

④聚焦防治 AIDS 工作中的重点难点。在总结 AIDS 防治工作的基础上，云南省制订出台了《云南省社区艾滋病综合防治工作指南（试行）》《云南省性病防治工作方案（2013—2015 年）》《云南省流动人口艾滋病性病综合防治工作指南（试行）》和《云南省老年人艾滋病综合防治工作指南（试行）》，不仅完善了相关政策，还在很大程度上提高了工作人员应对 AIDS 防治工作的各项能力。省防治艾滋病局与省民政厅联合下发了《关于进一步做好生活困难艾滋病病毒感染者和病人家庭最低生活保障工作的通知》，进一步摸清了底数，简化了审批程序，全面落实了生活困难的艾滋病病毒感染者和病人家庭最低生活保障。省卫生厅下发了《云南省提高农村居民重大疾病医疗保障水平试点工作方案》，将艾滋病机会性感染纳入农村重大疾病保障范围。[②]

2. 主要成效和存在问题

（1）主要防治成效。

在云南省进行第三轮防治艾滋病人民战争期间，每年新发现艾滋病病毒感

---

① 云南省防治艾滋病局. 云南省第三轮防治艾滋病人民战争中期评估报告（2011—2013 年）[R]. 昆明：云南省防治艾滋病局，2014.

② 云南省防治艾滋病局. 云南省第三轮防治艾滋病人民战争中期评估报告（2011—2013 年）[R]. 昆明：云南省防治艾滋病局，2014.

染者和艾滋病病人数量维持在1万例左右，艾滋病疫情的蔓延趋势逐渐平缓。

①AIDS治疗策略措施不断完善，抗病毒治疗成效显著。自2004年以来，云南省不断完善政策、策略措施，把艾滋病治疗工作从疾控系统中分离出来，构建了覆盖全省的艾滋病抗病毒治疗网络体系。从2004年到2015年10月，艾滋病抗病毒治疗机构从原有的2家迅猛增至230家，累计治疗数73 338例，正在治疗数58 288例。其中2015年1月至10月新增艾滋病抗病毒治疗患者9 503例（成人9 385例、儿童118例），抗病毒治疗覆盖率提高到86.6%。[①]截至2015年10月，全省累计对15 203名艾滋病病毒感染者开展了早期抗病毒治疗，不仅降低了艾滋病死亡的发生率，也降低了传染率，发挥了“治疗即预防”的作用。[②] 艾滋病抗病毒治疗工作卓有成效，病人生命质量不断提高。

②不断改进工作方法，控制艾滋病母婴传播率，并使之逐步降低。进一步完善卫生系统内部妇幼为主，防艾、疾控、医政、医管、政策法规等部门共同参与的工作机制；形成以妇幼保健机构为核心，疾病预防控制中心、抗病毒治疗机构及提供助产服务的综合医疗机构等为支持、社区为依托、家庭主动参与的服务模式，[③] 不断创新工作思路，改进方法，在全国率先运用卫生服务障碍分析模型，分析全省预防艾滋病母婴传播工作中的障碍，提出对应的干预策略与措施。云南省通过有针对性的干预，提高了预防艾滋病母婴传播工作水平与服务质量，使得艾滋病母婴传播率逐年降低，明显低于全国平均水平，并努力将艾滋病母婴传播率控制在5%以下。[④]

③资金、技术支持及行政资源的开发，提升了重点地区防艾水平，扩大了关怀救助的范围。针对艾滋病疫情的发展趋势，云南省将红河、文山、大理、临沧、昆明5州（市）列为全省艾滋病防治重点地区[⑤]，建立了省级行政主管部门、专家与重点地区的对口联系、帮扶制度，制定了《重点地区防治艾滋病项目工作方案》，在日常工作经费之外每年安排一定的专项资金，进一步加

---

① 佚名.云南力争在2020年底将艾滋病人数量控制在16万内［EB/OL］.（2015-12-01）.http://yn.news.163.com/15/1201/09/B9O78EOT03230LFM.html.

② 佚名.云南力争在2020年底将艾滋病人数量控制在16万内［EB/OL］.（2015-12-01）.http://yn.news.163.com/15/1201/09/B9O78EOT03230LFM.html.

③ 云南省防治艾滋病局.云南省第三轮防治艾滋病人民战争中期评估报告（2011—2013年）［R］.昆明：云南省防治艾滋病局，2014.

④ 佚名.2015年云南省预防艾滋病、梅毒和乙肝母婴传播工作指标首次实现全达标［EB/OL］.（2015-06-22）.http://www.ynfybj.com/readinfo.aspx?KindId=04&B1=4185.

⑤ 代基凯.昆明成为第五个重点防艾地区［EB/OL］.（2013-08-27）.http://wenku.baidu.com/link?url=FFwvzrK0FVgFhegLsYb-k7UNr81lngfKQAcurymvWR8emD8HPb022F4TttFRf9mDox686yLLTvEJlJVeXHgJ9S51w4IFQDown4dPbBJY0Ye.

大了政策、资金和技术支持力度。该方案的出台还为一些重点地区的防艾工作开展提供了样板。目前，全省5个重点地区的疫情蔓延总体趋于平稳。相关政策的补充和完善，使得行政资源得以有效开发，不仅扩大了关怀救助的范围，还切实提高了关怀救助的能力。

（2）存在的主要问题。

①社会力量的参与广度和深度不够。由于在社区动员方面普遍缺乏经验及技术支持，部分社区不能充分调动相关部门、社会组织、同伴教育骨干和志愿者的积极性，造成了卫生部门“单打独斗”的工作局面，导致许多社区资源浪费。社会组织自身也存在一些问题，比如发动不充分，组织登记难、注册数量少、规模有限、资金来源单一等。尤其是国际合作项目的减少和国际组织撤出后，相关政策不能及时跟进，导致国际合作项目撤出后的工作经费无法保障，工作难以持续开展。此外，云南省对目标人群草根组织的能力建设、社会组织参与的资金支持及规范管理等方面都存在着亟待解决的问题。

②社区工作质量不达标。由于全社会参与艾滋病防治工作机制的不完善和社会歧视的存在、社区资源开发不足和防治能力有限、工作目标不明确、AIDS防治专项经费不到位或数量不足、相关技术不达标、工作缺乏主动性等原因，社区、社区工作者作为随访管理者和感染者、病人一起生活的功能不能被充分发挥。这导致了艾滋病病毒感染者和艾滋病病人的随访管理及抗病毒治疗工作下移到社区，进度极为缓慢。另外，将美沙酮维持治疗服药点拓展到各个社区的也很少。

③边境地区外籍感染者比例持续攀升，现行防治政策应对乏力。2010年，我国重新修订了《中华人民共和国外国人入境出境管理法实施细则》和《中华人民共和国国境卫生检疫法实施细则》的相关条款，不再限制携带艾滋病病毒的外籍人士入境。云南省西部与缅甸接壤，南部和老挝、越南毗邻，作为全国边境线最长的省份，持续增长的外籍感染者入境给云南省边境地区的艾滋病防控带来了极大的挑战。因无相关艾滋病防治政策的补充和完善，边境外籍人数不断增加，边境地区外籍感染者对云南省艾滋病疫情的影响将不断凸显。

二、云南省防治艾滋病人民战争取得显著成效的生命伦理学透视

艾滋病防治工作之所以具有一定的伦理特殊性是因为艾滋病区别于其他常规疾病，而相对于其他常规疾病的防治工作而言，艾滋病的防治必须要搁置在保障病人基本人权的基础之上，必须要面对艾滋病防治工作中的伦理审查、防治结果以及阶段性的伦理评价结果。有效性、合乎伦理性是对艾滋病防治工作

的基本要求，合乎伦理性又是使艾滋病防治工作得以有效、可持续进行的保障。因此，云南省前三轮防治艾滋病人民战争所取得的显著成绩也与其相关政策、措施中所蕴含的合乎伦理性有着密不可分的关系。各国实践均证明，只有在防治艾滋病工作中尊重人的生命，护卫人的尊严，保障人的生命健康权，将有利/不伤害、尊重、公正等生命伦理原则融入防治艾滋病的战略、策略、政策以及实际工作当中，才能从根本上抑制 AIDS 的传播和增长，提高和保障相关人群的生活质量和生命质量，保证艾滋病防治工作持续开展并取得成效。

（一）云南省防治艾滋病人民战争观念层面的生命伦理学透视

通过前三轮的云南省防治艾滋病人民战争，艾滋病防控政策得到不断完善，防控理念不断更新。对 AIDS 认识的日益理性使人民群众意识到在防治艾滋病工作中不仅仅要“救亡”和使之“健康”，还要让其重获“幸福”，要坚持公正、公开等伦理原则，尊重和保障艾滋病病人和病毒感染者的个人权利，对这一群体给予更多的理解与包容。

1. 坚持生命至上的价值理念

由于目前艾滋病传播途径主要以性传播为主，具有一定的特殊性，加上保守思想观念导致一些人对艾滋病抱有歧视态度，因此，在防治艾滋病过程中，直面的是一个个生命的健康安危与社会传统道德观念之间的碰撞，甚至是尖锐冲突。对于每个人而言，生命只有一次，每个人都拥有生命权，每个人的生命都是平等的。人的生命存续本身就是目的，而不能把人的生命作为实现其他目的的手段。人的生命的特殊性、唯一性、平等性也决定了在防治艾滋病过程中要坚持以保护人的生命为根本原则。

对每个社会成员来说，生命健康权始终是最重要、最基本的权利，如果一个人连最基本的生命权、健康权都得不到保障，那么保护其政治、经济权利也就无从谈起。因此，生命权是其他一切权利得以实现的前提与基础。正如马克思所言，“全部人类历史的第一个前提无疑是有生命的个人的存在”①。人的发展是在生命权基础上的发展，这一点已形成共识。生命权既是法律权利又是道德权利，它作为人之所以为人的最基本的权利，在伦理学上早已获得充分肯定。生命权研究是生命伦理研究领域中一个重要部分，生命至上则成为我们探讨生命伦理问题时在价值观层面必须要反复强调的一个原则。坚持生命至上理念，同时意味着在进行艾滋病防控相关工作时，要以尊重个体生命健康权为出发点，依据艾滋病患者及其他受艾滋病影响人群的切身需求，去提供必要的、

① 马克思，恩格斯. 马克思恩格斯选集：第一卷［M］. 北京：人民出版社，1995：67.

科学的、有价值的医疗卫生资源。

在我国民法中，早已有保护生命权的明确规定。在《传染病防治法》《艾滋病防治条例》等与艾滋病防控工作直接相关的法律、政策中，对艾滋病患者及相关群体的生命权益维护也有明确的规定。然而，在最初的实际防控工作中，“保障生命权利”似乎只是一个口号，人们并没有把这一口号与防治艾滋病的具体行动直接联系起来。2005 年以后，云南出台的一系列防艾政策措施都体现出价值观和道德观的重大转变，在以人的生命为中心、平等地对待每一个人、将生命至上奉为决策和行动的基本价值理念的指引下，云南的防艾政策、措施和行动不仅关注疾病本身，更关注受疾病影响的脆弱生命，关注他们与健康、尊严相关的权益保障，同时尽可能地对艾滋病病人和艾滋病病毒感染者及相关群体给予关怀救助。在防治艾滋病工作中，当价值观发生冲突时，要把治病救人，保护病人、感染者以及高危人群的生命健康权置于首位，不允许对这些人群以行为的负面道德评价为理由而懈怠对他们的救治和关怀。在政策制定和公民教育中应坚决反对对他们进行道德“污名化”及社会歧视，而应在旗帜鲜明地主张对这类人群进行打击、管制的同时，兼顾治疗关怀。甚至还应在二者发生冲突的情况下，通过部门（公安和卫生部门）协调，把救治放在首位。比如，对性工作者，在执法的同时，在社会工作者群体中推广使用安全套并进行性健康教育；对男男同性恋者，突出其公民身份和需要救助的艾滋病脆弱人群的身份，通过公民教育纠正社会对这一群体的歧视与排斥，同时鼓励和资助社会组织对其进行防治教育、行为干预以及治疗关怀。在进行艾滋病行为干预时，应摒弃传统集体主义、片面的功利论，以及为了国家和社会整体利益而忽视个人权利的旧做法，坚持从现代人道主义和道义论出发，认识到干预对象也是平等的生命个体，当其生命健康受到威胁时应当享受平等的救治和关爱。所以，并非在任何情况下都要求个人利益让位于公众需要，而是在疾病威胁面前把“少数人”的生命健康权放在突出位置。并且，在协调不同部门的关系、实现部门之间的有效协作时，建立相同的价值观念，即树立生命至上理念。生命健康具有最高价值地位，生命健康权是第一位的公民权利，生命至上应该成为艾滋病预防的主导价值观。坚持生命至上理念，就是要把人的生命健康摆在优先地位，尽最大可能保障每一个人的生命健康，即使是曾经有过不道德甚至违法行为的艾滋病患者和艾滋病高危人群也不例外。

面对艾滋病，世界上许多国家和社会都经历过从对艾滋病人和艾滋病病毒感染者的恐慌、冷漠、排斥、歧视逐步转变到正视、关爱、包容、保护的过程，而行为转变的背后是观念转变，是社会对生命伦理价值观和道德观的认同和践行的结果。

2. 践行保障民生的责任伦理

就艾滋病本身而言，它不仅仅是一个单一途径传播的危险性疾病，同时也是在一定条件下由发生在社会生活中的特殊行为所引起的特殊疾病。它的传播并不是固定在特殊人群中，而是在社会全体人员间都有传播的可能。面对艾滋病病毒感染者和病人，他们既是传染源，又是全社会救治和关怀的对象。作为社会公众的一员，只有首先保障艾滋病病毒感染者和病人的合法权益，弱化对其感染途径的追究和评价，扭转对他们的“污名化”和歧视，才能唤起他们保护其他人生命健康的内在责任感，积极主动地配合治疗，参与同伴教育，通过自我道德约束减小传染他人的风险。

艾滋病防治不仅是医疗卫生问题，更是社会问题。党和政府应在 AIDS 防治工作中起主导作用，担负主要责任。有效防治艾滋病需要党和政府同社会各界通力合作。防治艾滋病的诸多条例都曾规定各基层部门、团体在艾滋病防治工作中应尽的责任和义务。党和政府要始终坚持以人为本，时刻将全民健康放在首位，全力保障公民的合法权益，致力于和谐社会的建设。同时，基于保障民生的责任意识，党和政府倡导以民为本，关注民生，共建和谐社会，让人民生活得更幸福。作为艾滋病防治重点地区的云南省，积极响应、落实国家相关政策，将防治艾滋病工作列为影响全省民族团结、保障民生、边疆稳定、建设和谐社会的头等大事。

在艾滋病防治工作中结合当地实际，及时制定并不断完善政策、措施，调整防艾战略，从最初只对吸毒人群中艾滋病传播特点的研究，到针对性传播以及高危人群的传播特点的研究，再到后来的针对高危人群的干预试点研究，这些研究为国家、地区及时出台相关法律政策奠定了基础；加强相关部门间分工协作，发挥优势，通过低保、救济、小额贷款等形式开展关怀救助活动，民政部门将符合农村“五保”条件的艾滋病病人和相关人员全部纳入体系，通过有关政策措施救助相关困难人群。2016 年，云南省政府在研究有关民生主题的会议上，表示纳入最低生活保障范围的人群含有全部艾滋病致孤儿童，家庭寄养与机构供养补助分别增长至 600 元、1 000 元，此外还免费为这类儿童提供艾滋病病毒抗体初筛检测、抗病毒药物、母婴阻断药物和婴儿检测试剂以及心理康复等治疗措施，并为其提供免费义务教育。云南省还通过规范社会舆论、强化医学职业道德、拓展民间组织的伦理实践等方式，赢取社会公正，关怀救助弱势群体，反对社会歧视和排斥，旨在加强当代中国的生命伦理学的社会实践运动。

3. 树立生命健康权为核心的法治观念

在艾滋病病人及病毒感染者求医、救治的过程中，医院强调，保护艾滋病感染者权益的同时，不能忽视医务人员权益的保护。然而对于艾滋病感染者来说，“手术难”的问题已经是他们最大的困扰。医院拒绝、推诿为感染者手术的行为，直接侵犯了艾滋病病人及病毒感染者的生命健康权，剥夺了他们平等获得医疗服务的权利。医护人员在诊治艾滋病病人时，由于不可避免地会接触到患者的血液等，不得不面临感染艾滋病病毒的危险。一些医务人员甚至认为，如果他们在工作中因职业暴露而感染了艾滋病病毒，他们的权益无法得到保护，他们无法获得法律上的救助。在此顾虑下，医务人员不愿冒险为感染者进行手术治疗。事实上，只要医务人员按照规程做好防护，是完全可以预防职业感染的，至今尚未出现因职业暴露而致医务人员感染艾滋病的事件。

医务人员拒绝接受和治疗艾滋病病人的同时也侵犯了病人的生命健康权，而这项权利是病人的最基本权利。人道主义和基本人权都要求人的生命健康权应该最先得到保障。因此，在维护人的生命健康权的这一生命伦理框架下，无论是艾滋病病人还是其他社会成员在人身权利、社会地位以及尊严等方面，都享有同样的权利。在艾滋病防治工作中保障公民的健康权利，树立以生命健康权为核心的法制观念尤为重要。面对艾滋病病人这一弱势群体，保障其生命健康权不受侵犯就是从根本上保障了他们平等就医的合法权利。在享有生命健康权的同时，我们也有义务，同样尊重他人的生命健康权不受侵犯。如果一旦发现有无视他人生命健康、危害到他人生命的危险状况发生，政府有责任和义务采取一定措施保障无辜公民的生命健康。

尊重个人权利和确保社会公共利益，这是政府必须遵守的“道德法则”，只有把“道德法则”作为政府权力行使的“绝对命令”，政府的行为才是“合道德”的。在云南省防治艾滋病人民战争工作中，为了扩大检测范围与治疗范围，进一步扩大政策受益人群及预防覆盖面，从而更好地保障公民的生命健康权，全省应通过加大对特殊人群的检测力度、推广自愿检测的行为模式等方式，尽最大努力为患者们提供必要的帮助。同时，还要普及性健康知识，在重点区域设置安全套发放点，完善安全套供应网络，全面提升安全套的使用率，使之在干预行为方式上紧跟社会步伐，掌握正确的艾滋病防治方法，积极履行预防义务。自 2006 年起，云南省陆续下发了《云南省卫生厅关于加强艾滋病病毒感染者告知随访工作的通知》《云南省艾滋病病毒感染者/艾滋病病人综合管理工作手册》等文件，逐步建立和完善了艾滋病病毒感染者和病人的综合管理体系，进一步落实了首诊负责制，提高了各级各部门的服务质量，充分保证了艾滋病患者和病人的生命健康权。

（二）云南省防治艾滋病人民战争政策行动层面的生命伦理学透视

云南省艾滋病疫情严峻，是全国艾滋病防治工作的前沿阵地。经过前三轮的防治工作，各项政策和相关措施已逐步完善，并取得了显著的效果。20 世纪 80 年代中后期，云南省各族人民当中还未出现艾滋病病毒感染病例，大家对艾滋病的预防还处于松解阶段，只是按部就班地跟着有关政策措施开展工作。例如，单纯依据《全国预防艾滋病规划（1988—1991）》《艾滋病检测管理的若干规定》《中华人民共和国传染病防治法》等相关文件和政策规定开展一些宣传教育活动。直到 1989 年大量的艾滋病感染者出现，云南省委、省政府才开始高度重视，并在第一时间召开紧急会议，于 1990 年成立了专门的艾滋病防治小组，随后还设立了全国第一个防治艾滋病局。在连续三轮的防治艾滋病人民战争中，云南省逐步建立了相关组织领导机构和艾滋病危险性行为干预的专门机构，形成"政府组织领导、部门各负其责、全社会共同参与"的防治体系，相继出台了适合云南省情的地方法规和政策，对中央确定的政策框架予以细化和具体化。主要有：《云南省人民政府办公厅关于实施艾滋病防治六项工程的通知》（2004 年）、《云南省艾滋病防治办法》（2004 年）、《云南省艾滋病防治条例》（2006 年发布，2007 年 1 月起执行）等相关的办法或条例。另外，云南省还专门针对艾滋病性传播，制定了《云南省推广使用安全套管理暂行办法》（2007 年）、《云南省推广使用安全套防治艾滋病工程实施方案》（2004 年）等。这一系列条例和办法的颁布与实施，对危险性行为的干预和推广使用安全套提供了具体指导。

1. 宣传教育方面

长达 10 多年的艾滋病防治经验使云南越来越清晰地认识到宣传教育才是艾滋病预防控制工作的基本策略；防艾工作不仅是疾控系统和其他卫生部门的工作，更需要相关部门和全社会的配合；防艾工作不同于针对非典、甲流等急性传染病的"短时突击"式，而是需要成为多部门合作的日常工作式。省教育厅为了落实省委省政府防治艾滋病的人民战争方案，制定了《云南省教育厅关于进一步加强学校禁毒防艾工作的通知》《云南省教育厅关于印发贯彻落实省委、省政府新一轮禁毒和防治艾滋病人民战争工作方案（2008—2010 年）的实施意见的通知》《云南省教育厅关于加强禁毒防艾基地建设的通知》等重要文件。另外，云南省的宣传教育大致分为三个层次，即针对一般人群的普及教育、针对艾滋病高危人群的深入宣传、针对艾滋病病毒感染者和艾滋病病人的鼓励教育，做到了有的放矢，防治并重。

面对艾滋病歧视现象，尤其是在就业、医疗等领域，艾滋病病毒感染者和病人依然十分担心因隐私暴露而使家庭陷入绝境。云南省利用省、州（市）、县主流媒体、网络平台，对大众就艾滋病相关知识进行普及教育，让艾滋病病毒感染者和病人树立战胜疾病的信心。同时，政府还鼓励更多的人主动寻求检测、咨询和正规治疗，大力宣传国家在艾滋病救助及反歧视方面的政策，使艾滋病感染者和病人的救治率得到了极大的提高，端正了社会认识，消除了歧视，使病患得到尊重。另外，政府还积极构建友爱、和谐、公平的艾滋病防治环境，有利于维护艾滋病感染者和病人生存的尊严。

2. 行为干预方面

面对防治 AIDS 行为干预尤其是危险性行为的干预，在传统的干预策略中，一种意见认为出于维护公共健康、维持社会道德规范和保护妇女家庭权益的需要，应该由政府执法部门严厉打击卖淫嫖娼行为，直至取缔。但这一策略的实际效果并不理想，而且面临来自伦理正当性、公正性以及有效性等多方面的质疑。另一种意见则是从严打政策面临的问题出发，主张承认卖淫是一种正当的工作，认为应该为其提供合法化保护。且出于预防性病艾滋病的需要，还应该考虑建立“红灯区”等专门营业场所，对商业性性行为进行规范化管理。但作为道德不当行为，“卖淫合法化”的主张显然违背“合法行为应对社会有益或至少无害”的本质要求。在目前医疗条件不支持治愈 AIDS 的情况下，预防 AIDS 经商业性性行为传播的有效策略是行为干预。仅行为干预而言，只有健康知识的单方面灌输及性行为的干预是不够的，必须要唤起面临风险的当事人自身的健康意识及责任意识。只有把普通大众的身体健康放在首位，做到不侵害普通社会成员的基本利益，才能采取对应的措施去保护艾滋病患者。

在性传播超过毒品注射传播成为我国艾滋病传播主要途径的今天，艾滋病的性质已经由社会性疾病转变为行为性疾病。从云南省防治艾滋病人民战争针对艾滋病危险性行为干预的实施情况来看，各级党委政府高度重视，建立了相关组织领导机构和艾滋病危险性行为干预的专门机构，出台了一系列法律政策和文件，形成了“政府组织领导、部门各负其责、全社会共同参与”的防治体系。艾滋病危险性行为干预是一项社会系统工程。云南省针对各类艾滋病危险性行为，探索、实施了一系列行为干预措施。在长期的探索和实践中，云南省逐渐形成了政府组织领导，卫生、公安、宣传、教育、司法等多部门密切配合，相关民间组织、同伴和志愿者等在内的全社会支持和参与的工作格局。另外，云南省针对各类艾滋病危险性行为，相继开展了一系列行为干预活动。例如，在男男同性性行为干预方面，主要通过广泛宣传安全性行为（拒绝无保护肛交、固定性伴、使用安全套等）在艾滋病预防中的作用、争取同性恋组织的支持和同性恋者的参与、发挥同伴和志愿者的作用等方式，促使同性恋者改变行为。其他的干预活动主要有：一是部分从事艾滋病预防和同性恋问题研究的专家学者针对同性恋人群的艾滋病干预活动；二是争取同性恋组织（如“云南省彩云天空工作组”等）以及个人的支持和参与，广泛宣传安全性行为在预防艾滋病中的作用，免费发放安全套和艾滋病防治宣传册；三是由同伴、志愿者对同性恋人群开展性健康、艾滋病预防、使用安全套等方面的宣传教育。这一切都在保障这一群体合法权利和身心不受伤害的同时，做到了对男男同性性行为对象的保护，尤其是对其他健康公民也起到了保护作用。

3. 监测检测方面

由于艾滋病防治工作中的监测检测过程涉及较多的个人隐私，与一般的健康检查不同，艾滋病的监测检测要遵循兼顾咨询检测的基本原则，保护受检者的个人隐私。生命伦理学中所提及的尊重原则，在防治艾滋病工作中可理解为：在进行艾滋病咨询检测时，检测方尊重客观事实，保护受检者的个人隐私，不对受检者的过去、现在以及将来的道德或行为进行伦理好坏的价值评判，在语言、行为、情感上保持中立态度，没有任何歧视的表现。[①] 邱仁宗先生在《生命伦理学概论》这一部著作中细致分析了生命伦理学的三大基本原则，并在尊重原则下具体阐述了尊重自主权，包括知情同意权、遵守保密的义务、尊重隐私权等伦理规则。

从伦理学角度来看，自愿咨询检测是在为受检者提供全方位的检测、救助与关怀的同时，最大限度地尊重他们人身健康的自主选择权。云南作为艾滋病疫情较为严重的省份之一，在前三轮防治艾滋病人民战争中，不断完善和健全了检测网络，加强了检测实验室网络建设，扩大了检测覆盖面，制定出台了《云南省医务人员主动提供艾滋病检测咨询工作规范》，并通过全省范围内 390 个自愿咨询检测点，将咨询检测服务与高危行为干预工作有机整合。在艾滋病咨询检测工作中，受检者在检测前会被告知“艾滋病咨询检测的项目”“艾滋病咨询检测的可能风险”以及“自主决定是否愿意进行艾滋病病毒抗体检测”等，这种做法充分给予了受检者自主自愿的选择权利，真正做到了对艾滋病患者一视同仁，尊重了他们的人格，保障了他们的自主选择权，对他们的合理三观表示了理解和尊重，充分保证了他们的隐私权不受侵害。2011 年至 2015 年

① 徐宗良，刘学礼，瞿晓梅. 生命伦理学：理论与实践探索［M］. 上海：上海人民出版社，2002.

10月，云南省共进行了数以千万计的艾滋病病毒抗体检测，共收到检测3 185.7 万份，与2008—2010 年的检测份数相比，增加了 2 493.3 万份。全省艾滋病监测检测范围逐年扩大，但每年新发现艾滋病感染者和病人一直维持在1 万例左右，总体疫情保持平稳态势。

4. 救助关怀方面

维护感染者本人及其家庭的尊严，这是对艾滋病病毒感染者和艾滋病病人最好的支持，只有这样他们才会鼓起勇气重新生活，努力跨越生活中所遇到的重重困难。云南少数民族在经济、文化、社会等方面的相对弱势构成了他们对毒品、艾滋病的社会文化易感性。云南省前三轮持续十年的防治艾滋病人民战争取得了辉煌成就，取决于云南省委、省政府审时度势，应对艾滋病防治新挑战，不断改变和调整防治艾滋病的相关政策措施，坚持不懈地加快云南发展，增强对民族地区的精准扶贫。云南省在发展中逐渐减少直至最终消除少数民族地区对毒品、艾滋病的社会文化易感因素，将少数民族文化中的精华发扬光大，形成防治艾滋病工作的道德力量和文化力量，在弘扬各民族优秀传统文化的同时巩固已有成效，保持云南省作为防艾示范区的先进地位。

在防治 AIDS 工作中，云南省结合实际情况，不断对相关政策做出相应调整，并于 2012 年制定出台《云南省民政厅、云南省防治艾滋病局关于进一步做好生活困难艾滋病病毒感染者和病人家庭最低保障的通知》，为生活困难的家庭提供援助，帮助他们开展生产自救，以维持自身的生存，形成国家关心、社会帮扶、自身努力的救治体系。从生命伦理角度来看，关怀救助既是以生命权为核心的价值理念的体现，也是社会公正、包容尊敬的充分展示。

（三）云南省防治艾滋病人民战争方法层面的生命伦理学透视

作为生命伦理学首要原则的有利原则、尊重原则以及公正原则，有效分析和解决了防治艾滋病工作过程中的相关生命伦理问题。而在生命伦理学视域下，尊重原则、公正原则的理论依据为道义理论，有利原则的依据是效用理论。生命伦理三大原则的理论出发点虽不同，但它们在防治艾滋病工作中，结合其他伦理方法，有效提升了人类的幸福感，增加了人类的效用总量，使有限医疗资源的分配更加公正，展现出社会效用有利的一面。

1. 效用伦理方法的运用

效用论的学者通常会这样理解一件事情的价值，即一件事情是否符合道德标准，主要在于做这件事情得到的结果，善恶与行为的好坏成正比，其所包含的行为价值的判别也是如此。效用理论认为，某种行为是否道德，取决于其行动所展现的后果——趋善避恶，为大多数人谋福利就是善，就是有价值的行为，决定因素是结果而并非行动方法。因此，崇尚效用论者主张选择“使大多数人快乐幸福”的行为，让多数人快乐也就实现了更高的价值，达到了效用论所追求的终极目标。但在防治艾滋病工作中，需要保护的则是“少数人”（艾滋病病毒携带者和艾滋病病人）的权益。而效用原则则要求在防治艾滋病的工作过程中，不仅要做到不去伤害，还要保证所做行为包含一定价值，在防治艾滋病工作中要持中立态度去权衡，以保证将“善”发挥到极致，将“恶”降到最小。但这并不意味着为了绝大多数人的利益就一定要牺牲少数人的利益。

在艾滋病预防干预工作中，云南省出于社会主义人道主义和道义论的价值考量，认识到干预对象也是平等的生命个体，应当受到平等的尊重和对待。将干预对象视为需要救助的生命个体或普通公民，侧重于强调对他们权利的尊重和保护，并坚持保护“少数人”的权利。比如，面对性工作者时，着重突出他们的公民身份和需要救助的生命个体，尽可能弱化对他们的道德不良者的定性；面对同性恋者时，着重突出这一人群的公民身份和需要救助的生命个体，以便纠正社会对这一群体的歧视与污名化；在面对艾滋病病毒感染者和艾滋病病人时，除了社会帮扶，还需要给予他们关怀和信心，使他们勇于正视自己，保持乐观向上的心态，积极治疗，通过自己的努力活得更有尊严，更有幸福感。

2. 道义伦理方法的运用

道义论，在生命伦理视域下应理解为：人们行为以及行为准则的正当性是由它自身固定的特点和内在的价值来决定的，并非由行为的后果或行为的期望后果来决定的。依据“良心”“正义感”“当然责任”等评判标准才能决定一种行为是否符合道义伦理原则正当性。康德认为，道德的最高价值是绝对的善，是高于其他一切的非道德的价值，即“善良的意志”。道义论伦理学家罗斯先生认为，不伤害的义务是有利义务的第一步。要想人的行为结果是“善”的或者是“有利”的，那么其中最基本的要求就是人们所做的这些事是无害的。

面临一些关于生命伦理的问题时，使用道义论将更有解释力。首先，道义论的价值核心在于它给予伦理道德更大的尊严。道义论认为道德不应该一味地追求利益，而应该以道义为基点，单纯地以道义、道德为评判标准，使道德得到应有的尊严。其次，人的自由意志是道义论的核心观点，只有那些经过个人同意或者决定了的行为才可以被算作是道义的行为。因此，在防治 AIDS 的工作中，要维护艾滋病患者的基本权利——尊重。道义论同时还认为，不能仅依据行动结果对一个行动进行评价，正确的依据应该是相应的伦理义务原则。因此从道义论角度出发，在涉及艾滋病患者的医疗权问题时，应该淡化其感染上艾滋病毒的过程，强调其个人人权，不论被感染者其他社会条件如何，都不能动摇救治他们的信念。云南省在前三轮的防治艾滋病人民战争中不断健全、完善艾滋病感染者和病人的就医体系，在艾滋病高发地区增设定点治疗医院，扩大定点医院的功能，增强其救治能力。同时，引导有实力的综合医院专门针对艾滋病患者提供相应的服务，切实解决这一人群就医难的问题。

3. 其他伦理方法的运用

从伦理学角度出发，与效用伦理、道义伦理并行的是德性伦理。麦金太尔把修身成德、人格塑造、培养善良而正直的公民作为伦理学的重要内容，他把德性的概念界定为："德性必定被理解为这样的品质：将不仅维持实践，使我们获得实践的内在利益，而且也将使我们能够克服我们所遭遇的伤害、危险、诱惑和涣散，从而在对相关类型的善的追求中支配我们，并且还将以不断增长的自我认识和对善的认识充实我们。"[①] 打个比方：教师教书育人，警察秉公执法，医生救死扶伤，所有这些职业的行为过程中，作为主体的人不仅是为了遵守职业操守和经济回报，而是他们在施行这些行为的过程中体现了自我价值的存在，得到了善的回报，从中体会到乐趣和幸福感。类似这样由内及外得到的益处不是一般活动所有的。正如医务人员在救治艾滋病病毒感染者和病人的过程中不带功利色彩，不带道德评判，对患者施以人道关怀，遵循基本的科研伦理和医学伦理原则，做到尊重隐私、知情同意等。《艾滋病防治条例》第三十九条对艾滋病病毒感染者和艾滋病病人的其他权利也作了规定，"未经本人或者其监护人同意，任何单位和个人不得公开艾滋病病毒感染者、艾滋病病人及其家属的有关信息"。

针对艾滋病病人、病毒感染者与其他健康社会成员之间的利害关系的争论从未停歇过，从根本上讲，这是对于关怀行为本身是否不平等的争论。关怀伦理认为，关怀在个体身上发展有三个水平：一是自我保存的倾向。道德是由社会强加给人的约束，一个人更多的是臣民而非公民。二是自我牺牲的善举。用接受社会的价值观证实自己在社会的合法身份，以关怀和保护他人的能力来定义自己的价值，消除了自私和责任间的紧张关系，认识到自我与他人的平等。三是非暴力的道德[②]。无论是弱势群体还是强势群体，其实都有被关怀被关注

① 麦金太尔. 德性之后［M］. 北京：中国社会科学出版社，1995.

② 肖巍. 女性主义关怀伦理学［M］. 北京：北京出版社，1999：21-26.

的需求和愿望。将艾滋病病毒感染者和病人的权利问题搁置在关怀伦理视野中来看，它并没有以公正为起点，而是把权力之间的矛盾问题作为基点，把相关问题上升到自由、人之为人的形而上学的层级，从而去解决利益冲突和不公正等问题。调节或是拉近人与人之间的距离、弱势与强势之间的距离以及人与自我的距离等问题统称为分离问题，它也是关怀伦理所要解决的本质问题。面对具有特殊性质的疾病——艾滋病，因为人的渺小所引发的害怕和恐慌造成了人与人之间的疏远和分离，正因为这样，“公正”顺理成章地以基础的形式被纳入关怀伦理的学问当中，事实上这跟“公正是艾滋病病人享有权利的条件之一”不谋而合。害怕与恐慌逼迫个人与伦理逐渐脱轨，而关怀伦理帮助解决了防治艾滋病过程中的道德危机。

三、云南省防治艾滋病人民战争面向未来的生命伦理思考

在前三轮的云南省防治艾滋病人民战争中，云南省通过在重点地区和难点领域的创新探索，以局部突破推进了整体工作，规范和加强了医务人员提供AIDS咨询检测服务的主动性，在全国率先实行了《医务人员主动提供艾滋病咨询检测服务工作规范》，创新管理体制，实施了“治疗作为预防策略”，扩大和提高了关怀救助的范围。目前来看，艾滋病的防治任务依然十分艰巨，防治工作仍面临诸多困难：艾滋病疫情形势依然严峻，流行模式已转变为以性传播为主，防治工作难度进一步加大，工作机制和政策保障尚需要进一步完善。以生命伦理学视角对云南省防治艾滋病工作进行思考，针对防治艾滋病工作现有难题和挑战提出符合生命伦理原则的优化思路，这是目前云南省防治艾滋病人民战争的首要任务。

（一）云南省防治艾滋病人民战争面临的重大挑战

1. 危险性行为普遍存在加大了艾滋病预防难度

自2005年以来，性传播超过毒品注射传播成为我国艾滋病传播的主要途径。目前，在我国新发艾滋病感染者中有超过九成是经性传播感染的。与全国艾滋病传播情况类似，云南新发艾滋病感染者中经性传播感染的也在九成以上。2016年1~10月，新报告艾滋病病毒感染者和病人9 723例，新报告病例中性传播占92.6%（8 999例），比2015年同期增加1.2个百分点（73例）。①从艾滋病传播的角度来看，艾滋病危险性行为主要包括商业性性行为、男男同

① 刘昶荣. 云南新报告艾滋病感染者逾九成系性传播［EB/OL］.（2016-11-30）. http://www.chinanews.com/jk/2015/11-30/7648870.shtml.

性性行为、多性伴行为和非保护性性行为四大类。正是由于各类危险性行为的广泛存在，AIDS 经性途径传播的幅度持续上升。正视危险性行为在艾滋病干预这一环节中面临的各种难题并加以解决，是进一步推进艾滋病危险性行为干预、遏制艾滋病经性途径传播的必由之路。

（1）商业性性行为。商业性性行为是指异性之间或同性之间以金钱和财物为纽带支撑的特殊关系，且以此为基础发生的性行为。长期以来，商业性性行为一直都是导致艾滋病性传播的危险性行为。这源于商业性性行为多性伴和非保护性的特征与吸毒行为的交互作用，以及与流动人口、老年群体、男男性行为者等易感人群紧密联系。首先，商业性性行为本身具有危险性。近年来，商业性性行为和吸毒交叉的暗娼人群中 HIV 感染率普遍较高，这两种艾滋病高危行为的交互作用，加剧了 AIDS 传播、扩散的风险，同时也增加了商业性性行为艾滋病传播的危险性。在商业性性行为中，行为双方在性交易中均不能确保百分之百使用安全套，并且普遍存在多性伴情况，这无疑增加了他们感染艾滋病的风险性。此外，双方除有商业性性伴之外，大多数均存在非商业性性伴，他们也因此可能作为艾滋病传播的桥梁人群，加剧艾滋病的婚内传播及二代传播。由于商业性性行为大多发生在发廊、酒店、宾馆、夜店、洗浴中心等场所，性工作者大多是异地特别是农村进城谋生的人，相当部分的“消费者”也是流动人群，这也使得艾滋病传播的危险性增加。其次，对商业性性行为的认识存在分歧。目前，我国法律认为商业性性行为是一种违法行为。1986—2006 年，国家先后出台了《中华人民共和国治安管理处罚条例》《全国人民代表大会常务委员会关于严惩卖淫嫖娼的决定》《卖淫嫖娼人员收容教育办法》《中华人民共和国治安管理处罚法》等法规条例，这些法规条例都对打击卖淫嫖娼行为作出了明确规定。尽管如此，我国社会对商业性性行为仍未形成统一的认识。相反，目前社会对商业性性行为还存在违法、合法、道德的行为和不道德的行为等多种不同的意见。甚至一部分人持有“存在就是合理的，方便了有需求的人，减少了强奸犯罪率”的观点。可以说，对商业性性行为立法选择的困境及道德认识的分歧是我国商业性性行为干预面临的一大难题。最后，商业性性行为干预策略面临两难选择。对商业性性行为和性工作者定性的分歧，导致对商业性性行为干预策略选择的两难。传统的干预策略认为出于维护公共健康、维持社会道德规范和保护妇女家庭权益的需要，应该由政府执法部门严厉打击卖淫嫖娼行为，直至取缔。但这一策略的实施效果并不理想，而且面临伦理正当性、公正性、有效性等各方面的质疑。另一种意见正是从严打政策面临的问题出发，主张卖淫是一种正当的工作，应该为其提供合法化保护。出于预防性病艾滋病的需要，还可以考虑建立“红灯区”等专门营业场所，对商业性性行为进行规范化的统一管理，但这一策略也面临诸多现实困难。

（2）男男同性性行为。男男同性性行为的最基本方式是肛交，而与异性性行为相比，人的直肠弹性比阴道小，而且直肠黏膜薄、易于破损，导致男男同性性行为的艾滋病危险性比异性性行为更高，男男同性性传播成为艾滋病性传播的“急先锋”。由于男男同性恋人群基数较大，性行为干预起步晚，大多数同性恋者处于“地下状态”，难以实现干预的普及，干预效果尚不显著。特别是处于“地下状态”同性恋者的多性伴行为和非保护性性行为，有着极高的感染或传播艾滋病的风险。同性恋者主要以同性作为性行为的对象，但迫于家庭等各方压力，他们往往选择传统婚姻，但同时仍存在长期或临时性伴，这大大增加了感染或传播艾滋病的风险。同性恋人群性行为复杂，性伴数量差异大，很多同性性行为者还与商业性性行为交织在一起，从而使同性性行为的危险性呈现出不同的程度。随着社会经济的发展与社会观念的急速变化，人们对同性恋的认识日益理性，对同性恋者予以了越来越多的理解与宽容。但从目前的实际情况来看，社会对同性恋者排斥的基本态度仍未从根本上改变，社会对同性恋者的歧视和污名仍然普遍存在，这是导致大多数同性恋者仍处于“地下状态”的一个重要原因。此外，同性婚姻不符合婚姻法，不能办理结婚登记，即使举行婚礼也没有法律效力，故同性恋者的现实婚姻选择主要是传统婚姻、“互助婚姻”和抵触婚姻三种情况，而任何一种选择都面临诸多尴尬和困境。这是同性恋者不能走出“地下状态”的另一原因，也是同性性行为干预不能实现普遍可及的一个十分重要的因素。

（3）多性伴行为。多性伴行为指的是与超过一个以上的性伴发生过性行为的情况，包括婚前性行为、婚外性行为和离婚造成的多性伴等多种情况。无论是对异性恋者还是对同性恋者而言，多性伴都是导致艾滋病性传播的一个重要危险因素。在其他条件一定的情况下，艾滋病传播的危险性与性伴数量和性伴更换频率成正比。多性伴行为非常复杂，目前对多性伴行为的干预没有也不可能形成统一的政策和措施。从实践方面来看，对多性伴行为的干预活动包含法律、道德、公共卫生等。目前，社会对一些多性伴行为的定性是明确的。比如，法律和道德都对正常恋爱和婚姻失败造成的多性伴持肯定态度；对重婚和“包二奶”、聚众淫乱行为，法律明确规定其为犯罪行为；婚外情、通奸则是不道德的行为。但是，社会对商业性性行为、一夜情、换偶、性虐恋等行为的定性仍然存在很大分歧。这是多性伴行为干预面临的一大难题。

（4）非保护性性行为。非保护性性行为是指在性行为发生时不能保证每次都会使用安全套的性行为。非保护性性行为的存在提升了艾滋病性传播的风险系数，特别是无保护的高危性行为交织，甚至会将艾滋病的传播从社会蔓延到家庭。在非保护性性行为干预中，存在着保护性干预与惩罚性干预的价值冲突，推广使用安全套是对艾滋病危险性行为的保护性干预措施。而在我国艾滋病危险性行为的干预历程中，传统的思维方式和干预模式是公共卫生进路，如围堵、隔离、打击、把艾滋病问题视为精神文明建设的一个方面等。这是一种迥异于保护性干预的惩罚性干预。目前，随着社会对 AIDS 问题认识的不断深化，艾滋病防控不断取得新进展，通过推广使用安全套这样的保护性干预措施来预防艾滋病已经成为政府和社会的共识。与此同时，一些传统的惩罚性干预措施仍然没有完全退出。此外，由于中国特有的伦理文化，推广使用安全套仍存在阻力。目前，许多人对推广使用安全套的政策不理解、不支持，甚至坚决反对，根本原因是他们认为推广使用安全套“违反我国传统文化、伦理”，等于“发放性执照”“默许卖淫嫖娼”“全面放开性行为”。显然，公众是基于自己的知识框架和道德认识做出的判断。而这样的知识结构和道德认识缘于自己长期接受的教育和文化环境的熏染，即源于中国特有的伦理文化。可见，中国特有伦理文化的阻力也是推广使用安全套面临的一大难题。

2. 满足艾滋病患者长期生存的各项需求能力有待提高

目前的研究虽然无法治愈艾滋病，但对于延缓艾滋病的发展和改善患者的身体状况起到了显著的作用。随着医学、科技的不断进步，更廉价、有效的艾滋病治疗药物相继问世，越来越多的艾滋病人群开始接受治疗。自 2004 年我国全面实施“四免一关怀”政策以来，到 2014 年的 10 年间，符合治疗标准的病人接受抗病毒治疗的比例从 2005 年的 25%上升到 2013 年的 87%，同期病死率从 17.9%下降到 6.6%，下降了近 63%。[①] 艾滋病感染者和病人的预期寿命不断延长，彻底治愈艾滋病在未来也并非没有可能。艾滋病感染者和病人将与一般人群长期共处，如何满足他们在治疗、生活和尊严方面的需求，成为新的目标任务，艾滋病感染者和病人与普通公众长期和谐共处也将成为防治艾滋病面临的新课题。

云南省艾滋病流行时间长，患者基数大，感染者和病人的年龄结构、知识层次日趋复杂化，其在受教育、生活和就业等方面的困难程度也各不相同，救

① 刘雪玉，杨燕萍. 艾滋病同期死亡率降六成［EB/OL］.（2014-08-16）. http://epaper.jinghua.cn/html/2014-08/16/content_114719.htm.

助需求不一。获得长期生存的艾滋病感染者和病人同其他人一样，需要就业来自谋生路和维持生命。因此在新形势下，对于尚有几十年预期寿命的艾滋病感染者和病人来说，就业是他们最为迫切的需求。与普通人群相比，艾滋病病毒对人体 CD4+T 淋巴细胞的破坏，使艾滋病患者机体免疫力下降，极易患上其他感染性危险疾病，有些感染疾病病毒还会扩散到身体其他器官，在最后阶段出现的许多机会性感染都可能是致命的。除抗病毒治疗需求外，艾滋病患者其他疾病的治疗需求也将持续增加。因此，随着艾滋病感染者和病人寿命的延长，他们需要更多的医疗资源支持，以维持自身的生命需要。目前，云南省艾滋病救助工作的开展仍主要依托 2004 年出台的"四免一关怀"政策，救助差异化、精准化、有效性不足，其他方面的救助工作做得相对较少，救助对象与对应措施的精准度还有待提高。此外，艾滋病感染者和病人在综合医院就诊遭遇就医歧视的现象仍较为普遍，医务人员带来的歧视导致艾滋病感染者和病人在检测、治疗方面的积极性遭受严重打击。

3. 防治艾滋病长效机制有待完善

云南省是全国艾滋病疫情的重灾区。在党中央和国务院的大力支持下，迄今为止，云南省已经连续开展了三轮防治艾滋病的人民战争。云南省委省政府将艾滋病防治工作列入政府每年的 20 项重点工作之一，各级党委、政府逐级签订责任书，实行"一把手负责""一票否决制""责任追究制"等制度，效果显著，艾滋病疫情快速上升的趋势得到遏制，新报告感染者和病例数及病死率均呈下降趋势，云南首创的一些防治措施在全国范围内得到广泛推广。虽然云南省艾滋病防治的体制机制已经形成，但防治艾滋病长效机制仍有待加强。现在，部分工作人员对艾滋病防治工作不够重视，个别领导对防治艾滋病的持续重视不够，相关部门间的配合不够协调，没有完全形成较强的战斗堡垒。另外，云南省投入人力和物力不足，被动地完成上级下达的任务和指标，不能自觉主动应对防治艾滋病工作中出现的新问题、新变化，从而影响了整个防治工作的进程。

除此之外，防治经费的长效保障机制有待加强，特殊患者群体的管理机制有待长效化，防艾社会组织持续发挥作用的体制有待健全，防艾长效机制各环节间存在协作障碍等问题也亟待解决。

（二）云南省防治艾滋病人民战争模式优化的重点领域

云南省防治艾滋病工作模式优化的重点领域如图 1 所示。

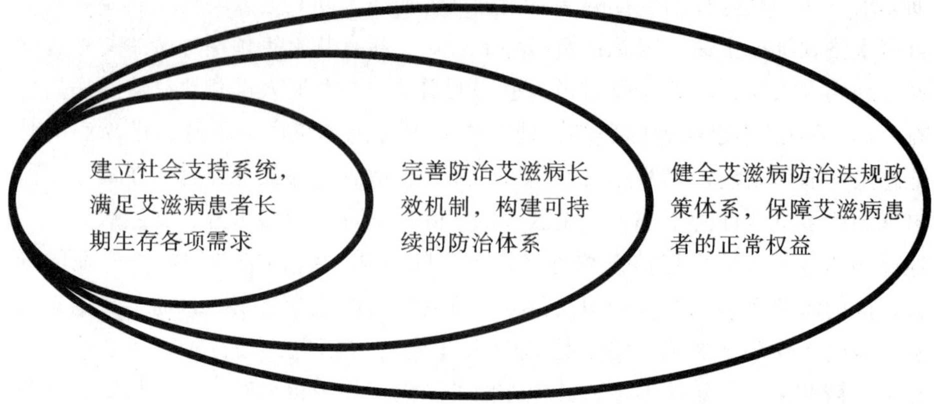

建立社会支持系统，满足艾滋病患者长期生存各项需求

完善防治艾滋病长效机制，构建可持续的防治体系

健全艾滋病防治法规政策体系，保障艾滋病患者的正常权益

图1　云南省防治艾滋病工作模式优化的重点领域

近年来，云南省在全国实现多个“率先”，艾滋病的防治体制机制不断完善。云南省先后出台了《云南省艾滋病防治办法》《云南省艾滋病防治条例》《社区艾滋病综合防治工作指南》等政策条例，形成了“以家庭为基础、以社区为依托、以专业技术机构为指导”的云南艾滋病综合防治模式。总结前三轮防治艾滋病人民战争的工作模式，可以看出云南省关于艾滋病的法规政策和防控体系均已形成，但仍需不断改进和完善。而对于艾滋病患者这一特殊社会弱势群体来说，构建社会支持体系并将其纳入防治艾滋病工作模式显得尤为重要。

对于艾滋病的防治，不管是从理论建设方面还是国内外成功防治模式的实践来看，要想取得这场防治艾滋病人民战争的最终胜利，仅凭各级党委、政府、相关机构和艾滋病病毒感染者及病人的努力是远远不够的，还需要全社会的齐心协力。只有建立了良好的社会支持系统，才能有效削弱社会歧视带来的不良影响，使艾滋病感染者和病人同其他人一样，在生活、工作中建立正常的社会关系，并从劳动和社会交往中获得做人的尊严和集体归宿感，从根本上解决艾滋病患者长期生存的各项需求。社会支持系统应具备为艾滋病病毒感染者及病人提供医疗、心理等方面的救助和指导；营造宽容的社会环境，引导艾滋病病毒感染者及病人树立自信心，重返社会；提高宣传教育的针对性和实效性，全民普及艾滋病防治知识，减少社会歧视。

（三）基于生命伦理的云南省防治艾滋病人民战争的战略思考

1. 有效遏制重点人群艾滋病性传播攀升趋势

（1）商业性性行为干预建议。第一，应统一对商业性性行为的认识，即商业性性行为是一种道德不当行为，也是一种违法行为。第二，应调整商业性性行为法律规范。尽管商业性性行为具有一定的社会危害性，但其危害程度远不及扰乱公共秩序、妨害公共安全、侵犯人身权利及财产权利等行为，其主要属于道德不当行为。对没有直接受害者的成年人自愿的商业性性行为，建议根据当地实际情况交由道德、习俗、纪律等来约束。第三，应实施宽容与权益保护相结合的干预策略。在目前医疗条件不足以支撑战胜艾滋病的情况下，预防艾滋病经商业性性行为传播的最有效、最直接的方法是行为干预和健康宣传教育，而这些策略能否奏效则一定程度依赖于该群体能否得到社会的宽容与关怀。就商业性性行为的艾滋病干预而言，仅有健康知识的单方面灌输及性行为的干预是不够的，必须要唤起面临风险的当事人自身的健康意识和责任意识。在宽容的基础上，我们亟待解决的权益问题包括：及时对《治安管理处罚法》做出相应调整，避免商业性性行为者受到法律不公正的对待；保证其在合法权益遭受侵害时，也能得到法律的平等保护，能与其他公民一样平等获得政府在教育、就业、医疗、社会保障等方面的服务。第四，推行卫生部门牵头、多部门合作的综合防治模式，不断完善监测、检测工作，加强安全套推广及生殖健康服务，进一步增加同伴教育经费投入，充分发挥同伴教育在干预中的优势，提高干预可及性。

（2）男男同性性行为干预建议。第一，努力营造一个和谐、平等、宽容的社会道德环境。一方面，要达成对同性恋的共识，即同性恋并非疾病，也无关道德，只是一种与异性恋不同的性取向而已。另一方面，要通过社会舆论进行宣传和教育，引导人们正确认识和对待同性恋这一行为和现象，纠正把同性恋视为性变态、心理疾病和不道德行为的错误观念。第二，全力保护同性恋者的应有权利。首先要树立权利平等的基本观念，其次，政府要认真对待同性恋者的权利，在认识上高度重视“少数人”的权利，在制定政策措施时不忽视“少数人”的权利，在艾滋病预防中采取切实有效的措施保障“少数人”的权利，完善同性恋者权利的法律保护机制。第三，应通过心理干预减轻和消除同性恋者的自我歧视。应运用心理咨询、心理支持和行为疗法等，帮助这些同性恋者改善对同性恋的认知，使他们以积极的心态来面对自己的性取向，从而减缓内心的纠结和焦虑，消除消极情绪和自我歧视，增强自我控制能力和自我接纳的程度，找回对生活的勇气和信心。第四，通过性健康、性道德教育和法律惩罚促使同性恋者履行义务。

（3）多性伴行为干预建议。第一，明确多性伴行为的性质。目前性工作者、一夜情、换偶、性虐恋游戏等造成的多性伴关系仍存在分歧和争议，应进一步明确其定性。第二，对多性伴行为强制实施综合干预。比如在宣教和道德层面，要正视社会性行为多元化的客观实际，根据各种多性伴行为的不同性质、动机和结果，有针对性地开展宣传教育。就多性伴行为干预而言，虽然多性伴行为大多是不道德甚至违法的行为，很多人主张严厉打击，但从预防艾滋病的客观需要和性工作者所处的社会处境来看，实施宽容策略，可以使目标人群做出正确的利益权衡，从而走出“地下状态”，实现艾滋病预防的普遍可及。第三，应在法律和道德约束的前提下保障公民的性自主权。目前，我国尚无明确立法保障公民性自主权。为此，可以借鉴一些国家的立法经验，通过立法对公民的性自主权予以法律保护。

（4）非保护性性行为干预建议。第一，树立以保护性干预为主的理念，有效协调惩罚性干预与保护性干预之间的价值冲突。在干预对象的伦理定性上，要突出其公民身份和需要救助的生命个体，弱化其法律和道德评价。在价值考量的伦理原则上，要改变惩罚性干预从传统集体主义、功利论角度出发的方式，认识到干预对象也是平等的生命个体，应当受到平等的尊重和对待。在权利与义务的导向上，应坚持尊重、保护“少数人”的权利。第二，努力消除公安部门与卫生部门协作中的价值与制度冲突。在制度规范层面，坚持“以卫生部门为主、公安部门为辅”的原则。为此，应该在实现卫生部门与公安部门之间互相监督的基础上，树立卫生部门在艾滋病危险性行为干预中的权威，突出对性工作者等相关人群的帮助与行为干预；在把握前述宽容理念应有限度的基础上，让公安部门的打击行动适当为卫生部门的干预行动“让道”。第三，革新伦理文化，突出性健康教育。要促进传统性道德观念的现代转换，根据不断变化着的情况进行调整甚至重建性道德教育方式。要协调好性道德要求与性健康要求之间的矛盾，在性教育中突出性健康板块教育，并在全社会树立、宣传、倡导“进行保护性性行为”以及“预防艾滋病人人有责”的观念，把在性行为中正确使用安全套视为对自己、对他人、对社会应尽到的义务和责任。

2. 有效提升满足艾滋病患者长期生存各项需求的能力

随着艾滋病治疗技术的进步，艾滋病感染者和病人的预期寿命不断延长，其长期生活必然产生比以往更多的需求，这些需求涉及学习、就业、医疗、婚恋、家庭、生育、社交、社会尊重等各个方面。云南作为艾滋病的“重灾区”，必须正视并时刻关注这些新的需求与供给相对不足的挑战，在防控战略上做出恰当的调整，在新形势下及时出台新政策，创新工作体制机制，更好满足艾滋病患者长期生活及尊严享有的合理需求，让艾滋病感染者和病人与普通民众长期和谐共处，共同建设美好家园。

（1）调整宣传教育策略，营造宽松的社会环境。云南省持续开展艾滋病宣传教育已达数十年，但人们对艾滋病的歧视依然没有从根本上消除，在就业、医疗等领域的歧视仍然影响着艾滋病患者的生存尊严，他们依然十分担心因隐私暴露而使家庭陷入绝境。这种情况说明，不改变宣教策略，不可能在反歧视方面取得突破性进展。对此，应采用多样化的、与时俱进的宣传教育手段，如利用网络、手机等新媒体，提高防艾知识宣传的覆盖面。

（2）消除医疗歧视，营造平等医疗环境。消除医疗领域对艾滋病患者及性工作者的歧视，首先要加强医务人员对艾滋病知识和职业暴露预防方面的培训和教育，努力消除偏见和恐惧，为艾滋病患者提供良好的服务与治疗环境；进一步提高医德修养，确保为患者提供检测、咨询、关怀与医疗服务时，对他们的身份严格保密。其次，要努力提高医务工作者的薪资待遇水平。应设立特殊病患治理护理专项奖金制度，设立“职业暴露风险补偿专项基金”，当医务人员发生职业暴露但未感染艾滋病时，可依据暴露程度和实际发生的损害（如暴露后因服用阻断药物致流产、精神抑郁等）给予合理的补偿。此外，对于医疗机构的监督也是必不可少的。通过设立歧视投诉热线、设立不端不道义的网络举报方式等，对于那些推诿艾滋病患者就医的医疗机构和医务人员给予处罚，切实减少和消除医疗工作中的歧视。

（3）发展壮大社会组织，拓展救助方式。获得长期生存的艾滋病感染者和病人不可避免地会面临婚恋、生育、就业、子女就学、社区排斥、医疗歧视等难以尽数的难题。面对这些难题，在政府直接提供救助的同时，社会组织也应当去承担责任，针对艾滋病感染者和病人的具体困难采取不同的救助方式。另外，要使社会组织及其调动的社会工作者、志愿者、慈善组织和机构成为艾滋病救助的重要力量，扩充艾滋病救助范围，丰富艾滋病救助形式。经过专业化培训的社会工作者是从事这项工作的主力军，可以在艾滋病感染者和病人的长期生存中发挥难以替代的作用。而社会组织是组织社会工作者有序和有效开展工作的民间组织，是社会工作者、志愿者与目标人群之间的桥梁和纽带，是介于政府和艾滋病防治目标人群之间的一股重要力量。它以其独立性、灵活性、公益性、易于深入接触特殊社会群体等特点，在艾滋病综合预防的宣传教育、政策倡导、治疗关怀、行为干预等领域发挥着越来越重要的作用。社会组织能把社会工作者引入艾滋病感染者和病人的生活中，通过一对一的服务或通过小组活动提供适当的心理支持和政策咨询，同时为临床医疗提供协助，为其家庭排忧解难。除此之外，社会组织还可为艾滋病感染者和病人寻求法律援助，在他们遭遇就业、教育、就医等社会歧视时提出建议或帮助寻求法律援助等。

3. 健全防治艾滋病长效机制

（1）加强组织领导，进一步完善长效机制。云南省的防治艾滋病人民战争是一项长期艰苦的工作，要进一步提高各级各部门工作人员对防治艾滋病工作重要性、长久性的认识，积极贯彻落实相关法规、政策、条例，及时调整和充实各级防治艾滋病工作委员会，加强人才队伍建设，进一步加大对艾滋病疫情严重地区政策支持、经费投入的力度，适当增加艾滋病防治人员和艾滋病职业暴露高危人群岗位补贴，积极探索建立防治艾滋病工作可持续发展的保障机制；增加防治经费的投入，确保防治艾滋病工作卓有成效；坚持政府投入为主、分级负担、多渠道筹集经费的长效机制；严格实行防治艾滋病经费项目管理制度，保证专款专用。

（2）针对重点人群特点专门制定防艾新政策。针对毒品滥用者、老年人、儿童感染者等抗病毒治疗保持难度较大的群体，建议从治疗前咨询、治疗保持跟进、脱失干预等环节入手，提高抗病毒治疗保持率；强化重点人群入组治疗前的咨询、动员工作，加强对重点人群的个案管理。此外，为巩固云南省艾滋病防治工作成效，防范边境地区疫情反弹，建议及时补充和完善外籍人员出入境管理，外籍感染者管理、治疗等相关政策，让边境地区外籍感染者防治工作有据可依，积极争取国家防艾专项经费支持和政策支持。

（3）完善待遇支持和风险防范机制，加强治疗队伍建设。将目前仍属于财政差额拨款的抗病毒治疗医务人员及时纳入财政全额拨款范围，并落实包括羁押场所抗病毒治疗干警在内的医务人员艾滋病防疫津贴的发放。在此基础上，建议从省州县三级的防艾配套经费中拿出一定比例，探索防治工作绩效考核和奖励机制。同时，针对在艾滋病防治工作中抗病毒医务人员面临的职业暴露高风险，建议在工伤保险保障机制外，设立针对职业暴露的相关基金，用于对医务人员所受暴露风险的补偿，从而缓解医务人员心理压力，激发其工作积极性，稳定治疗队伍。

四、结论

艾滋病防治工作具有一定的伦理特殊性，是因为艾滋病区别于其他常规疾病。相对于其他常规疾病的防治工作而言，艾滋病的防治必须要搁置在保障病人基本人权的基础之上，必须要面对艾滋病防治工作中的伦理审查、防治结果以及阶段性的伦理评价结果，这些都是艾滋病防治工作所特有的。防治艾滋病工作的正确方向取决于正确的价值向度和正确的伦理评价，否则会产生严重的后果。实践证明，如果忽视或者无视对于目标人群基本权利的尊重，就不会赢得艾滋病感染者和病人的参与和支持，即使政策与措施再完善也难以控制艾滋病疫情的流行与蔓延。反之，如果这些防治政策和措施是基于艾滋病患者和病人的基本权利而制定的，则有极大可能会因赢得目标人群的支持与合作，有效地遏止艾滋病的流行和蔓延。虽然艾滋病仅仅作为特殊疾病问题存在着，但它对于人类历史进程来说仍然是一次巨大的挑战，生命伦理学可以根据这些问题的存在进行伦理论证，如尊重、公正、有利/不伤害原则等。

多数情况下，党和政府政策制定的出发点是为了维护多数人的利益。在防治艾滋病政策实施过程中，艾滋病病毒感染者、艾滋病病人、吸毒人员、性工作者和健康的普通人群之间，利益冲突与妥协同在。例如，病人隐私权与性伴知情权之间的冲突、关于商业性性行为的道德认识分歧、面对艾滋病患者的长期生存如何分配社会资源等。这些问题分开来看都是棘手的难题，但从生命伦理学视角进行思考、概括和总结，成功遏制艾滋病传播和蔓延的关键因素是云南省防治艾滋病人民战争中所采取的各项政策、措施、战略以及法律法规等。事实上，这些政策措施在生命伦理学上也是被论证和辩护通过的，并且基本满足生命伦理的三大原则：尊重艾滋病病毒感染者和病人的知情同意权和知情选择权，保护其隐私和基本人权；在艾滋病防治工作中尽可能避免接触艾滋病病毒感染者、高危人群、健康的非感染者的身心健康受到伤害，在负担分配、资源分配与利益分配中秉持公正，将艾滋病的防治与社会经济、边疆安全密切联系起来，并使其作为政府工作的重要职责之一。但在实际工作中，防治艾滋病的政策、制度与传统道德价值观念和价值取向的差别，给防治艾滋病工作带来了一定的困难。要彻底消除困难，保障防治艾滋病工作持续有效，还需要从价值观念与价值取向上进一步消除差异，运用生命伦理学的指导发挥重要作用。

通过整理分析关于云南省防治艾滋病人民战争的相关政策、措施，我们得出结论：

（1）对艾滋病防控有效的政策、措施都是“合伦理性”的，尚未起到作用的必然存在与生命伦理价值观念相违背的情况；（2）虽然前三轮的云南省防治艾滋病人民战争的相关政策、措施在不断地完善，也取得了显著的成效，但仍需针对实际情况不断出台新政策、调整战略，建立长效机制，以应对由传播途径、重点人群变化等方面带来的艾滋病防治新问题。

在防治艾滋病人民战争中，无论是政府部门、执法机关、医务人员、非政府组织的民间人士，还是其他防艾工作参与者，大家都不会反对生命伦理的基本价值观——人的生命价值高于一切，也都认同生命伦理的核心观念——尊重生命，护卫生命的尊严。大家把这些理念都自觉地贯彻到自己的工作之中，消除或弱化长期职业生涯中形成的一些偏见或成见，平等地尊重每一个生命，同情、关怀、救助那些迷茫的、脆弱的生命个体，甚至是违背道德的违法者的生命健康。只有这样，治疗重于惩处、防艾重于管控的统一行动才能顺利开展，防艾长效机制才能不断完善，伦理理论与防艾实践才能形成互动，具体的防艾政策、措施才能得到强有力的理论支持，防治艾滋病的人民战争才会取得最后的胜利。

参考文献

专著：

[1] 米尔恩. 人的权利与人的多样性——人权哲学 [M]. 夏勇，张志铭，译. 北京：北京中国大百科全书出版社，1995.

[2] 阿拉斯代尔·麦金太尔. 德性之后 [M]. 龚群，译. 北京：中国社会科学出版社，1995.

[3] 拉斐尔. 道德哲学 [M]. 邱仁宗，译. 沈阳：辽宁教育出版社，1998.

[4] 彼彻姆. 哲学的伦理学 [M]. 雷克勤，译. 北京：中国社会科学出版社，1995.

[5] 恩格尔哈特. 生命伦理学基础 [M]. 范瑞平，译. 北京：北京大学出版社，2006.

[6] 曹韵贞. 艾滋病临床诊断、治疗及护理 [M]. 北京：人民卫生出版社，2002.

[7] 郭永松. 生命科学技术与社会文化：生命伦理学探究 [M]. 杭州：浙江大学出社，2009.

[8] 韩跃红. 护卫生命的尊严 [M]. 北京：人民出版社，2005.

[9] 高兆明. 伦理学理论与方法 [M]. 北京：人民出版社，2005.

[10] 霍华德·马凯尔. 瘟疫的故事 [M]. 罗尘，译. 上海：上海社会科学出版社，2003.

[11] 靳薇. 艾滋病防治政策干部读本（修订本）[M]. 北京：中共中央党校出版社，2005.

[12] 卢风，肖巍. 应用伦理学导论 [M]. 北京：当代中国出版社，2002.

[13] 罗国杰. 伦理学 [M]. 北京：人民出版社，1989.

[14] 马克思. 马克思恩格斯选集：第 1 卷 [M]. 北京：人民出版

社，1972.

[15] 邱仁宗. 生命伦理学 [M]. 北京：中国人民大学出版社，2010.

[16] 邱仁宗. 艾滋病、性和伦理学 [M]. 北京：首都师范大学出版社，1999.

[17] 王利明. 人格权法新论 [M]. 长春：吉林人民出版社，1994.

[18] 王延光. 艾滋病预防政策与伦理 [M]. 北京：社会科学文献出版社，2006.

[19] 王正平，周中之. 现代伦理学 [M]. 北京：中国社会出版社，2001.

[20] 徐秀华. 临床医院感染学 [M]. 2 版. 长沙：湖南科学技术出版社，2005.

[21] 徐宗良，刘学礼，瞿晓梅. 生命伦理学：理论与实践探索 [M]. 上海：上海人民出版社，2002.

[22] 约翰·罗尔斯. 正义论 [M]. 何怀远，等，译. 北京：中国社会科学出版社，1988.

[23] 翟小梅，邱仁宗. 生命伦理学导论 [M]. 北京：清华大学出版社，2005.

期刊论文：

[1] COHEN M S, CHEN Y Q, et al. Prevention of HIV-1 Infection with Early Antiretroviral Therapy [J]. The New England Journal of Medicine, 2011, 365 (6): 493-505.

[2] 韩跃红，孙书行. 人的尊严和生命的尊严释义 [J]. 哲学研究，2006 (3): 63-67.

[3] 陆林，贾曼红，等. 云南省 1989—2005 年艾滋病流行分析 [J]. 中国艾滋病性病，2006，12 (6): 517-519.

[4] 陆树程，尹慧. 防治艾滋病与当代伦理共同体的重建 [J]. 中国卫生事业管理，2004，20 (10): 586-590.

[5] 王海云，韩跃红. 艾滋病疫情发展及防控中的伦理问题 [J]. 昆明理工大学学报（社科版），2005，4 (5): 4-8.

[6] 王勤忠，钱跃升，傅继华. 艾滋病高危行为干预的相关法律法规和政策 [J]. 预防医学论坛，2007，13 (3): 285-287.

[7] 肖巍. 女性主义关怀伦理学 [J]. 贵阳市委党校学报，1999 (2): 19-20.

[8] 尤吾兵，陆树程. 公正原则，防治艾滋病重要伦理原则何以成立

[J]. 医学与哲学，2004 (9)：57-58.

[9] 朱海林，李祥福. 艾滋病患者权利保障的伦理视角 [J]. 昆明理工大学学报，2009，9 (2)：60-64.

其他：

[1] 云南省防治艾滋病委员会. 云南省防治艾滋病人民战争评估报告 (2005—2007 年) [R]. 昆明：云南省防治艾滋病委员会，2008.

[2] 车丽. 全国艾滋病疫情新特点：男同性行为传播比例上升 [EB/OL]. (2015-12-01). http://china.cnr.cn/ygxw/20151201/t20151201_520647999.shtml.

[3] 陈娜. 除德钦外病人今年将免费接受艾滋抗病毒治疗 [EB/OL]. (2013-03-28). http://sociey.yunnan.cn/html/2013-03/28/content_2670937.htm.

[4] 何岛. 云南艾滋病人和感染者全国最多 艾滋病初期症状有哪些 [EB/OL]. (2014-12-02). http://health.youth.cn/jiankangzx/201412/t20141202_6146536.htm.

[5] 刘昶荣. 截至 2016 年 10 月云南省染艾 93 437 例，性传播占 92.6% [EB/OL]. (2016-11-30). http://news.sina.com.cn/c/2016-11-30/doc-ifxyhwyy0313890.shtml.

[6] 吕诺，陈聪. 我国报告现存活艾滋病病毒感染者 65.4 万例 逾九成经性传播 [EB/OL]. (2016-11-30). http://news.xinhuanet.com/politics/2016-11/30/c_1120023060.htm.

[7] 王文硕，万广朋. 为公安民警艾滋病职业暴露筑起法律"防护墙" [EB/OL]. (2014-03-13). http://www.ga.yn.gov.cn/jwxw/quanguojingxun/201403/t20140325_264555.html.

[8] 王研. 云南：海洛因缴获量全国占比高 登记在册吸毒人数居全国第五 [EB/OL]. (2015-06-25). http://news.xinhuanet.com/local/2015-06/25/c_1115722958.htm.

[9] 云南省防治艾滋病局. 2014 年云南省艾滋病主要防治工作进展 [EB/OL]. (2014-11-26). http://www.yncdc.cn/newsView.aspx? id=107071.

[10] 云南省疾控中心. 云南省艾滋病防治办 [EB/OL]. (2004-04-25). http://www.yncdc.cn/newsView.aspx? id=84192.

[11] 郑灵巧，何大一. 艾滋病患者如果及早治疗，寿命会与正常人相差无几 [EB/OL]. (2014-01-16). http://news.xieshoue.org/article/detail? id=1454.

［12］张磊. 我国吸毒者超过 1 400 万［EB/OL］.（2015-06-25）. http://www.jkb.com.cn/news/industryNews/2015/0625/372841.html.

［13］张森，顾敦禹. 联合国艾滋病规划署：未来 5 年是结束艾滋流行关键［EB/OL］.（2014-11-03）. http://world.people.com.cn/n/2014/1130/c1002-26120516.html.

附录五

2013—2015年昆明市官渡区男男性行为人群艾滋病哨点监测结果分析

（论文）

张璐平[1]　张龙[2]　刘德育[2]　张睿凌[2]　冯玲[2]　张文杰[2]　韩跃红[3]

1 昆明医科大学　2 昆明市官渡区疾病预防控制中心　3 昆明理工大学

【**摘要**】本文目的为分析昆明市官渡区2013—2015年男男性行为者艾滋病哨点监测结果，为实施有效的干预措施和预防对策提供科学依据。本文采用的方法是对官渡区MSM人群哨点监测结果进行分析，对历年艾滋病、梅毒、丙肝感染状况及相关行为等进行统计学分析。2013—2015年，共调查MSM人群462人，确认HIV抗体阳性73例（15.8%），历年HIV阳性率分别为16.2%、15.4%、16.1%，各年度差异无统计学意义（$P>0.05$）；梅毒抗体阳性50例（10.8%），HCV抗体阳性1例（0.2%）。最近半年内，有肛交行为者95.7%，其中坚持每次使用安全套的比例为56.6%，最近一次肛交时安全套使用比例为83.5%；有15.2%的人与同性发生过商业性性行为，坚持每次使用安全套的占比为58.2%；21.9%与异性发生过性行为，坚持每次使用安全套的占比为40.6%。昆明市官渡区MSM人群艾滋病防治知识知晓率高，安全套坚持使用率偏低，存在一定的知行分离现象。HIV和梅毒阳性率较高，防控形势依然严峻，需要调整和采取有针对性的防治措施。

【**关键词**】男男性行为人群；艾滋病；哨点监测

目前，全国艾滋疫情整体保持低流行态势，但男性同性性行为（Men Who Have Sex With Men，MSM）传播比率上升明显。2015 年，全国新发现的艾滋病病毒（Human Immunodeficiency Virus，HIV）感染者/艾滋病（Acquired Immunodeficiency Syndrome，AID）病人中，男性性行为传播已经占到了 28.25%，男男性传播感染率持续上升。这不仅在国内较为严重，也是一个国际性难题。云南省艾滋病流行的趋势是近年来性传播明显增加，同性性行为传播上升幅度较大。昆明市官渡区疾病预防控制中心及相关社会组织对 MSM 人群实施了宣传教育、监测检测、安全套发放等艾滋病综合防治干预工作。根据《全国艾滋病哨点监测实施方案（试行）》的要求，昆明市官渡区疾病预防控制中心从 2010 年起，在官渡区男男同性性行为人群中开展艾滋病哨点监测工作，这为了解该人群艾滋病相关的高危行为特征及 HIV/梅毒感染状况，以及更好地开展 MSM 健康教育及行为干预工作提供了科学依据。为此，笔者对昆明市官渡区 2013—2015 年 MSM 哨点监测进行分析，将结果报告如下。

一、对象与方法

（一）对象

对调查对象的要求为：调查期间在昆明市官渡区居住；过去一年内有过同性插入性口交或肛交同性性行为；年龄≥14 岁；自愿参加本次调查，能够充分理解知情同意过程，愿意接受问卷调查；男性。

（二）方法

笔者于 2013—2015 年 4~6 月，在昆明市官渡区开展调查。根据《全国艾滋病哨点监测实施方案》，按照尊重、自愿、保密的原则，在调查对象知情同意的情况下，采用国家统一的调查问卷对其进行人口学特征、行为学特征和艾滋病知识知晓、预防性服务等的调查，由经过培训的人员进行问卷调查，并对调查对象采集血样，进行人类免疫缺陷病毒（HIV）、梅毒和丙肝（HCV）血清学检测。试剂由中国疾病预防控制中心统一采购下发。HIV 抗体采用不同原理或厂家的酶免试剂进行检测，两次检测结果均呈阳性者，再送艾滋病确认实验室进行确认实验；梅毒检测采用酶免试剂（ELISA）进行初筛，甲苯胺红不加热血清试验进行复检，两种方法均呈阳性者，则判定为梅毒抗体阳性；HCV 检测采用不同原理或厂家的酶免试剂法进行检测，两次检测结果均呈阳性者，则判定为 HCV 抗体阳性。检测方法和操作程序均由实验室专业人员按照检测试剂盒说明书进行。

（三）统计分析

通过国家艾滋病哨点监测客户端进行数据录入并核查，数据资料采用

SPSS 22.0 软件进行分析，采用χ^2 检验，以 $P < 0.05$ 为有统计学意义。

二、结果

（一）人口学特征

2013—2015 年，共监测 MSM 人群 462 人次，年龄 16～69 岁，平均年龄（28.46±7.651）岁，其中小于 20 岁的 25 例（5.4%），20～29 岁 272 例（58.9%），30～39 岁 123 例（26.6%），大于等于 40 岁的 42 例（9.1%）。婚姻状况以未婚为主，共 372 例（80.5%），再婚 72 例（15.6%），同居 1 例（0.2%），离异或丧偶 17 例（3.7%）。本省户籍 375 例（81.2%），外省户籍 87 例（18.8%）。本地居住时间小于 3 个月的 17 例（3.7%），3～6 个月 33 例（7.1%），7～12 个月 42 例（9.1%），1～2 年 49 例（10.6%），大于 2 年的 321 例（69.5%）。文化程度为文盲的 1 例（0.2%），小学 8 例（1.7%），初中 64 例（13.9%），高中或中专 176 例（38.1%），大专及以上文化 213 例（46.1%）。民族以汉族为主，共 391 例（84.6%），彝族 22 例（4.8%），回族 10 例（2.2%），傣族 9 例（1.9%），白族 8 例（1.7%），其他民族 22 例（4.8%）。

（二）艾滋病防治知识知晓率

根据《中国艾滋病防治督导与评估框架（试行）》中明确规定的 8 条大众需要掌握的基本知识，共设置 8 道题，答对 6 题以上者为知晓。2013—2014 年，MSM 人群艾滋病防治知识知晓率分别为 85.1%、94.2%、95.6%，差异有统计学意义（$\chi^2=9.632$，$P<0.01$），知晓率逐年提高。

（三）性行为特征

MSM 人群中 95.7%（442/462）的人最近半年内与同性发生过肛交，最近一周与同性发生肛交次数个别达 20 次以上，44.3%的人次数为 0 次，29.4%的人次数为 1 次。2013—2015 年，最近一次与同性肛交时的安全套使用率为 78.1%～87%，年度间差异无统计学意义（$\chi^2=3.954$，$P>0.05$）；最近半年内同性肛交时坚持每次使用安全套的比率为 45.2%～60.1%，年度间差异具有统计学意义（$\chi^2=11.996$，$P<0.01$），坚持使用安全套率较低，但呈上升趋势；最近半年内与同性发生过商业性性行为的比率为 11.8%～19.2%，年度间差异无统计学意义（$\chi^2=2.556$，$P>0.05$）；最近一次与同性发生商业性性行为时安全套使用率为 64.3%～79.4%，年度间差异无统计学意义（$\chi^2=1.365$，$P>0.05$）；最近半年内与同性发生商业性性行为坚持每次使用安全套的比率为 42.9%～64.7%，年度间差异无统计学意义（$\chi^2=5.039$，$P>0.05$）；最近半年内与异性发生过性行为的比率为 19.4%～28.4%，年度间差异无统计学意义（χ^2=2.462，P>0.05）；最近一次与异性发生性行为时安全套使用率为 38.1%～73.3%，年度间差异具有统计学意义（χ^2=10.114，P<0.05），呈上升趋势；最近半年内与异性发生性行为时坚持每次使用安全套的比率为 28.6%～48.6%，年度间差异无统计学意义（χ^2=7.668，P>0.05）；最近一年患过性病的比率为 4.4%～9.5%，年度间差异无统计学意义（χ^2=8.268，P>0.05）；吸毒的比率为 1.4%～3.9%，年度间差异无统计学意义（χ^2=1.467，P>0.05）。最近 6 个月肛交时坚持每次使用安全套的比率为在最近 6 个月与同性发生过肛交情况的占比（排除掉最近 6 个月没有与同性发生过肛交的情况）。其中 2013 年 n=73，2014 年 n=208，2015 年 n=161。具体见表 1。

表 1　2013—2015 年昆明市官渡区 MSM 人群性行为特征 n（%）

性行为特征	2013（n=74）	2014（n=208）	2015（n=180）	χ^2	P
最近 6 个月发生肛交比率	73(98.6)	208(100.0)	161(89.4)	27.846	0.000
最近一次肛交时安全套使用比率	57(78.1)	181(87.0)	131(81.4)	3.954	0.138
最近 6 个月肛交时坚持每次使用安全套比率	33(45.2)	125(60.1)	92(57.1)	11.996	0.08
最近 6 个月商业同性性行为比率	14(19.2)	34(16.3)	19(11.8)	2.556	0.279
最近 6 个月商业同性坚持每次使用安全套比率	6(42.9)	22(64.7)	11(57.9)	5.039	0.324
最近一次同性商业性行为安全套使用率	9(63.4)	27(79.4)	15(78.9)	1.365	0.483
最近 6 个月异性性为行比率	21(28.4)	45(21.6)	35(19.4)	2.462	0.292
最近 6 个月异性性行为坚持每次使用安全套比率	6(28.6)	18(40.0)	17(48.6)	7.668	0.105
最近一次异性性行为安全套使用率	8(38.1)	33(73.3)	24(68.6)	10.114	0.02
最近一年患过性病比率	7(9.5)	17(8.2)	8(4.4)	8.268	0.091
吸毒比率	1(1.4)	5(2.4)	7(3.9)	1.467	0.48

（四）接受 HIV 检测及干预服务状况

2013—2015 年，接受过安全套宣传和发放/艾滋病咨询与检测的比率为 52.2%～70.3%，年度间差异具有统计学意义（χ^2=13.493，P<0.01），呈下降趋势；接受过社区药物维持治疗/清洁针具提供/交换的比率为 1.4%～6.7%，年度间差异具有统计学意义（χ^2=7.04，P<0.05）；接受过同伴教育的比率为 37.2%～53.8%，年度间差异具有统计学意义（χ^2=10.733，P<0.01）；最近一

年做过艾滋病检测的比率为 40%~55.3%。具体见表 2。

表 2　2013—2015 年昆明市官渡区 MSM 人群接受 HIV 检测及干预服务情况 n（%）

接受检测及干预服务情况	2013（n=74）	2014（n=208）	2015（n=180）	χ^2	P
安全套宣传和发放/艾滋病咨询与检测的比率	52(70.3)	143(68.8)	94(52.2)	13.493	0.001
社区药物维持治疗/清洁针具提供/交换的比率	3(4.1)	3(1.4)	12(6.7)	7.04	0.024
同伴教育的比率	34(46.6)	112(53.8)	67(37.2)	10.733	0.005
做过艾滋病检测的比率	37(50.0)	115(55.3)	72(40.0)	—	—

（五）血清学检测结果

共检测 MSM 人群血清 462 份，确认 HIV 抗体阳性 73 例（包括既往阳性 17 例），累积阳性检出率 15.8%，年度间差异无统计学意义（$\chi^2=0.05$，$P>0.05$）；累积检出梅毒阳性 50 例，梅毒阳性检出率 10.8%，年度间差异具有统计学意义（$\chi^2=10.011$，$P<0.01$）；丙肝检出阳性 1 例，累积阳性率 0.2%，无明显变化。具体见表 3。

表 3　2013—2014 年昆明市官渡区 MSM 人群血清学检测结果 n（%）

年份	检测数	HIV 抗体阳性	梅毒阳性	丙肝阳性
2013	74	12（16.2）	11（14.9）	0（0）
2014	208	32（15.4）	12（5.8）	1（0.5）
2015	180	29（16.1）	27（15.0）	0（0）
总计	462	73（15.8）	50（10.8）	1（0.2）
χ^2		0.05	10.011	1.224
P		0.975	0.007	1

三、讨论

2013—2015 年昆明市官渡区 MSM 人群哨点监测结果显示，HIV 阳性检出率每年均大于 10%。本次调查中 HIV 阳性率高于 2009 年张琬悦等在昆明 472 名 MSM 中开展 HIV 检测测出的 8.9%的阳性率，也高于 2012 年闵向东等在昆明 458 名 MSM 中开展 HIV 检测测出的 9.83%的阳性率，同样高于国内其他城市调查结果。MSM 人群 HIV 阳性率也高于低档暗娼的 HIV 阳性率。这些都表明昆明官渡区男男性行为人群 HIV 感染态势依然严峻。另外，HIV 阳性检测率高还有一个可能的原因是，2010 年昆明市官渡区疾病预防控制中心通过政府购买服务途径合作的男男同性恋社会组织——跨跃中国男同社会组织，该组织领导人能力比之前合作的男同社会组织的领导人能力都强，组织宣传和动员检测等方面做得比较好，所以 HIV 阳性检测率高。因为社会组织更容易被民众接受，能比较深入地接触到男男性行为者这类政府和一般公众难以接触到的社会特殊群体，更容易取得艾滋病感染者和患者及高危人群的信任，干预活动更容易实施，因此，政府部门应加大对社会组织资金的支持力度，业务主管部门应降低注册条件，给予已经发展成熟的社会组织合法的地位。

本文中研究人群主要集中在 20~39 岁的青壮年，以未婚、文化程度高中及以上、居住在本地两年以上为主，与其他城市调查一致。其中，有婚姻史的占 11.1%~20%，而且 MSM 与异性发生性行为时坚持每次使用安全套率低于与同性，MSM 的双性性行为在 MSM 和女性人群之间造成艾滋病流行的危险进一步加大。因此，针对 MSM 的干预，除继续呼吁与同性发生性行为坚持使用安全套外，还需重点关注与异性发生性行为时安全套的使用，以减少 HIV 传播到普通人群的风险，这一点同国内一些研究一致。监测对象中非本省籍流动人口占 18.3%~20.3%，表明调查对象具有一定的流动性。

2013—2015 年 MSM 人群最近 6 个月与同性发生肛交的比率较高，达到 90%以上。其中 2014 年 MSM 人群最近 6 个月与同性发生肛交的比率达到 100%，高于 2010—2013 年 MSM 人群近 6 个月肛交率（84.2%）。该人群最近 6 个月肛交时坚持每次使用安全套比率较低，均低于 60%，与《中国遏制和防治艾滋病行动计划（2011—2015 年）》中要求安全套使用率达到 90%以上有一定差距。这说明 MSM 人群中存在严重的危险性行为，这是导致该人群 HIV 感染不断增加的重要原因。促进安全套的使用仍是 MSM 人群干预的重点。

随着网络的普及和智能手机的快速发展，MSM 人群有了更多寻找匿名伴侣的机会，手机同志社交软件逐渐成为 MSM 人群交友的主要平台。有研究显示，有将近一半的 MSM 使用至少一个同志社交软件。智能手机和同志社交软件的普及，在为 MSM 人群结识匿名伴侣提供便利的同时，也可能会增加感染艾滋病的风险。因此，应在同志社交软件中加入防艾宣传，提供艾滋病基本知识，促使同性减少危险性行为，提高安全套使用率和疾病检测率。

MSM 的艾滋病知识知晓率较高，且逐年上升，说明针对该人群的宣传教育工作取得了一定的效果，但安全套坚持使用率较低，存在一定程度的知行分离现象，与国内一些研究结果一致。同时，艾滋病干预服务的接受率在下降，说明针对 MSM 行为干预的方法、措施需要进一步完善。

2013—2015 年，MSM 曾经做过 HIV 检测并知晓检测结果的比率为 39.2%~51%，总体水平仍较低。有研究表明，在知晓感染 HIV 后，大部分 MSM 在一定程度上改变了自己的性行为方式。故应在 MSM 干预中继续强化 HIV 动员检测这一核心干预措施，且应采用 MSM 人群易于接受的检测方式和方法，扩大检测覆盖率，提高检测比率。

参考文献

[1] 中国疾病预防控制中心.2015 年 12 月全国艾滋病性病疫情及主要防治工作进展 [J]. 中国艾滋病性病，2016，22 (2)：69.

[2] 陆林. 云南省艾滋病流行 20 年 [J]. 昆明医科大学学报，2013，34 (6)：1-4.

[3] 张琬悦，章任重，王珏，等. 昆明市男男性行为人群 HIV 感染及其影响因素分析 [J]. 中华疾病控制杂志，2015，19 (2)：203-205.

[4] 闵向东，王珏，章任重，等. 昆明市男男性行为人群 HIV 感染及影响因素分析 [J]. 中国公共卫生，2013，29 (12)：1729-1731.

[5] 杨介者，蒋均，陈琳，等. 浙江省 2010—2013 年 MSM 艾滋病哨点监测结果分析 [J]. 中国艾滋病性病，2014，20 (12)：922-925.

[6] 潘颂峰，王珏，董薇，等. 云南省 4 个县（市）低档暗娼艾滋病和梅毒感染状况分析 [J]. 昆明医科大学学报，2015，36 (10)：150-153.

[7] 杨彦玲，马艳玲，张勇，等. 云南省社会组织参与艾滋病防治工作状况分析 [J]. 中国艾滋病性病，2014，20 (6)：446-448.

[8] 汪伊娜，刘菁萍，徐群英，等. 非政府组织对男男同性恋人群健康教育效果评估 [J]. 现代预防医学，2011，38 (13)：2523，2526.

[9] 周彩霞，王世平，马云丽，等. 2010—2014 年遵义市男男性行为人群艾滋病哨点监测结果分析 [J]. 中国皮肤性病学杂志，2016，30 (1)：53-55.

[10] 王永. MSM 人群艾滋病、梅毒感染状况调查 [J]. 中国卫生检验杂志，2016，26 (12)：1792-1794.

[11] 陈宗良，张维，吴国辉，等. 2004—2015 年重庆市男男性行为人群艾滋病流行状况分析 [J]. 现代预防医学，2016，40 (18)：3277-3280.

[12] 肖永康，程晓莉，苏斌. 安徽省 2014 年男男性行为者 HIV 感染情况及其相关因素分析 [J]. 中国艾滋病性病，2016，22 (9)：728-730.

[13] 江光煛. 襄阳市男男同性恋艾滋病阳性病例研究 [J]. 热带医学杂

志，2014，14（3）：389-391.

［14］舒彬，司徒朝满，刘莹，等．深圳男男性行为者艾滋病哨点监测情况分析［J］．实用预防医学，2013，20（6）：694-696.

［15］付笑冰，林鹏，王晔，等．广东省2009—2013年男男性接触者艾滋病哨点监测艾滋病病毒/梅毒感染趋势分析［J］．中国预防医学杂志，2014，15（5）：393-396.

［16］曹越，孟详喻，翁鸿，等．中国青年男男性行为人群艾滋病相关行为及感染状况M eta分析［J］．中华流行病学杂志，2016，37（7）：1021-1027.

［17］黄勤，李巧巧，李苑，等．2010—2013年中国男男性行为人群艾滋病/梅毒感染状况、性行为特征及艾滋病知识知晓情况的Meta分析［J］．中华流行病学杂志，2015，36（11）：1297-1301.

［18］汪芳华，程晓莉，肖永康，等．安徽省2009—2010年男男性行为者艾滋病哨点监测分析［J］．中华疾病控制杂志，2011，15（8）：685-688.

［19］宋丽军，杨静远，陆继云，等．云南省2010—2013年男男性行为人群艾滋病相关危险因素变化趋势分析［J］．中华流行病学杂志，2015，36（2）：153-157.

［20］罗桂英，张玉琼，田甜，等．性病门诊男性就诊者艾滋病哨点监测结果分析［J］．川北医学院学报，2013，28（6）：518-520.

［21］季亚勇，成浩，徐梦梅．无锡市2010—2013年男男性行为人群艾滋病哨点监测［J］．江苏预防医学，2015，26（2）：43-45.

［22］孙晓舒，杨修晓．知晓感染HIV前后MSM人群不安全性行为改变研究［J］．医学与哲学（人文社会医学版），2013，34（490）：39-40，59.

（注：该论文发表在《昆明医科大学学报》2017年第4期。）

附录六

建立学校艾滋病疫情通报制度的伦理问题研究

（论文）

张璐平[1]　韩跃红[2]

1 昆明理工大学管理与经济学院　2 昆明理工大学社会科学学院

【摘要】 随着近年来学生艾滋病疫情的逐渐严重，为进一步控制疫情和实现信息沟通，国家卫计委发布了关于建立学校疫情通报制度的通知。通知要求卫生部门定期向学校通报学生艾滋病感染情况，学校要参与感染学生的告知、随访、咨询、干预等工作。通报制度能够引起学校领导的重视，从而加强性教育、艾滋病知识的宣传教育；也能引起学生的重视，使学生提高自我保护意识，从而达到早预防、早干预、早发现、早治疗的艾滋防控目的。但是由于目前艾滋病社会歧视现象依然非常普遍，且高校普遍缺乏艾滋病相关专业人员，实行通报制度容易出现一些伦理问题，如违反知情同意原则、信息保密原则和隐私保护原则。由此会导致感染学生受到严重的社会歧视，遭受不公正待遇，合法权益受到侵害，精神受到伤害。故我们建议，在通报制度中要严格保护感染学生信息；学校要加强艾滋病健康教育师资力量的建设；学校、政府、医疗机构都要行动起来，努力消除艾滋病歧视。

【关键词】 学校；艾滋病；生命伦理学；歧视；宣传教育

目前我国艾滋病疫情仍然很严重。截至 2015 年 10 月，我国报告存活的艾滋病病毒感染者和病人共计 57.5 万例，2015 年 1～10 月新增 9.7 万病例。尽管全国艾滋病疫情整体保持低流行状态，但部分地区流行程度仍较高。尤其值得注意的是，近年来我国青年学生艾滋病感染率增长较快，近5年我国大、中学生艾滋病病毒感染者年增35%。2013年中国报告学生当中发现感染者数量超过100的有5个省份。但2014年仅截止到10月份，报告学生感染者超过100例的已经达到10个省份。2015年1~10月份共报告2 662例学生感染者和病人，比去年同期增加27.8%。

为进一步加强学校艾滋病防控工作、控制艾滋病疫情在校园内的蔓延，2015年8月，国家卫生计生委、教育部制定并印发了建立学校疫情通报制度的通知。通知要求，卫生部门至少每半年向教育部门通报辖区学校学生患病情况；疾病预防控制机构定期向学校通报学生艾滋病疫情；学校与疾控机构共同采取防控措施，并及时向教育部门报告。

一、建立通报制度的必要性和合理性

第一，从学校角度来看，建立通报制度有助于改变学校对艾滋病宣传教育缺失的现状，对艾滋病防控有积极意义。学校的领导和教师忙于教学和科研，关心的是学生的分数和成绩，没有关注过或极少关注艾滋病问题，认为艾滋病离自己和身边的学生还很远。尽管《艾滋病防治条例》要求高校、中学等将艾滋病防治知识纳入有关课程，但在许多学校里，却没有专职的健康教育教师，健康教育或由生物教师兼任，或由校医兼职，课程安排更是可有可无。近年来，学生成为艾滋病的高发人群，尤其学校成为“男同”的重灾区，有专家指出其原因之一是学校性教育的缺失——一些学校甚至对性知识教育讳莫如深，半遮半掩。

建立通报制度后，学校领导和教师能知道本校艾滋病疫情情况，会对艾滋病给予足够的重视，会根据疫情严重程度，有计划地组织开展艾滋病宣传教育，让学生通过校园内开展的艾滋病宣传教育活动学习艾滋病知识，学会如何保护自己——这对在学校范围内控制艾滋病疫情蔓延有利。增加大学生艾滋病知识的最有效途径是做好学校的艾滋病宣传教育，学校有责任也有义务为学生提供更多更好的学习艾滋病知识的机会。学校是教书育人的地方，更是确保学生身心健康安全的地方，防患于未然是防止疾病的基本方法之一。

第二，从学生角度来看，建立通报制度可促使学生由被动学习艾滋病知识改为主动学习艾滋病知识，增强学习效果，也有利于感染学生“早发现、早治疗”，这对艾滋防控有积极意义。许多学生认为艾滋病离自己还非常遥远，对艾滋病关注度不高。这样，即使学校进行艾滋病知识的宣传教育，部分学生也会认为事不关已，对宣传活动漠不关心。但是，随着社会性观念的开放以及对婚前性行为的宽容，加之大学生正处在性活跃期，思想尚不成熟，自制力和意志力相对不足，极易受社会中各种诱惑的影响，容易发生无保护性行为。而目前我国艾滋病主要传播途径是性传播，特别是男男性接触感染呈快速上升趋势，所以青年学生是艾滋病的高危群体。即使有学生发生高危行为，有疑似艾滋病病毒感染症状，其由于害怕隐私暴露及社会歧视，也不敢检测，或隐瞒病情、推迟治疗，这对于自身身体健康及疫情控制非常不利。

建立通报制度后，学生会知道原来自己的身边就有艾滋病感染者，从而引起重视，为自己敲响警钟。他们或积极参加学校组织的艾滋病宣传教育活动，或通过网络主动自学艾滋病相关知识。学生获得艾滋病知识、提高自我保护意识，不仅使自己受益，还可以把知识传递给朋友、亲戚。同时，学生通过学习艾滋病知识，能够消除对艾滋病的恐惧，减少对艾滋病感染者和患者的歧视，而歧视是当今阻碍艾滋病有效防治的最大障碍。

二、通报制度后会出现的伦理问题

通报制度要求建立信息交换沟通机制。卫生部门定期把学生感染艾滋病的疫情信息反馈给教育行政部门和高校，使学校能第一时间了解学生的疫情情况。这一举措对进一步加强学校艾滋病防控工作有积极作用。然而实行艾滋病疫情通报制度后，虽然国家计委和教育部强调疫情通报中将严格按照有关规定保护感染学生的个人隐私，但客观上，大学生艾滋病病毒感染者的特殊身份仍有被更多人知晓的可能性，这样就会引发以下伦理问题。

（一）违反尊重原则

生命伦理学是根据道德价值和原则对涉及人的生命和健康领域内的人类行为进行系统研究的应用伦理学学科。从生命伦理学角度来看，通报制度违反了生命伦理学的尊重原则。尊重是指尊重人格尊严和权利，尊重原则包括尊重自主权、知情同意权、保密和保护隐私权。尊重是人的基本需要，每一个人都应该得到社会和他人的尊重。从心理学角度来看，病人需要得到比常人更多的尊重。在医疗领域，保密是禁止医生将患者病情相关信息透露给其他人。我国《艾滋病防治条例》（以下简称条例）中明确规定：未经本人或者监护人同意，任何单位或者个人不得公开艾滋病病毒感染者和艾滋病病人及家属的身份信息。对个人艾滋信息保密是为了避免社会对艾滋病感染者和艾滋病病人（HIV/AIDS）的歧视。由于性传播是艾滋病传播的主要途径，《条例》规定艾滋病病毒感染者和艾滋病病人应当履行将感染或者发病的事实及时告知与其有性关系者的义务，以保障性伴侣知情权，使其注意防护，避免被感染。目前普遍认为个人艾滋信息的告知范围应严格控制在 HIV/AIDS 的性伴中，同时要求 HIV/AIDS 的性伴必须严守秘密，不得泄露，在告知方式上也主张尽量促使 HIV/AIDS 本人告知性伴。然而建立学校艾滋病疫情通报制度之后，艾滋病感染学生的身份信息，会在感染学生本人不知情的情况下，被直接通报给校方，这实际上就扩大了个人艾滋信息的告知范围，造成个人隐私的泄露。这样直接通报感染学生的信息，违反了知情同意原则、保密原则和保护个人隐私原则。

关于学校参与艾滋病的防控，已有先例。在 2014 年河南省教育厅发布要求将艾滋病检测纳入大中专院校新生入学体检范围的通知，就引起了许多质疑。有人认为这明显违反了自愿检测原则，侵犯了艾滋病患者的隐私，侵犯了人权。除了极个别情况外，任何组织和个人都无权强制另一个人去检测艾滋病。也有人认为入学检测有利于早发现、早治疗，有利于艾滋病的防控。但是无论赞成方还是反对方都有一致的共识，就是必须严格保护好学生的隐私。

此外，目前高校缺乏艾滋病相关专业人员，这也容易导致感染学生隐私泄露。按照通知要求，学校要参与感染学生的告知和随访工作。告知和随访工作要求告知责任人、随访责任人需要熟悉《中华人民共和国传染病防治法》《艾滋病防治条例》等国家相关法律、法规，以及艾滋病基本知识，防治基本知识，告知或随访相关的工作技巧。但是目前国内大部分高校缺少相关的专业人员来开展告知和随访工作。2014 年，马迎华对全国 15 个省的几十所高校开展了预防艾滋病教育工作调研，提出学校预防艾滋病健康教育方面的师资力量薄弱，缺乏专业师资培训，师资队伍专业性及稳定性不足。从《艾滋病病毒感染者和艾滋病病人综合管理工作手册（试行）》中可以看出，告知责任人和随访者都可以在当事人不知情的情况下获得他感染艾滋病的消息。然而《通知》并未限定学校的哪部分人可以参与告知和随访管理工作，这就意味着无论是老师、辅导员甚至是宿管老师，都可能成为告知责任人或随访责任人。他们可能缺乏艾滋病防治知识以及告知或随访技巧，从而大大增加感染学生的身份暴露风险。

（二）艾滋病歧视严重

个人艾滋信息的泄露，会导致当事人受到社会各种各样的歧视。我国对 HIV/AIDS 的歧视仍然很严重。歧视的原因主要有三方面：一是艾滋病仍是一种病死率高的疾病；二是目前尚无有效疫苗可以预防；三是艾滋病感染常与吸毒、卖淫、嫖娼、性乱及同性恋等社会现象密切关联。中国艾滋病病毒感染者的歧视现状分析报告显示：艾滋病病毒感染者在就业、就医、保险、教育等方面受到明显歧视。在被调查的 1 877 位感染者中，有 14.8% 的感染者被拒绝雇佣或因此失业，12.1%的感染者至少有一次被医疗机构拒诊，9.1%的感染者的健康子女被迫辍学。

一项在对某高校大学生的艾滋病认知态度调研的结果也表明，即使正在接受高校教育，部分大学生仍然对艾滋病以及艾滋病病人存在一定的认知局限。63.16%的学生对艾滋病感到恐惧；不愿意与感染艾滋病的朋友或同学继续交往的超过半数。在这样的情况下，如果感染学生的病情被公之于众，这意味着，他们有可能被同学孤立，无法正常学习和就业，并遭到旁人的歧视与排挤。这样的例子比比皆是。例如天津某大学生，2013 年查出 HIV 阳性，校方通知其父母后，劝其父母同意孩子自动退学，并代替该学生在退学申请上签字。武汉某大学生，2012 年查出 HIV 阳性，校方得知后劝其搬出了学校宿舍。江苏某大学生 2015 年初在手术前血液检测中，被查出感染了艾滋病病毒。其虽经过努力保住了学业，但保送研究生的资格却被取消了，无法继续深造。重庆的某感染学生表示特别担心以后找不到工作，因为现在入职体检，很多都会检查 HIV，单位会歧视感染者，感染者被发现后就会被拒之门外。如果找不到工作，那么多年的寒窗苦读便付诸东流。考公务员、进国企、当老师，这些体检要求严格的职业，感染者更是不敢奢望。课堂难以重返，学业无法为继，未来更是这些感染了艾滋病的学生们不敢想象的。由于艾滋病通常被打上“道德”的烙印，这些感染了病毒的学生除了要忍受病痛的折磨外，还要忍受歧视带来的精神折磨，这是艾滋病比其他病症更可怕的地方。

歧视会导致艾滋病感染学生的合法权益受到侵害、精神受到伤害、遭受不公平待遇，这违反了生命伦理学的公正原则。公正原则主张对人应该公平，不分性别、年龄、肤色、种族、身体状况、经济状况或地位高低，绝不能歧视他人。在艾滋病防控领域，不能以保护多数学生的健康利益为由，而牺牲或剥夺少数感染学生的合法利益。之前发生的艾滋病病人不堪歧视杀人的事件、出租车艾滋针恶意报复社会事件，以及数例艾滋病病人恶意传播艾滋病事件，都表明对艾滋病的逃避、歧视、冷漠，会恶化艾滋病病人和非艾滋病病人、艾滋病病人和社会之间的关系。歧视艾滋病病人不但不能减少艾滋病的传播，反而会引起社会的恐慌和不安定。

虽然《条例》规定，任何单位和个人不得歧视艾滋病病毒感染者、艾滋病病人及其家属，艾滋病病毒感染者、艾滋病病人及其家属享有的婚姻、就业、就医、入学等合法权益受法律保护，但艾滋感染者和艾滋病病人及其家属遭受歧视的现象仍时有发生。学校如何在参与艾滋感染者的告知、随访工作后保障感染者的隐私权及其他权利，应引起学校及教育管理部门的高度重视。

三、建议

在艾滋病可防可治的科学前提下，建立学校艾滋病疫情通报制度具有道德合理性。一方面可以显著提高学校的重视程度，通过宣传教育和行为干预减少传播风险。另一方面有利于青年学生尽早掌握艾滋病预防知识，感染学生也能尽早进入治疗检测系统，改善其生命质量。但基于这一制度实施可能带来的上述伦理问题，我们提出几点建议。

（一）只通报人数，保护隐私

建议疾控部门告诉学校感染人数，而不是详细的感染名单。这样既保证了学校领导知道本校疫情，根据疫情制定学校艾滋病宣传教育策略，又能避免暴露艾滋病感染学生的身份。北京交通大学计生办主任康俊在谈到如何做到疫情通报和保护隐私兼得的问题时也提出建议，只通知学校感染人数。

（二）加强师资培养及与社会组织的合作

建议学校加强艾滋教育、性教育相关的师资建设；加强与社会组织的合作，鼓励社会组织和志愿者到学校开展宣传教育、预防干预、检测咨询以及感染者和病人关怀救助等工作。因为社会组织更容易被民众接受，能比较深入地接触到政府和一般公众难以接触到的社会特殊群体，如男男性行为者、注射吸毒者和商业性性工作者等，他们也更容易取得艾滋病感染者和患者及高危人群的信任，干预活动更容易实施。社会组织能在提高抗病毒药物的可获得性、提高服药依从性、提供社区支持和减少歧视方面发挥积极作用，甚至在促进立法和政策倡导中也发挥着重要的作用。

同时，也有学者认为，大学的职责不应是做随访和艾滋的管理工作，而是应在学术和研究各方面提供支持。应通过跨学科（如在人类学、社会学、心理学之间进行的跨学科）合作，来支持艾滋病防治工作。例如美国洛杉矶同志中心和斯坦福大学在美国政府的资助下，曾推出一个种子计划行动。该项目是在美国的少数族裔，尤其是黑人和拉丁裔的同志社群中去做一些 HIV 的预防。该预防工作主要是通过 18 个月的陪伴，培养出一些社群的种子来做艾滋预防的工作。

（三）消除歧视，保障合法权益

建议在学校内加强宣传艾滋病防治知识和反歧视教育，开展形式多样的健康教育，营造对艾滋群体友善的校园环境。在宣传教育中应突出艾滋病治疗效果方面的内容，让学生了解随着医疗技术的发展，艾滋病治疗效果越来越好，患者通过抗病毒治疗可以长期而有质量地生存下去；患者可以享受国家的

"四免一关怀"政策，获得免费检测、咨询和抗病毒治疗。只有知道艾滋病的治疗效果，才会减轻对艾滋病的恐惧感，消除对艾滋病的歧视。实践证明，在知识水平与接受能力较高、社会责任感极强的大学生中开展有关艾滋病防治知识的宣传教育，再通过他们向同龄人及周围人传播艾滋病的相关知识是预防艾滋病的有效途径。大学生是艾滋病防治的生力军。对大学生进行艾滋反歧视教育对降低整个社会的艾滋歧视有积极作用。

就目前艾滋病患者在就医和就业中受到的严重歧视，建议国家进一步通过严格立法及严格落实有关法规，保障艾滋病病人应享有平等的就医权利和就业机会。因为平等的就医权利和就业权是和生存权密切相关的权利。保障艾滋病病人的就医权利，首先要加强医务人员艾滋病知识和职业暴露预防方面的培训和教育，消除他们的恐惧和偏见，为艾滋病患者提供良好的医疗服务；其次，要适当提高医务工作者的待遇并完善职业暴露补偿机制，为他们解除后顾之忧；此外，还必须加强监督，通过投诉热线，官方微博、邮箱等方式，监督医疗歧视现象，接受群众投诉，并及时有效地进行调查处理。对推诿艾滋病患者就医的医疗机构和医务人员，应实施处罚等方式，切实减少和消除医疗领域中的歧视。要保障艾滋病病人的就业权利，政府要对现行法律法规中对艾滋病患者的就业歧视性规定进行清理，废止歧视性的法律与政策条款，同时提供就业等方面歧视的法律救助途径，对遭受歧视的艾滋病患者提供有效的法律援助。现行的公务员体检标准规定艾滋病不合格。不仅政府机构，事业单位、央企、大型国企等录用人员都参考公务员体检标准，导致许多感染都被拒之门外。已经证实的艾滋病传播的三大主要途径是血液传播、性行为传播以及母婴传播。在日常工作和社会交往中的接触并不会传播或者感染艾滋病毒，故呼吁取消公务员及事业单位录用体检表中抗 HIV 检测项目。在此方面广东省率先做了改革。广东省 2013 年修订《广东省教师资格申请人员体格检查标准》，删除了艾滋病不合格条款。这也就是说，从 2013 年 9 月开始，广东省教师行业不再将艾滋病病毒感染者拒之门外，这一举措被视为是艾滋平权事业的里程碑。

四、总结

在人类与艾滋病抗争的历程中，每个人都不应成为旁观者，大学生这一群体更应如此。通报制度进一步明确了学校有责任和义务参与艾滋病防控工作，保护学生身心健康。青年学生有责任和义务了解艾滋病，对自己的行为负责，保护自己也保护他人。同时，鉴于目前艾滋病歧视现象依然非常严重、高校艾滋病相关专业师资队伍尚未建立的现实情况，在通报制度中，要特别注意尊重感染学生的知情同意权、隐私权，严格为患者保密。严禁发生因隐私泄露而导致感染学生受到歧视、遭受不公正待遇。校园抗艾任重道远，这不仅需要艾滋病防治领域专业机构及学校的参与，更需要社会多方力量的尊重、理解与支持。

参考文献

[1] 我国报告存活艾滋病病毒感染者及病人 57.5 万例 男性同性性行为传播比例上升明显［EB/OL］.（2015-12-01）. http://news.xinhuanet.com/health/2015-11/30/c_1117308884.htm。

[2] 全国已有 10 省份报告学生艾滋病感染者超过百人［EB/OL］.（2014-11-29）. http://www.js.xinhuanet.com/2014-11/29/c_1113454840.htm.

[3] 中华人民共和国国家卫生和计划生育委员会. 关于建立疫情通报制度进一步加强学校艾滋病防控工作的通知［EB/OL］.（2015-08-10）. http://www.nhfpc.gov.cn/jkj/s3585/201508/e4c8a1e6809c4a8e9c49f7f8708873d1.shtml.

[4] 韩跃红. 个人艾滋信息的保密与告知——兼及科技人员的社会责任［J］. 昆明理工大学学报（社会科学版），2006，6（4）：1-4.

[5] 河南新生入学将检测艾滋病［EB/OL］.（2014-06-01）. http://www.js.xinhuanet.com/2014-11/29/c_1113454840.htm.

[6] 马迎华. 高校预防艾滋病教育面临的挑战与应对［J］. 保健医学与实践，2015，12（2）：5-10.

[7] 冯真彦，计国平. 合肥市某高校 252 名学生艾滋病知识和行为调查分析［J］. 中华疾病控制杂制，2014，18（3）：222-225.

[8] 高校大学生艾滋病现状调查：难以启齿的秘密［EB/OL］.（2015-09-08）. http://edu.cnr.cn/pdtj/yw/20150908/t20150908_519811367.shtml.

[9] 高校大学生艾滋病现状调查：难以重返的课堂［EB/OL］.（2015-09-07）. http://china.cnr.cn/yaowen/20150907/t20150907_519786597.shtml.

[10] 陈任，胡志，秦侠，等. 公民社会组织参与艾滋病防治的 SWOT 分析［J］. 医学与哲学（人文社会医学版），2012，33（3）：31-33.

[11] 吕晓丽，刘宪亮. 加强大学生艾滋防治宣传教育问题的探讨［J］. 卫生软科学，2005，19（2）：68-69.

（注：该论文发表在《昆明理工大学学报》（社会科学版），2016 年第 2 期。）